縮刷増補版

居酒屋の一品料理

志の島忠

縮刷増補版

居酒屋の一品料理【目次】

酒の肴のための基本のだし汁と合わせ調味料

魚介の料理

肉・卵の料理

野菜の料理

魅力を高める一品料理の数々

本書の内容・構成について

●内容構成は、本書の料理をおいしく作ることができるよう「酒の肴のための基本のだし汁と合わせ調味料」を最初に構成しました。次に「魚介の料理」「肉・卵の料理」「野菜の料理」と主材料別にすすめ、最終章には「魅力を高める一品料理の数々」として、主材料では括ることのできないテーマごとの料理を紹介しています。

●材料の計算単位は、1カップは200㎖、大さじ1は15㎖、小さじ1は5㎖です。

●材料の分量表記で、「適量」「適宜」とあるものは、材料の状況に応じて、あるいは好みによってほどよい分量をお使い下さい。また、材料について、特に大きさの表示がないものは、普通の大きさのものをご用意下さい。

●材料表記中、酒とみりんは、あらかじめ煮切って、アルコール分を除いたものを使用しています。

●本書は、平成8年刊『居酒屋の一品料理』と平成13年『居酒屋の人気の和風料理』を合わせ、加筆・訂正し再構成したものです。

装　　丁／國廣正昭
レイアウト／遠藤茂樹
撮　　影／吉田和行　梅山　勇
斎藤　武　尾嶋　隆
児玉昭夫　佐々木雅久

酒の肴のための基本のだし汁と合わせ調味料

だし汁の知識

料理に欠かせないだし

日本料理にはだしが欠かせませんが、これには次のような理由が考えられます。もともと日本では、鳥獣の肉を用いる習慣が少なく、野菜類がおもな材料でした。そのうえ、一汁一菜という言葉があるように、食事のなかで汁ものは欠かせないものでした。このように旨みの少ない野菜や汁をおいしく食べさせるため、だしが発達してきたのではないでしょうか。

　だしの材料には、魚介や野菜を干したものが使われます。なかでも昆布とかつお節がよく使われていますが、どちらも優れた旨みの成分を持っています。これらがだしの材料として発達したのも、日本人が早くから旨みの効果を知っていたからにほかなりません。

　旨みとひと口に言っても、昆布はグルタミン酸を主体とする旨み、かつお節はイノシン酸を主体とする旨みを持ち、その成分は違います。旨み成分は、合わせて用いるといっそう旨みが強くなりますので、この昆布とかつお節の合わせだしは、材料の味が薄くなったといわれる現代にこそふさわしく、日本料理の味づくりに欠かせないものです。

ちり鍋など鍋ものに向く昆布の水だし。昆布は１時間以上、水につけ、ゆっくりと旨みを出す。水６カップに20センチ角の昆布が目安。

昆布とかつお節の選び方

昆布は北海道がおもな産地で、道南部で採れる真昆布、最北部で採れる利尻昆布、知床半島南部で採れる羅臼昆布など、産地によって名前がつけられています。だし汁には、おもにこの三種類が使われています。日高昆布や三石昆布は、煮昆布ですので、だし汁には用いません。

　真昆布は、風味とコクのあるだしが取れる高級品で、吸いものや煮ものに用います。羅臼昆布の場合は、コクはありますが、だし汁が濁ってしまうので煮もの向きといえます。料理屋で特に重用されているのが利尻昆布です。濁りのない澄んだだし汁となり、吸いものには最適です。使い向きを考えて昆布は選びます

昆布とかつお節の種類

昆布

利尻昆布

濁りのない澄んだだしは吸いものに最適で、料理屋では特に重用されています。

羅臼昆布

濃厚な風味とコクが特徴。だしを取ると多少濁るので、吸いものより煮ものに向くものです。

真昆布

風味と旨みに優れた上質な昆布。澄んだだしが取れ、吸いものや煮ものに向きます。

かつお節

本節(女節《めぶし》・男節《おぶし》)・亀節

かつおを三枚におろしたものを背身(男節)と腹身(女節)に分けてつくる本節と、片身からつくる亀節があります。

本削り

削りたてのかつお節の風味は格別です。写真は本節をかつお節削りで削った本削り。

花　鰹

本来は、血合いの部分を取り除いたもので、ごく薄く削ります。風味とコクに優れます。

ソウダ削り

クセはありますが濃厚なだしが取れるので、惣菜やそば、うどんのだし汁などに使います。

ソウダかつおの粗削り

粗削りは煮出して使うもので、濃厚な旨みのあるだしが取れます。そばやうどんに。

さば削り

さば独特のクセはありますが、濃いだし汁が取れます。そばやうどんのだし汁に向きます。

うるめ削り

うるめいわしからつくる節をうるめ節といいます。どちらかというと、惣菜向きです。

が、それぞれ品質によって等級分けされていますから、なるべく上級品を求めるといいでしょう。傷があったり、虫が食っていたりする下級品は避けます。

一方のかつお節のおもな産地は、高知や焼津、鹿児島などで、その製法は微妙に違います。材料となるかつおの脂肪分が多いと、風味や味が劣りますので、これも上等品を選ぶようにします。このかつお節には、本節と亀節の二種類があります。本節はかつおを三枚におろし、さらに背身と腹身に分けてつくります。この背身を男節、腹身を女節といいます。亀節は小さめのかつおを三枚におろした片身からつくるものです。

また、もともとかつお節は、〝堅く干した魚〟の意味があり、何もかつおでつくったものばかりを言うのではなく、ブリかつお、ソウダかつお、サバかつおなどがだしの材料として使われています。といっても、酒の肴の料理には、風味にクセのないかつお節が合います。

かつお節を削る仕事はたいへん手間のかかるもので、今では〝削り節〟を求めるところが多いようです。しかしながら、かつお節は削って時間をおくほど、香りや風味が落ちていくもので、削り節を求めるなら、できるだけ削りたての味には及びません。こまめに削りたてのものを乾物屋に頼み、仕入れるようにします。

材料の旨みを活かしただし

だしには、昆布とかつお節以外にも、魚介や野菜を干した乾物などが使われます。だしじゃこから取る煮干しのだしや干し椎茸のだしなども、独特の風味とコクがあって捨てがたい味です。

また、材料から出る旨みをだしとして用いる料理もあります。たとえば、筑前煮はその代表例で、鶏肉や野菜を炒めて調味料を加えて煮ていくうちに、材料から味わい深いだしが出てきます。鯛やはまぐりの潮汁なども同様に、魚介の持つ旨みがだしとなります。

いずれにしても、料理の味を決める土台にだしがあることは間違いなく、ていねいな仕事が求められます。

干しするめと干しえびを酒につけて蒸し、昆布とかつお節の合わせだしを加えると濃厚なコクが生まれ、豆腐の煮ものなどに合います。

だし材料のいろいろ

焼き干し(いわし)

津軽地方で味噌汁や煮ものに使うだしじゃこ。かたくちいわしを焼いてから天日干しにしたもので、煮干しと同様に頭と腹ワタの部分を取ってから使います。

焼き干し(あご)

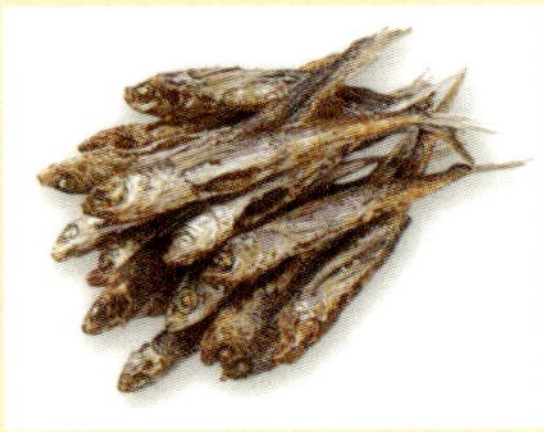

〝あご〟とは九州地方での呼び名でとびうおのこと。家庭ではうどんなどのだし汁に使われます。焼き干しの他、生干しや煮干しがあります。

干し貝柱

貝柱の煮干し。熱湯につけたり、酒にひたしてから蒸して旨みを取り出します。このつけ汁をだし汁として用いますが、貝柱も料理に使えます。

干しするめ

いかを開いてワタを除き、乾燥させたもの。さきいかなどつまみとして馴染みがありますが、独特な旨みのあるだし汁が取れます。

干し車えび

車えびを干して乾燥させた贅沢なだし材料。鹿児島ではお正月の雑煮をつくる時、この干し車えびをひと晩水につけ、だしと具に使います。

干しえび

小粒のえびを素干しにしたものや煮干しにしたものがあります。水や湯、酒につけて戻し、この戻し汁をだしにします。背ワタは除いて用います。

野　菜(ごぼうと人参)

ごぼうや人参など野菜のくずからもだしが取れます。たとえば、昆布と合わせて水につけ、野菜が柔らかくなるまで煮て、うどんやそばに。

大　豆

精進だしのひとつ。精進料理には、ほかに切り干し大根や干し椎茸、昆布などのだしが使われます。大豆はよく煎ってから煮出してだしを取ります。

基本のだしの引き方

昆布とかつおの合わせだしは、いろいろな料理の味のベースとなるものです。だしの材料から充分に旨みと風味を引き出すため、適切な方法を覚えて頂きたいものです。

材料

水 ………… 13カップ
利尻昆布 ………… 50g
かつお節 ………… 50g

昆布とかつお節の一番だし

昆布とかつお節の合わせだしは、吸いものや煮もの、鍋もの、合わせ調味料など用途は多彩で、料理の味を決める大切なものです。そのため、だしの材料となる昆布とかつお節は、多少値が張っても、品質の高いものを選ぶことが何より大事で、昆布とかつお節それぞれの良さを引き出すていねいな仕事が求められます。昆布は煮立てると昆布臭さが出ますので、鍋べりが煮立ってきたら引き上げ、かつお節は入れたらすぐに火をとめ、旨みが引き出されるまで静かに待ちます。

❶ 昆布は洗うと旨みが抜けてしまうので、きつく絞ったぬれ布巾で表面を拭いて両面の汚れを取ります。

❷ 鍋に水を入れて火にかけ、昆布を水に浸すように加えます。中火程度の火加減にして煮立たせます。

❸ 途中、湯温を平均に保つため(80〜90度)、昆布を静かにかき混ぜます。

❹ 煮立ってきたら沸騰する直前に昆布を引き上げます。差し水(大さじ3杯程度)をして煮立ちを静めます。

❺ 削り立てのかつお節を加え、すぐに火をとめます。煮立てるとかつおの風味が強くなってしまうので注意。

❻ かつお節が鍋底に沈むまで1〜2分待ち、旨みを充分に引き出します。浮いてくるアクを丹念に取ります。

❼ 盆ザルの上にぬれ布巾を広げ、かつお節を動かさないよう、ゆっくりと流し入れて漉します。

昆布とかつお節の二番だし

一番だしを引いた後のかつお節には、まだ柔らかな旨みやコクが残っています。このかつお節と新しい昆布を使って二番だしを引きます。昔は、二番だしは煮もの用と相場が決まっていましたが、最近のだしの材料では旨みが薄く、本煮に使うことは難しいようです。近頃では、一番だしと二番だしを合わせて使うことが多いようです。旨みが足りないようなら、火をとめてから、ひとつかみのかつお節を加えて補います。

材料

- 水……5カップ
- 羅臼昆布……10g
- 一番だしを引いた後のかつお節……50g

❶ 昆布はきつく絞ったぬれ布巾で汚れを拭いておきます。鍋に水を張り、昆布を入れて火にかけます。

❷ 鍋のへりにプチプチと泡が浮いてきたら、一番だしに使ったかつお節を加えます。

❸ 煮立ってきたら昆布を引き上げ、煮立たせないような火加減で1分間煮出し、火をとめます。

❹ かつお節が鍋底に沈んだら、ぬれ布巾をかけた盆ザルを通して静かに漉します。

左が一番だし、右が二番だしの仕上がり。二番だしは風味の点で劣るので吸いものには向かず、煮ものや味噌汁などに向きます。

煮干しだし

だしじゃこを煮出して取るだしは、濃厚なコクを持ち、味がしっかりしています。家庭向きのだしの材料であり、吸いものには向きませんが、このコクを活かして味噌汁や濃い味の煮ものに使えます。だしじゃこの腹ワタの部分は、だしの苦みの原因になりますので、だしを取る前に除いておきます。また、頭の部分はだし汁を濁らせますのでこれも除きます。さらに空煎りして臭みを取ると、仕上がりに差が出ます。

材料

- 水……3カップ
- 煮干し……15g

煮干し（だしじゃこ）は良質のものを選びます。活きのいい材料を使った煮干しは、全体が"つ"の字形になっています。

❶ 煮干しの頭と腹ワタの部分を取り除きます。この部分をつけたまま煮出すと、だし汁が濁って苦みが出ます。

❷ 臭みを抜いて風味を出すため、弱火で空煎りします。鍋肌から煮干しが離れないよう鍋を前後に動かすこと。

❸ カラカラと乾いた音がしてきたら、乾いた布巾に包み、全体を軽くもみます。

❹ 布巾を広げると、余分な汚れなどが落ちているのでこれを取り除きます。

❺ 3カップの水に対して、煮干し15g程度が目安。水に浸けてひと晩おいてから使います。

❻ 火にかけて煮立たせ、アクを引きながら弱火で20分ほど煮出し、ぬれ布巾を通して漉します。

調味料の知識と合わせ調味料 一

調味料は味噌や醤油のように地域性があり、同じ調味料でもその製法によって味はかなり異なります。塩を例にしても、純度の高い食塩より、ミネラル分を含んだ天然塩のほうが、深みがあっておいしいことは皆さんもご存じでしょう。

料理の味づくりをするうえで、個個の調味料の性質を知ることは重要なポイントとなります。

地域によって異なる味噌の味

味噌は、嘗《な》め味噌や朴葉味噌のように、調味料がそのまま料理ともなる、複雑な味わいを持ったたいへん個性的な調味料です。それだけに好みの分かれるところで、使い方が難しいといえます。

各地方には、特色のある味噌があり、一般に北海道や東北、信州では辛口の米味噌、東京や京都では同じ米味噌でも甘口、九州や四国では甘口の麦味噌、愛知や三重など中部では辛口の豆味噌がつくられています。

味噌を使った料理の代表はなんといっても味噌汁で、このような何気ない料理こそ手を抜かずにつくりたいものです。各地にはまだ、天然醸造にこだわった質の高い味噌をつくり続けている味噌蔵が残っており、こういったところの味噌を求めたいところです。

味噌汁をおいしくつくるコツは、二種類以上の味噌を合わせて用いることです。これには、人によって好みの違う味噌を合わせることで味をならし、誰にでも好まれる味にするという意味合いもあります。

味噌を使う合わせ調味料には練り味噌があります。和え衣や焼きもの・揚げもののソース替わりに使える便利なもので、冷蔵で保存すると、長期間持ちます、まとめてつくっておくといいでしょう。

醤油は種類によって使い分ける

味噌同様に、醤油も地域によって好まれる味が違います。同じ濃口醤油でも東北では塩辛く、九州では甘くなります。

醤油には、濃口醤油、淡口醤油、たまり醤油、白醤油などの種類があります。濃口醤油では色や香りが強すぎる場合がありますので、料理の性格に合わせてこれらの醤油を使い分けると、味が高まるはずです。

濃口醤油は、香りが高く旨みがあり、濃い色をしたもので、醤油といえばこの濃口醤油を指すほどで、刺身などつけ醤油のほか、どんな料理にも合います。澄んだ赤褐色で、まろやかなコクを持ったものを選び、

味噌の種類

信州味噌

米麹を原料に使った米味噌で、塩分12％前後と辛い味が特徴。信州で生産される味噌の総称でしたが、最近は全国各地で利用されています。

九州麦味噌

麦味噌はおもに九州、四国、中国地方、埼玉、栃木でつくられています。写真は長崎の麦味噌で、2年かけて熟成させたもの。塩分が低く、比較的甘口。

京都西京味噌

米味噌の一種ですが原料の麹の使用量がほかの味噌に比べて多いため、味は甘く香りが高い。白味噌とも呼ばれ、特に京都の西京味噌は良質とされます。

京都桜味噌

嘗め味噌のひとつ。味噌には、調味料として使うものとそのままなめるものがあります。京都の桜味噌は、大麦麹に砂糖や野菜のエキスを混ぜています。

チョーコー太白味噌

長崎でつくられている米麹味噌。米麹の割合が高く、なめらかな味と麹の芳香が特徴。塩分濃度は低く、甘口。業務用に使われることが多いものです。

つんとくる匂いやかび臭さのあるものは避けます。

淡口醤油は、名前のとおり、色が薄く、野菜や白身魚など、素材の色を活かして仕上げたい煮ものや吸いものに向きます。濃口醤油に比べて塩分が高いのですが、醤油特有のクセが少なく、関西方面で使われてきました。

色のごく薄い白醤油は、あっさりとした味ですが、独特な芳香を持っています。これも白煮や茶碗蒸しなど色をつけたくない料理に最適です。

このほかに、中部地方でおもに使われてきたたまり醤油があります。濃厚な味わいが特徴で、多少甘みの感じられるものです。

刺身やお造りは、魚介に直接醤油をつけて食べさせるものですが、このつけ醤油にひと手間をかけると刺身の美味しさがアップします。たとえば、淡白な白身魚には、醤油の香りを抑えた淡口醤油を使い、クセのある赤身の魚には、濃口醤油に濃いだし汁を加えてクセを和らげます。性質の違う二種類の醤油をブレンドしたり、煮切った酒を加えたりするだけでも個性的なつけ醤油をつくりだすことができます。

酢の酸味は和らげる

味の加減をみることを"塩梅《あんばい》"というように、酢は塩とともに古くから料理の味つけに使われてきました。

おもに使われている酢は、米を原料とする米酢です。これは発酵作用を利用してつくる醸造酢で、ほかに、穀物酢や果実酢があります。また、化学的に合成してつくる合成酢もありますが、料理に使って味のいいのは、やはり醸造酢です。

酒の肴としての酢の加減はたいへん難しく、酸味がきつすぎると酒のすすむ料理とはなりにくくなります。そのため、本来は生酢《き》を使うほうが合う材料などの場合も、酸味を和らげるため煮切って用いたりします。合わせ酢の場合は、調味料を合わせて一度煮立ててから冷やして使うようにします。

赤酒とみりん

みりんは、材料に甘みをつけるだけでなく、風味やつやを与える調味料です。ですから、砂糖で代用したり、みりん風調味料など合成のものを使うと、仕上がりは違います。

また、熊本の「赤酒」は、清酒と似た製法でつくられるもので、甘みのなかにほんの少し酸味が感じられます。まろやかなコクが特徴で、煮ものの場合、みりんに比べて材料がかたくならず、しかも、つややかに仕上がります。ただし、色が濃く、合わせ酢など色のつけたくない合わせ調味料には向きません。

＊　＊　＊

次ページからは、覚えておくと便利な合わせ調味料の仕立て方を紹介しています。ただし、調味料の配合の仕方は、あくまでも目安に過ぎないことを覚えておいてください。煮ものを例にすると、関西では薄味、関東では味の濃いもの、東北や九州では甘みが勝ったものと、地域によって好まれる味は異なります。味が画一的になってきたといわれるものの、やはりその味は意識してつくる必要があります。

さらには、お客様に常に満足していただくためには、その時々の材料や季節に合わせた匙加減が必要になってきます。

醤油の種類

濃口醤油

香りが高く特有の旨みを持ち、どんな料理にも合います。香りを活かすなら、加熱調理では仕上がりの直前に加えます。

淡口醤油

濃口醤油に比べ、塩分が高く、醤油特有の色や香りは薄くなっています。素材の色を活かして仕上げたい煮ものや吸いものに向きます。

白醤油

原料の小麦の割合が高く、ごく薄い色を持ちます。味はあっさりとしていますが独特な芳香を持ち、白煮や茶碗蒸しなどに最適です。

たまり醤油

中部地方でおもに使われてきたもので、濃厚な味わいを持ち、多少甘みがあります。クセのある魚の刺身のつけ醤油などに向きます。

煮ものの仕立て方

煮ものの味は地域によって好みが違いますので、調味料の配合はあくまでも目安です。昔に比べて材料の持ち味が薄い傾向にあり、味つけは多少濃いめにしています。

八方だし

八方だし	
だし汁 ……… 4カップ	濃口醤油 …… ½カップ
みりん ……… ½カップ	

どんな料理にも使える基本的な合わせ調味料です。ここでは強肴《しいざかな》の一品となる「竹抜きそば」の掛け汁として使いましたが、煮ものに最適なものです。以前はだし汁十に対してみりん一、濃口醤油一の割合でつくっていましたが、最近の野菜は味が薄く感じられるので、だし汁を八にして濃いめの味つけにしています。

竹抜きそば

白醤油八方だし

白醤油八方だし	
だし汁 ……… 4カップ	みりん ……… ½カップ
白醤油 ……… 大さじ3	

仕上がりの色合いを大切にしたい場合は、八方だしに使う醤油を白醤油にするとよいでしょう。煮汁の色が薄いので材料の持つ色をそのままに仕上げることができます。この白醤油のおもな原料は小麦粉で、あっさりとした味と独特な香りを持っています。野菜や魚介の煮もののほか、吸いものやうどんの汁にも使います。

里芋とかんぱちの炊き合わせ

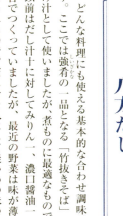

白酒八方だし				
	だし汁	2カップ	白醤油	大さじ1½
	酒	大さじ4	みりん	¼カップ

車海老と蕪の
吉野あんかけ

白酒八方だし

白酒八方だしはだし汁に白醤油とみりん、酒で薄く味をつけたもので、煮ものの本味をつける煮汁には向きません。左写真の料理のように、後であんをかける材料の下煮や料理に用います。ここでは白酒八方だしでかぶを下煮し、この煮汁に本葛でとろみをつけてあんに仕立てました。

煮汁				
	水	2½カップ	塩	小さじ1½
	砂糖	1カップ		

大和芋と芝海老の
煮合わせ

白煮

大和芋や里芋、百合根など、材料の白さを活かしてつくる煮ものを白煮といいます。少しの煮汁の色もつかないよう、水と砂糖、塩を合わせて煮含めていくものです。一品で用いるより、炊き合わせや煮合わせにすると、色合いと味わいでアクセントとなります。この白煮には、左の煮汁の材料ではなく、先に紹介した白醤油八方だしを使うこともできます。

煮汁				
	だし汁(昆布)	1カップ	砂　糖	½カップ
	濃口醤油	½カップ	みりん	½カップ

煮つけ

煮つけは、甘辛い濃いめの味につくった煮汁を使い、汁気が少なくなるまで煮つけていく料理です。調味料の味が濃いので、だし汁は昆布のみのあっさりとしたものにします。魚の煮つけのポイントは、煮汁を煮立たせてから材料を入れること、紙蓋をして全体によく煮汁を回しながら、中火で手早く煮上げることです。こうすることで煮くずれを防ぐことができます。

めばるの煮つけ

あら煮

魚の頭やカマ、中骨などあらの部分は旨みが凝縮されていて、魚好きには応えられません。あらは、旨みも脂肪も充分にのっている部位ですので、甘辛い煮汁で照りよく煮上げていくとおいしく仕上がります。生臭みが強いので一度熱湯をかけてウロコや血合いを取り除いて臭みを抜き、ごぼうと一緒に煮るようにします。

煮汁	
だし汁	2カップ
濃口醤油	⅓カップ
みりん	½カップ
砂　糖	¾カップ

鯛のかぶと煮

❶ 鯛の頭は、小鯛ならそのままで、大きいものは梨割りにして形を揃え、塩を振ります。

❷ 30分ほどおいて生臭みを引き出してから、全体に熱湯をまわしかけます。

❸ すぐに水に取り、残っているウロコ、血合いをていねいに指で取り除きます。

❹ 鍋に煮汁を煮立て、あらかじめ下茹でしておいたごぼうを敷き、あらを並べます。

❺ 煮汁が煮立ってきたら浮いてくるアクをていねいに除き醤油で味を調えます。

❻ 火加減を弱火に落とし、紙蓋をしてゆっくりと煮含めていきます。

煮おろし

煮おろし地はいろいろな種類の魚肉に応用でき、覚えておくとたいへん便利な煮汁です。この煮汁の調味料の合わせ方は、昔からほとんど変わらず、おろし大根の辛さを活かした薄味であっさりとしたものになっています。大根おろしは水洗いしたのち、水気を絞り、煮汁に加えます。大根おろしの効用で揚げものをさっぱりと食べさせるものです。

煮おろし地

だし汁	……	1カップ
淡口醤油	……	⅓カップ
赤酒	……	⅓カップ
おろし大根	……	1カップ
赤唐辛子	…………	1本

さわらの煮おろし

❶ だし汁、淡口醤油、赤酒を合わせて火にかけ、煮立ったら小口切りにした赤唐辛子を加えます。

❷ あらかじめ布巾に包んで、水洗いし、水気をきつく絞ったおろし大根を煮汁に加えます。

❸ 煮汁とおろし大根を軽く混ぜ合わせ、火を止めます。おろし大根は煮ないようにします。

❹ 別に揚げておいたさわらの唐揚げを器に盛り、熱々の煮おろし地をかけます。

煮こごり

魚を煮た後にできる煮こごりは、煮汁に溶け出た魚のにかわ質が固まってできるものです。ここでは寒天やゼラチンを補い、口あたりをよりなめらかにつくる方法を紹介します。寒天だけでは口あたりが固くなりますので、ゼラチンを合わせて使い、柔らかく仕上げるようにしました。材料には白身魚や鶏肉を用います。

煮こごり地

だし汁	……………	1⅔カップ	砂糖	………	大さじ1½弱
淡口醤油	……………	大さじ1⅔	寒天	………………	½本
濃口醤油	……………	大さじ1⅔	粉ゼラチン	…………	大さじ⅔

❶ かんぱち（約250g）は上身にして1センチ角に切り、熱湯をまわしかけます。

❷ かんぱちをザルにあけ、水を張ったボウルで洗い、残っている生臭みや汚れを除きます。

❸ 寒天に水につけてふやかし、水気を絞ってから、調味料を合わせた鍋に入れて煮溶かします。

❹ 寒天が溶けたらかんぱちを入れ、アクを引きながら30分ほど弱火で煮つめます。

❺ 火をとめてから大さじ3杯の水でふやかしたゼラチンを加え、混ぜながら余熱で溶かします。

❻ ゼラチンが溶けたら、流し缶に流し、生姜のせん切りを散らし、冷蔵庫で冷やし固めます。

かんぱちの煮こごり

練り味噌

和え衣にするほか、揚げものや焼きもののソース替わりにと、幅広く使える合わせ調味料です。味噌の種類や味に合わせて砂糖やみりんの量は上手に加減してください。

辛子味噌

辛子味噌			
信州味噌	1カップ	砂糖	1カップ
赤酒	1カップ	溶き辛子	適量
だし汁	大さじ3		

揚げまながつお、辛子味噌がけ

溶き辛子の辛さを効かせた辛子味噌は、魚介類のほか、肉料理にもよく合います。味噌和えというと、辛子酢味噌を使うことが多いようですが、好みによって辛子味噌を使ってもいいでしょう。練った味噌が人肌に冷めてから辛子を加え、辛さを保ちます。味噌は信州味噌を使いましたが、どんな味噌でも合います。

木の芽味噌

ひらめの木の芽焼き

木の芽味噌	
西京味噌	1カップ
みりん	1カップ
だし汁	大さじ3
木の芽	15枚
青寄せ	5g

木の芽の香りと清々しい色彩が春らしい季節感のある練り味噌です。木の芽田楽や木の芽和えなど、いずれも春から夏にかけての料理に用います。木の芽の香りが身上ですが、あまり強すぎても味が損なわれますので、天然の色素といえる〝青寄せ〟で色を補います。ここで使う味噌は、緑がよく映える西京味噌にします。

青寄せの作り方

ほうれん草の葉から色素を取り出した青寄せは、密封冷蔵で1週間〜10日ほど持ちます。

❶ ほうれん草の葉の部分（1把分）を包丁で叩いてからあたり、水（5カップ）を加えます。

❷ ほうれん草と水を混ぜたら、ぬれ布巾を通して青い汁を鍋に漉し取り、火にかけます。

❸ 鍋肌に青寄せが寄ってくるのでこれをすくい取って冷水に放します。

❹ しばらくおいてアクを抜き、ぬれ布巾に取って汁気を絞ります。密封して冷蔵庫で保存します。

柚子味噌

柚子味噌は、おろした柚子の皮を練り味噌に混ぜ、柚子の香りを移したものです。柚子は、秋から冬にかけて色づいてくる黄柚子を使います。ふろふき大根など寒い季節の温かい料理に合いますが、時には生の魚介類に使っても変化が出るでしょう。西京味噌を使って練り味噌をつくり、人肌に冷めたところへ、柚子の表皮だけをおろして竹串で散らします。

柚子味噌	
西京味噌	1カップ
みりん	1カップ
だし汁	大さじ3
柚子	適量

いとよりの砧巻き、柚子味噌がけ

辛子酢味噌

魚介にも野菜にも合う練り味噌です。一般に辛子酢味噌で和える料理を「ぬた」といいます。この料理には田楽味噌（麦味噌）を使うのが普通ですが、ここでは、西京味噌でつくり、サラダのドレッシング風に用いました。酢や辛子の量は好みで加減します。鯉やせいごの洗いなどには、多少酢を多めにしてのばし、辛みをきかせてつくるようにします。

辛子酢味噌	
西京味噌	1カップ
みりん	1カップ
だし汁	大さじ3
溶き辛子	適量
酢	適量

赤貝とうどのサラダ、辛子酢味噌がけ

黄身味噌

黄身味噌は、卵黄を加えてコクを出した練り味噌です。西京味噌を使ってつくると、目にも鮮やかな黄色に仕上がります。魚介類や肉類の焼きもの・揚げものに合い、洋風料理のソースのように器に敷いたり、上からかけて盛りつけのアクセントにします。卵黄を加えるとどうしても仕上がりが固くなりますので、練り味噌のだし汁の分量を多めにしたり、卵黄と一緒にだし汁を加えるなど調節します。

黄身味噌	
西京味噌	1カップ
みりん	1カップ
だし汁	大さじ3
卵黄	3個分

さよりの両褄焼き、黄身味噌がけ

山椒味噌

山椒のピリッとした辛みと香りを練り味噌に添えています。長崎の麦味噌でつくった練り味噌に粉山椒を入れていますが、特に味噌の種類は選びません。ただし、練り味噌が熱いうちに粉山椒を加えると、せっかくの風味が飛んでしまいますので、冷めてから混ぜます。ここでは、蟹と白身のすり身を万願寺唐辛子に忍ばせて素揚げにしたものにかけましたが、魚田などにも合います。

山椒味噌	
麦味噌	1カップ
赤酒	¾カップ
だし汁	大さじ3
砂糖	1カップ
山椒	小さじ1

万願寺唐辛子の忍び揚げ、山椒味噌がけ

合わせ酢

酢のものだけでなく、刺身の料理にも使える合わせ調味料です。酸味を和らげるため煮切ってから使います。特に魚介では、煮切ることで味の馴染みがよくなります。

二杯酢

魚介類の中でも、青背魚などクセの強い材料に特に合う合わせ酢です。酢と醤油を合わせてつくりますが、これだけだと酸味がきつく感じられますのでだし汁も加えます。これをさっとひと煮立ちさせて煮切り、冷ましてから使います。ここに、わさびや生姜などを加えてわさび酢、生姜酢をつくることができます。

二杯酢

- 酢……3/4カップ
- 濃口醤油……大さじ2
- だし汁……大さじ2

たこと蛤の二杯酢

三杯酢

魚介類はもちろん、野菜や肉類にも使える重宝な合わせ酢で、酢と淡口醤油、みりんを合わせてつくります。みりんの甘みが加わりますが、砂糖ではくどさが残るので代用することはできません。これも酸味を和らげ、みりんのアルコール分を飛ばすために必ず煮切ります。料理を冷やしておくと清涼感が増します。

三杯酢

- 酢……3/4カップ
- 濃口醤油……3/4カップ
- みりん……1/2カップ弱

たこと室胡瓜の三杯酢

甘酢

甘みの強い合わせ酢でおもに野菜に用いますが、えびやかに、いかなどクセがなくて淡白な魚介にも合います。また、焼きもののあしらいなどに使う杵生姜、酢取り茗荷、酢取り蓮根は、この甘酢に漬けてつくります。甘みをつけるために砂糖を使っている方も多いようですが、合わせ酢にはみりんを使うことが原則ですので覚えておいてください。この場合も必ず調味料を合わせたものを煮切り、冷やしてから使います。

甘酢

- 酢……3/4カップ
- みりん……3/4カップ
- 塩……少々

いとよりと若布の甘酢

黄身酢

甘酢の調味料に卵黄を加えたコクのある合わせ酢で、白身魚やえび、いかなど淡白な材料と相性がいいようです。調味料を合わせて弱火で練ってつくりますが、卵黄は固まりやすいので、火加減には注意が必要です。これをあやまると、卵黄が先に固まってしまい、ざらざらとして使えなくなります。また、胡椒を少々加えると、黄身酢の味が生きてきます。

黄身酢

酢	… ⅓カップ
みりん	… ⅓カップ弱
卵黄	…… 3個分
塩	……… 少々

❶ 練りやすくするため、酢とみりん、塩、卵黄を鍋に入れ、火にかける前によく溶き混ぜておきます。

❷ 鍋を弱火にかけ、木杓子で混ぜながら練ります。焦がさないようごく弱火にして練り上げます。

❸ ねっとりとしてきたら火をとめ、毛漉しで裏漉しします。固まりがなくなり、なめらかに仕上がります。

めいたがれいの塩焼き、黄身酢がけ

ポン酢醤油

ポン酢とは、正式には橙《だいだい》の果汁を絞った汁のことですが、カボスや柚子、スダチなど柑橘系の果汁を総称していわれているようです。醸造酢と違って天然の果汁の香りと酸味が特徴で、酢の代わりとしていろいろな料理に使えます。

このポン酢を使ったポン酢醤油は、鍋もののつけ汁として欠かせません。ほかに和え衣や刺身醤油としても合います。

ポン酢醤油

ポン酢	‥‥ 450cc
濃口醤油	‥‥ 350cc
だし汁	‥‥ 大さじ3

かつおの刺身、ポン酢醤油

ドレッシング

魚介を盛り込んだ料理性の高いサラダは、酒の肴として充分に通用するものです。ここで紹介するドレッシングは、野菜サラダや海鮮サラダなど、いろいろな材料を使ったサラダに使っていただけます。刺身にも合いますので、洋風の仕立てでお出しすると、また喜ばれます。醤油やわさび、あさつきなどを加えますと、一風変わった趣きとなります。

ドレッシング

サラダ油	…… 700cc
酢	……‥140cc
水	……‥ 70cc
砂糖	‥‥ 小さじ2
塩	‥‥ 大さじ1
溶き辛子	……… 5g

魚介サラダ

和え衣

ここで紹介する和え衣は、多少手間はかかりますが、冷凍保存でき、つくっておくと重宝します。白和え衣もごま和え衣も、味噌と醤油を加えると酒肴向きになります。

白和え衣

白和えは、和え衣に味噌と醤油を加えると酒の肴に向く一品となります。淡白な和え衣なので、材料の野菜や茸、こんにゃくなどはあらかじめ下味をつけておくことがポイントです。豆腐の水気を充分に切っておくと水っぽくなりません。

白和え衣			
木綿豆腐	1丁	塩	小さじ½弱
味噌	大さじ½	淡口醤油	大さじ1
あたりごま	大さじ3	みりん	大さじ1
砂糖	大さじ5		

1 豆腐は茹でて水に取り布巾で包んでから巻きすで巻き、まな板に挟んで重石をします。

2 元の半分の重さになるまでしっかりと水を切ったら、毛漉しで裏漉しします。

3 裏漉しした豆腐をあたり鉢であたり、さらにあぶった味噌、あたりごまを加えてあたります。

4 全体になじんだら砂糖と塩を加えます。調味料は固さのあるものから混ぜます。

5 さらに淡口醤油、みりんを加え、なめらかになるまでよくすり混ぜます。

衣の固さは好みで調節すること。密封して冷凍保存すると1か月は持ちます。

ごま和え衣

ごま和え衣には、黒ごまでつくるものと白ごまでつくるものがあります。香りの点では黒ごまのほうが優れているようで、この衣を使った料理は特に「ごまよごし」と呼ばれます。

ごまを充分に煎ること、あぶった味噌を加えることが衣を香ばしくつくる秘けつとなります。

ごま和え衣	
黒ごま	大さじ7
味噌	大さじ½
砂糖	大さじ2
みりん	大さじ2
濃口醤油	大さじ½

1 鍋に黒ごまを入れ、焦がさないよう前後に鍋を動かしながら遠火の中火で煎ります。

2 ごまの香りが立ってきたら火からおろし、紙の上に広げて冷ましておきます。

3 味噌を直火にかざしてあぶります。こうすると香ばしさが増し、風味がよくなります。

4 ②の黒ごまをあたり鉢に入れ、ペースト状になるまでよくあたり③の味噌を加えます。

5 ごまと味噌がなじんだら砂糖を加えてすり混ぜ、みりん、醤油を加えてよく混ぜます。

ごまの油がじっとりと出てくるまであたり、なめらかにつくります。冷凍保存できます。

さけと椎茸の白和え

平茸と人参のごまよごし

焼きダレ

さっぱりとした酒醤油系統から濃厚なたれまで、さまざまな焼きだれがあります。ここでは、比較的、どんな材料にも合う三種類を紹介しています。

祐庵地

祐庵《ゆうあん》地は、みりん五、醤油三、酒二の割合で合わせた焼きものの漬け汁です。魚にも肉にも合う便利な合わせ調味料で、これをベースに味噌を加えた味噌祐庵地、柑橘類を加えた橘《たちばな》地をつくることができます。材料を漬け込み、さらに掛けながら焼き上げると味がしみこみます。

祐庵地		
	みりん	¾カップ
	濃口醤油	90cc
	酒	60cc

味噌祐庵地

味噌祐庵地は、祐庵地に西京味噌を溶き混ぜたものです。味噌が加わることで濃厚な味わいの漬け汁となり、冬場の焼きものにはかかせません。ただし、味噌もみりんも焦げやすい調味料なので焼き加減には充分注意してください。

味噌祐庵地		
	みりん	¾カップ
	濃口醤油	90cc
	酒	60cc
	西京味噌	大さじ4

鶏ロールの味噌祐庵焼き

しまあじの祐庵焼き

うなぎダレ

赤酒三に対し、醤油一の割合で合わせた甘口の焼きだれで、うなぎの蒲焼き、もつ焼きなどクセの強い材料の焼きものに使います。好みによっては、赤酒と醤油を同割で合わせ、辛口に仕立ててもいいでしょう。次ぎ足し次ぎ足し使っていくにつれ、独自の味が生まれてくるものです。

うなぎダレ	
赤酒	1500cc
濃口醤油	500cc

長期間使用しない場合は、火入れをしてから一度漉し、冷蔵庫で保存してください。

1 赤酒と濃口醤油を鍋に入れ、調味料が沸き立たないよう鍋底に皿をふせて置きます。

2 焦がさないよう弱火で煮つめます。火加減は細かい泡が表面に浮いている状態に。

3 浮いてくるアクをていねいにすくいながら煮つめ、3割方煮つまったら火をとめます。

4 次ぎ足しながら使うもので、新しいたれと古いたれを合わせ、火にかけてなじませます。

舌びらめの海老包み焼き

刺身醤油

刺身には生《き》醤油、と相場が決まっていますが、味を和らげた〝煮きり〟をすしに使うようにひと工夫ほしいところです。ここで紹介する二種は古くから伝わるものです。

土佐醤油

土佐醤油は、かつお節の旨みを醤油に移した、たいへんコクのある刺身醤油です。まぐろやかつお、はまちなど脂肪分が多く、クセのある赤身や青背魚によく合い、魚の旨さを引き立てます。削り節を使う場合は煮出さずに、醤油が煮立ったところへ加えます。昆布を煮立てないのは、昆布臭さを醤油に残さないためです。

土佐醤油

濃口醤油	… 2カップ
酒	… 大さじ4
赤　酒	… 大さじ2
かつお節	…… 20g
昆　布	…… 10g

まぐろとかんぱちの引き造り

❶ 鍋に酒と赤酒、かつお節を入れて火にかけます。ひと煮立ちさせてアルコール分を飛ばし、濃口醤油を加えます。

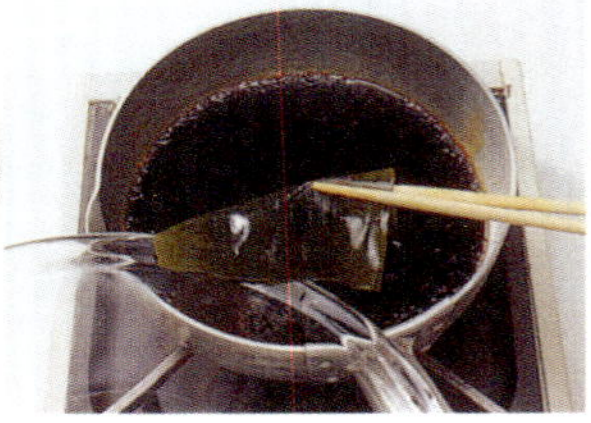

❷ さらに昆布を加え、鍋のへりに細かい泡が立ってきたら火をとめ、昆布を引き上げます。冷めてから漉してかつお節を取り除きます。

煎り酒

古来から伝わる煎り酒は、梅干しの塩味と酸味、酒の甘みが相まった上品な調味料です。たいやひらめ、すずきなど、淡白な味わいの白身魚に合わせます。この煎り酒はまとめてつくるほどおいしいもので、冷蔵保存すれば三か月は持つものです。もし、味が物足りないようなら、ほんの少し白醤油を補います。

煎り酒

梅干し	……… 3個
かつお節	…… 25g
酒	… 5カップ
白梅酢（梅を漬けて出る汁）	… 大さじ1

ひらめの薄造り

❶ 鍋にかつお節と酒、梅干しを入れて火にかけ、煮立たせないよう弱火でゆっくりと煮つめます。

❷ 全体の3分の1程度まで煮つめたら火をとめ、味を見ながら白醤油を加えます。冷めてから漉します。

魚介の料理

鯛《たい》の料理

鯛は姿と色の美しさ、そして味の良さから〝海魚の王〟と呼ばれます。日本人が最も好む魚ですし、一年中味が良い魚ですから、酒肴としても工夫のしがいがあります。皮が美味しい魚ですので、煮物や焼き物はもちろんのこと、刺身にする場合も湯引いて皮つきのまま調理すると良いでしょう。

たいかぶら

たいの子和え

たいの酒盗

たいの皮霜引き造り

たいのかぶと蒸し

「鯛《たい》の料理」の作り方

美しい桜色を持つたいは、食べて良し、ながめて良し、とまさに〝海魚の王〟にふさわしい品格を持つ魚です。お祝いの席に欠かせない理由も、「めでたい」とたいをかけた、単なる語呂合わせばかりではなく、やはりその品格によるところが大きいようです。現在では日本人のたい好きを反映し、市場には二百種類以上もの「たい」と名のつく魚が出回っていますが、生物学の分類にしたがえば、実際にたいと呼べるのは真だいのみ。いかに、たいの人気にあやかった魚が多いかが分かります。

天然の真だいの旬は、四月から六月にかけての産卵期。この時期のたいは「桜だい」と呼ばれ、旨みと脂がのったその味はたいへん美味で、〝婚姻色〟といわれる鮮やかな桜色を帯びます。産卵後のたいは、体もやせて味も落ち、「麦わらだい」と呼ばれます。真だいは全長八十センチの大きさにまで成長しますが、〝目の下一尺〟の五十センチ前後のものが味がいいといわれます。特に小さいたいは「春子《かすご》だい」と呼ばれています。

天然ものは珍重されますが、漁獲量も少なく高級魚のため、なかなか使いづらいというのが実際のところです。最近では、養殖技術が急速に進歩し、天然ものに比べても遜色《そんしょく》のない養殖ものが多く出回り始めました。体色が黒ずんでいるのが難ですが、上手に使いこなしたい素材といえそうです。

たいは頭から骨まで捨てるところのない魚といわれます。また、皮の部分に旨みが多いといわれます。刺身に造る場合にも、皮霜にすると喜ばれます。また、かぶと蒸しやたいかぶらは、旨みが凝縮された料理です。改まった席と違って豪快に仕上げ、贅沢感を味わっていただくといいでしょう。いずれの場合も皮目の美しさが身上ですので、傷をつけないようていねいに扱います。

たいの皮霜引き造り

▼材料　4人分
たいの上身（皮つき）一筋　数の子一本　岩海苔適量　花丸きゅうり4本

◎作り方

①たいは三枚おろしにして筋に取った上身を用意します。皮目を上にして抜き板にのせ、ぬれ布巾をかぶせます。ぬれ布巾の上から皮面に熱湯をかけ、手早く氷水に取って冷まし、水気をていねいに拭きます。

②皮霜にしたたいを4～5ミリ厚さの引き造りにし、一人当て7切れにします。

③数の子は水につけて塩出しをし、水気を拭いて薄皮を取り、手で細かくちぎります。さらにぬれ布巾に包んですりこ木で叩き、ばらばらにほぐします。

④器の奥に岩海苔をこんもりと置きます。その手前に①のたいの皮霜引き造り4切れを斜めにずらして盛り、手前に3切れを盛り、③の数の子をちらし、花丸きゅうりを添えます。

◎覚え書き

◆たいを三枚におろす／たいの三枚おろしは、魚のおろし方の基本となります。たいの頭はかぶと蒸しやあら炊きなどお金の取れる料理となりますので、ここでは、頭にかまをつけておろす方法を紹介します。庖丁は出刃庖丁を使います。

まず、たわしを使って水で全体を洗い、尾から頭の方向に向かってうろこ引きでうろこを引きます。次にえらを取り出します。頭を左、背を手前に置き、えらぶたを開いてえらのつけ根に切り目を入れ、一度にえらを引き出します。

えらを取ったら、頭を左上、背を左に斜めに置き、左手でえらぶたを押さえながら、えらぶたの下から産卵口まで腹を切り開きます。この切り口から腹わたをていねいに取り出し、ささらを使って腹の血を流水できれいに流します。水洗いした後、丹念に水気を拭きます。ここまでが水洗いといわれる下処理で、これからのち水は使いません。

水洗い後、まな板の上に頭を左、腹を手前に置き、腹びれの横に斜めに切り込みを入れます。中骨に庖丁があたるまで切り込みを入れ、逆側も同様にし、頭を落とします。

頭を左、腹を手前に置いた時に下側になる身からおろします。まず、下の身の背に頭から尾まで切り目を入れ、身を返して尾を手前に置き、腹の切り目から庖丁を入れます。庖丁を中骨の上に沿わせながら、頭口から尾まで身を切り離していきます。背の切り目まで切り離したら、尾先に切り目を入れ、身をおろします。

次に上の身をおろします。中骨を下にし、腹に沿って切り目を入れ、身を返して背に切り目を入れます。この切り目から身をおろします。

◆おろし身を筋に取る／おろし身の身側を上に、尾を手前に置き、腹骨のきわに沿って庖丁を逆に使い（返し庖丁という）、切り目を入れます。

この切り目から、出刃庖丁の刃全体を使って、腹骨を薄くすき取ります。

腹骨をすき取ったら、背側を手前に、尾を左に置き直し、指で探りながら、身の中央に残っている小骨を骨抜きで抜き取ります。

おろし身を筋に取ります。尾のついていた側を手前に置きます。ここから、背の幅に揃えて斜めに庖丁を入れ、筋に取ります。刺身にする場合は、この後、皮を引きます。

たいかぶら

▼材料　4人分
たいのあら1尾分　天王寺かぶ2個　小かぶ4本　水2カップ　酒大さじ1½　塩小さじ½　木の芽適量

◎作り方

①たいのあらは大きめに切って水で洗い、皮目を上にして並べ、熱湯をまんべんなくかけます。再び水に取り、残ったうろこや血合いをていねいに取り除きます。

②天王寺かぶは皮をむいて大きめに切り、切り角を削って面取りをし、下茹でします。

③小かぶは塩を少々入れた熱湯で色よく茹でて、水に取って冷まし、水気を絞ります。

④鍋に①のたいのあらと水を入れて火にかけ、煮立つ前に弱火にして煮ます。途中、浮いてくるアクをていねいに引きながら旨みを引き出します。

⑤十分にたいの旨みが出たら、酒と塩で味を調え、②のかぶを加えてひと煮立ちさせ、火を止めます。

⑥鍋に⑤のたいのあらとかぶを盛り、汁を張って③の小かぶを添え、木の芽を天盛りにします。

◎覚え書き

◆あらの下処理／たいの頭を料理する場合、大きいものは適当な大きさに切り分けてから使います。たいの頭は残っているうろこをていねいに取り除き、口を上にして置き、出刃庖丁を使って口の部分から縦に梨割りにします。この後、食べやすい大きさに切り分けます。

切り分けたあらは、生臭みを取り除くため、皮目を上にしてざるに並べ、熱湯を回しかけます。すぐに水に取り、残っているうろこや血合いをていねいに除き、水気を拭きます。

たいのかぶと蒸し

▼材料　4人分
たいの頭4尾分　わかめ適量　蒸し地［昆布だし1カップ　酒2カップ　塩小さじ½］　塩適量　木の芽適量

◎作り方

①たいの頭はうろこをていねいに取り除き、水洗いして水気を拭き、薄塩をします。10分ほどおいてから熱湯を全体に回しかけ、水に取って残っているうろこ、血合いを取り除きます。

②わかめは水で戻して熱湯をかけ、水に取って筋を切り取り、食べよい大きさに切ります。

③鍋に蒸し地の材料を合わせて火にかけ、ひと煮立ちさせます。

④器に①のたいの頭を入れ、③の蒸し地をかけ、蒸気の上がった蒸し器に入れて20分ほど蒸します。

⑤蒸し上がったら、②のわかめを盛り添え、木の芽をあしらいます。

◎覚え書き

◆かぶと蒸しのコツ／〝骨蒸し〟ともいわれるかぶと蒸しは、たいの旨みが存分に味わえる贅沢な一品です。昔から一人前に頭ひとつを使っていましたが、現在では縦に梨割りにして使うところが多いようです。

たいの皮の美しさが身上の料理ですから、必ず塩をして水洗いしたのち、調理します。さらに、湯気でたいの皮を損なわないよう、蒸し上げます。

たいの子和え

▼材料　4人分
たいの子1腹　たいの上身1筋　酒大さじ1　塩・旨味調味料少々　黄菊4個　酢適量　水前寺海苔適量　わさび適量　木の芽適量

◎作り方

①たいの子は水を張ったボールに入れ、竹串を使っていねいに血合いを取り除きます。これを熱湯で茹でて水気を拭き、裏漉ししてばらばらにほぐします。

②ほぐしたたいの子を乾いた鍋に取り、弱火で炒ります。ぱらぱらになったら、酒と塩、旨味調味料を加えて味を調え、さらに炒って水分を飛ばします。

③たいの上身は皮を引いたものを用意し、薄いそぎ切りにします。

④黄菊は花弁をむしり、酢を少々入れた熱湯で茹でて水に取り、冷ましてから水気を絞ります。

⑤水前寺海苔は水につけて戻し、せん切りにします。

⑥③のそぎ切りにしたたいの身を②の炒ったたいの子で和えます。

⑦器に⑥のたいの子和えを盛り、黄菊と水前寺海苔を添え、わさびとたたいた木の芽を天盛りにします。

たいの酒盗

▼材料　4人分
たいのきも1尾分　たいの上身50g　酒適量　塩適量

◎作り方

①たいのきもは酒で洗って水気を拭き取り、たっぷりの塩をまぶして密閉容器に入れ、3〜4日間ほど冷蔵庫に入れて保存します。

②塩漬けにしたたいのきもを取り出し、水で洗って塩を流し、水気を拭いて裏漉しします。

③たいは皮を引いた上身を用意し、薄く塩を振ってしばらくおき、細切りにします。

④細切りにした身を裏漉ししたきもで和え、小鉢に盛ります。

◎覚え書き

◆酒盗／本来はかつおの塩辛のことをいい、名前通りに酒がたいへんすすむ肴となります。

鯵《あじ》の料理

あじは全国でとれ、一年中味が良い重宝な魚ですが、春先から夏にかけて特に旨味が増します。鮮度の良いあじは、やはり生で食べると美味で、刺身やたたきの人気が高いのもうなづけます。大衆魚といわれるあじですが、盛りつけや器使いに工夫を凝らすと豪華さが生まれ、魅力がより高まります。

あじのチーズ和え
あじのおろし和え
あじの磯辺巻き
あじの辛子和え
あじの木の芽まぶし
あじのしそ焼き
あじのうり印籠

鰺《あじ》の料理

あじは、多彩な調理法に合う点も大きな魅力。香味野菜との相性が良いので上手に取り合わせます。

「鯵《あじ》の料理」の作り方

あじは、一年中いつ食べてもおいしい魚です。青魚とは思えないような淡泊な肉質で、くせや臭みも少ないので、幅広い料理に活用することができますし、洋風や中華風の料理にも合います。

刺身やたたきは人気が高い料理で、確かにおいしいものですが、ひと手間かけるとより魅力的な酒肴になります。そのときには香りの良い野菜を取り合わせると良く、風味が豊かになります。

鮮度の良いあじを選ぶ目安は、目が澄み、身に弾力があり、うろこに光沢があるもの、えらの内側が鮮やかな紅色をしているものです。体長が三十センチ以上を大あじ、二十センチ前後を中あじ、十センチ以下を小あじと呼びますが、扱いやすく手頃な大きさは十五センチくらいのものです。大きくても小さくてもおいしさは同じですので、料理によって選びわけることが大切となります。

あじのチーズ和え

▼材料　4人分
あじ(中)4尾　プロセスチーズ45g　あさつき½把　醤油適量　酢少々

◎作り方
①あじは、ぜいごを取り、頭とわたを取って水洗いし、三枚におろします。腹骨をすき取って、小骨を抜いたら、皮をひいて細切りにします。
②チーズは5ミリ角のあられに切ります。
③あさつきは小口切りにします。
④ボールにあじ、チーズ、あさつきを入れて混ぜ合わせ、器に盛ります。酢を少し落としたつけ醤油を添えて供します。

あじのおろし和え

▼材料　4人分
あじ（中）4尾　酒塩［酒大さじ2　塩小さじ⅓］　和え衣［大根おろし¼カップ　酢¼カップ　みりん¼カップ　塩少々　醤油少々　あさつき½把］　黄身そぼろ適量　小麦粉適量　揚げ油適量

◎作り方
①あじは、ぜいごを取り、頭とわたを取って水洗いし、三枚におろします。腹骨をすき取り、小骨を抜いたら、片身を二枚に切って酒塩に5分くらいつけておきます。
②①のあじの汁気を布巾で拭き取り、小麦粉を薄くつけて、中温の揚げ油で揚げます。
③和え衣の材料のみりんを煮きり、酢、塩、醤油を合わせたら、水気を絞った大根おろしと小口切りのあさつきを混ぜます。
④②のあじを③で和えて器に盛り、黄身そぼろを天に盛ります。

◎覚え書き
◆黄身そぼろは、固めに茹でた卵の黄身を裏漉しし、塩少量を加えてばらばらになるまで煎って作ります。

あじの磯辺巻き

▼材料　4人分
あじ（大）4尾　塩少々　あさつき2把　だし汁大さじ1　醤油大さじ4　生姜1かけ　海苔2枚

◎作り方
①あじは、ぜいごを取り、頭とわたを取って水洗いし、三枚におろします。腹骨をすき取り、小骨を抜いたら、皮をひきます。
②あじの身の内側に縦に包丁目を入れて観音開きにし、厚みを均等にしたら、ごく薄く塩をふり、5分ほどおきます。
③生姜はせん切りにして水に放します。海苔は香りよく焼きあげておきます。
④だし汁と醤油を合わせて煮立て、冷ましておきます。
⑤巻き簀《す》に海苔をのせ、②のあじを横にひろげておき、中央にあさつきと針生姜をおいて、海苔巻きの要領で巻きます。これを二本作り、両端を切り落としたら、一本を八つに切って、器にバランスよく盛りつけます。器の端から冷ましたかけ汁を注ぎ入れます。

あじの辛子和え

▼材料　4人分
あじ（大）2尾　醤油大さじ4　辛子大さじ2　茹で卵1個　三つ葉1把　大葉（またはきゅうりの葉）4枚　杵生姜8本

◎作り方
①あじは、ぜいごを取り、頭とわたを取って水洗いし、三枚におろします。腹骨をすき取り、小骨を抜いたら、皮をひきます。
②①のあじは5～7ミリの厚さに切り、醤油（分量外）を少量かけます。
③三つ葉を茹で、5センチ長さに切ります。
④辛子をぬるま湯で溶いて、茹で卵の黄身をほぐして混ぜ、さらに醤油で溶きのばして、水気を絞った三つ葉とあじを和えます。
⑤器に大葉またはきゅうりの葉を敷いて、④の辛子和えを盛り、酢取った杵生姜を添えます。

◎覚え書き
◆杵《きね》生姜の作り方／生姜は茎の部分

を20センチほど残して葉を落とし、杵《きね》の形にむきます。茎元までを熱湯に通したら、バットに並べ、たっぷりと塩をかぶせて5～10分ほどおいてから水洗いし、酢水（酢と水を同量）に30分ほどつけて酢取ります。

あじの木の芽まぶし

▼材料　4人分
あじ(小)4尾　木の芽20枚　わさび適量　醤油適量　春蘭4個

◎作り方

①あじはぜいごを除き、頭とわたを取って水洗いし、三枚におろし、腹骨をすき取ったのち、小骨を抜いて、皮をひきます。

②①のあじの片身を、二～三枚のそぎ切りにしておきます。

③木の芽は葉を軽くしごき、包丁であらくたたきます。

④②でそぎ切りにしたあじに、③の木の芽をまぶします。

⑤器に④のあじを盛り、春蘭を添えて供し、わさび醤油ですすめます。

あじのしそ焼き

▼材料　4人分
あじ（小）4尾　酒塩［酒大さじ4　塩小さじ1］　大葉8枚　レモン（薄切り）2枚　小麦粉適量　サラダ油適量　板谷楓8枚

◎作り方

①あじは、ぜいごを取り除き、頭とわたを取ったら、三枚におろして腹骨を除きます。小骨を抜いて、皮をひいたら、両端を切り揃えます。

②①のあじを酒塩につけてしばらくおき、味がしみたら、汁気を布巾で拭き取り、小麦粉を薄くまぶします。

③大葉の裏側に水で溶いた小麦粉をつけて、②のあじを包むようにはりつけます。

④フライパンにサラダ油を熱し、③のあじの皮の側から焼き始め、弱火で両面をじっくりと焼いて、中まで火を通します。

⑤器に板谷楓《いたやかえで》の葉を敷き、④のあじに合わせて煮立たせたのちに冷まします。

あじのうり印籠

▼材料　4人分
あじ（大）1尾　白うり2本　ラディッシュ8個　生姜2かけ　アネモネ適量　金粉適量　水適量

◎作り方

①あじはぜいごを除き、頭とわたを取り、三枚におろしたら、腹骨をすき取り、小骨を抜いて、皮をひきます。

②バットかまな板にあじを並べて、塩を軽くふって20分ほどおき、塩がなじんだら、縦の細切りにしておきます。

③白うりは、皮をむいて上下を切り落とし、筒抜きで中心部を抜き取ります。海水くらいの塩水に放して30分ほどおき、しんなりとさせます。

④③の白うりの水気をきり、②のあじを射込んだのち、一本を八つに切りわけます。

⑤氷の器を作ります。器に、アネモネ、金粉水を入れ、さらにそれよりひと回り小さな器を入れて浮かび上がらないように軽い重石をし、冷凍庫に一日ほど入れておきます。

⑥ラディッシュは縦の包丁目を入れて飾り切りにします。生姜はおろしておきます。

⑦⑤の氷の器を取り出し、④のあじのうり射込みを盛り、ラディッシュを添えて、おろし生姜を天盛りにします。

あじの煮おろし

▼材料　4人分
あじ3尾　三つ葉1把　あさつき適量　小麦粉適量　天ぷら衣［小麦粉⅓カップ　水1カップ　酒大さじ1　卵1個］　大根おろし½カップ　だし汁1カップ　醤油⅓カップ　みりん⅓カップ　赤唐辛子1本　揚げ油適量

◎作り方

①あじはぜいごを取り、頭とわたを取って、三枚におろしたら、腹骨をすき取り、小骨を骨抜きで抜いておきます。

②［　］内の材料を合わせて、天ぷら衣を作ります。

③①のあじは一枚を二つに切りわけ、小麦粉をまぶし、②の天ぷら衣をつけて、揚げ油でカラッと色よく揚げます。

④赤唐辛子は種を除いて細かく切り、だし汁、醤油、みりんと一緒に小鍋に入れて煮立たせます。

⑤④に水気を絞った大根おろしを加えて、軽く煮立てます。

⑥器に③のあじを盛り、⑤の汁をかけ、茹でて食べよく切った三つ葉と小口切りのあさつきを添えます。

◎覚え書き

◆あじは油との相性がよく、色々な種類の揚げ物にされますが、ひと手間かけて煮ることで、味わい深い酒肴に仕上がります。ここではあじと相性のよい、辛みのきいた大根おろしの煮汁で煮てあります。

あじの手こね寿司

▼材料　4人分
あじ6.5尾　三つ葉1把　生姜1かけ　つくし20本　醤油大さじ3　酒大さじ2　塩適量　旨味調味料適量　米5カップ　水5カップ　合わせ酢［酢½カップ　砂糖40g　塩大さじ1］

◎作り方

①あじは三枚におろし、骨抜きで小骨を抜き、皮をひいて、ごく薄いそぎ切りにします。

②醤油、酒、塩、旨味調味料を小鍋に合わせて煮立たせたのちに冷まします。

③②が冷めたら、①のあじを5分ほどつけます。

④三つ葉は茹でて食べやすい大きさに切り揃えます。生姜は皮をむいて、せん切りにします。

⑤つくしは頭のところだけを摘み取

り、茹でます。
⑥ごはんを炊きます。炊きあがったごはんに、酢、砂糖、塩で作った合わせ酢をかけ、さっと混ぜ合わせておきます。
⑦⑥の酢めしに③のあじをつけ汁ごと加え入れ、④の三つ葉と生姜、⑤のつくしを加えて、ざっくりと混ぜます。

◎覚え書き
◆あじの他に、かつお、ぶり、はまちの小さいものなど、旬の魚で同様に作ることもできます。

あじの筒煮

▼材料　4人分
あじ4尾　長ねぎ2本　梅干し2個
煮汁［だし汁1カップ　醤油⅓カップ　酒½カップ　みりん大さじ1］

◎作り方
①あじはぜいごを取り、頭を落とし、切り口からわたを取り出して、水で洗い、水気を拭き取ります。
②①のあじを2～3センチ幅の筒切りにします。
③［　］内の材料を合わせて煮立てた煮汁の中に、種を取り除いて潰した梅干しと、②のあじを入れて、やわらかくなるまでじっくりと煮ます。
④長ねぎの白い部分を4センチくらいの長さに切り、網焼きします。
⑤器に③のあじを盛り、④の長ねぎを盛り添えます。

◎覚え書き
◆青魚特有の臭みを抜くため、梅干しを加えています。梅干しを加えることで、やわらかく、さっぱりした味に煮あがります。

あじのかくし生姜

▼材料　4人分
あじ2尾　海苔1枚　大葉4枚　生姜1かけ　あさつき½把　だし汁適量　醤油適量

◎作り方
①あじは三枚におろし、小骨を骨抜きで抜き取り、皮をひきます。
②生姜はせん切りにします。
③巻き簀の上に焼き海苔をのせ、その上に①のあじを平らに並べ、さらに、その上に大葉、②の生姜、あさつきをのせ、海苔巻きを作る要領で巻きます。
④醤油七対だし汁三の割合で混ぜて、煮立てて冷まし、かけ汁を作ります。
⑤③の両端を切り落としたのち、六つに切って、器に盛り、④のかけ汁をかけて供します。

あじの五色和え

▼材料　4人分
あじ4尾　えび12尾　茹で卵1個　玉ねぎ½個　人参50g　大根80g　きゅうり2本　セロリ40g　エシャロット1把　塩適量　溶き辛子適量　醤油適量　片栗粉適量　揚げ油適量

◎作り方
①あじはぜいごを除き、頭とわたを取って、三枚におろしたら、腹骨をすき取り、小骨を骨抜きで抜きます。
②①のあじに薄塩をしてから、一枚を三つに切りわけます。
③②のあじに片栗粉をまぶし、揚げ油でからっと色よく揚げます。
④えびは殻をむいて背わたを取り、塩を加えた熱湯で茹でます。
⑤玉ねぎとエシャロットは薄切りに、セロリは筋を取って薄切りにします。
⑥人参と大根は、それぞれせん切りにします。
⑦きゅうりは二つ割りにし、種を取って、小口から薄切りにします。
⑧茹で卵は輪切りにしておきます。
⑨器に③から⑧の各材料を盛り合わせ、溶き辛子と醤油を混ぜて作ったかけ醤油をかけて供します。

◎覚え書き
◆サラダ感覚の食べ味の楽しいメニュー。グループ客や宴会客には、人数分を盛り込むと豪華になります。

あじのチーズ焼き

▼材料　4人分
あじ4尾　菜の花½把　レモン¼個　小麦粉適量　溶き卵適量　パン粉適量　粉チーズ適量　オリーブ油適量　塩適量　胡椒適量

◎作り方
①あじはぜいごを除いて、頭とわたを取ったら、三枚におろします。腹骨をすき取り、小骨を抜いたら、尾のつけねのあたりを少し切り落とします。
②パン粉と粉チーズは同量を混ぜ合わせておきます。
③①のあじに塩、胡椒したのち、小麦粉→溶き卵→②のパン粉と粉チーズを混ぜ合わせたものの順につけていきます。
④フライパンにオリーブ油を多めに熱し、③のあじを入れて、両面を色よく焼きます。
⑤器に④のあじを盛り、茹でた菜の花とレモンを添えます。

あじのかくしわさび

▼材料　4人分
あじ2尾　海苔1枚　三つ葉½把　わさび適量　筆生姜2本　だし汁適量　醤油適量

◎作り方
①あじはぜいごを除いて、頭とわたを取って三枚におろし、腹骨をすき取ったら、小骨を骨抜きで抜き、皮をひきます。
②海苔は焼いておきます。
③三つ葉は茹でて、わさびはすりおろします。
④巻き簀《す》の上に②の海苔をひろげ、その上に①のあじを平らになるよう並べ、三つ葉とわさびをのせて、海苔巻きを作る要領で巻きます。両端を切り落として、一本を六つに切りわけます。
⑤醤油七対だし汁三の割合で合わせたものを煮立てて冷まします。
⑥器に④を盛り、筆生姜を添え、⑤をかけて供します。

鰯《いわし》の料理

いわしは秋から冬が旬で脂がのります。
いずれの料理も、香味野菜や香辛料を
上手に取り合わせるのがポイントです。

「鰯《いわし》」の作り方

いわしには、真いわし、片口いわし、うるめいわしの三種がありますが、一般にいわしと呼ばれるのは真いわしで、背の両側に七つの黒い斑点が並んでいるので〝七つ星〟とも呼ばれます。

　いわしの名は、すぐ弱る魚という意の〝よわし〟が〝いわし〟に転じたものと言われますが、その名の通り、鮮度が大変に落ちやすい魚です。うろこがぴっちりとついていて、腹側まで硬直しているものは鮮度が非常に高く、皮につやがなく、身がぶよっとして、目が濁ったものは、鮮度が落ちたものです。

　調理上のポイントは、買い求めたらすぐにわたを抜いて鮮度を保つことです。薄い塩水でいわしをさっと洗い、うろこを落としたら、腹側を開いてわたを抜き出して洗います。すぐに使わないときは、ざるに並べ、かたく絞った濡れ布巾をかけて受け皿にのせ、冷蔵庫で保存します。半日以上おくときはラップをかけて、乾燥を防ぎます。鮮度の良いいわしは、わたつきのまま焼いても煮てもおいしく、また刺身や酢じめ、マリネなどの料理も鮮度の良し悪しがものをいいます。香味野菜や香辛料を上手に取り合わせて、青魚特有の生臭さを消すとおいしく仕上がります。

いわしのマリネ

▼材料　4人分
いわし6〜7尾　玉ねぎ½個　人参⅓本　フレンチドレッシング適量　パセリ適量　溶き辛子適量

◎作り方
①いわしは頭を落とし、わたを取って、薄い塩水できれいに洗い、水気を布巾で拭き取ります。
②①のいわしを三枚におろして、皮をひき、骨抜きで小骨を抜いてから、斜めに細く切ります。
③玉ねぎは薄切りにし、人参はごく細いせん切りにしておきます。
④②のいわしと薄切りの玉ねぎ、せん切りの人参を混ぜ合わせたら、フレンチドレッシングに30分から2、3時間くらいつけ込みます。フレンチドレッシングは、材料がひたひたにつかるくらいを用意します。
⑤器に④のいわしと薄切りの玉ねぎ、せん切りの人参を盛り、みじん切りのパセリを散らして、溶き辛子をのせてお出しします。

◎覚え書き
◆フレンチドレッシングの作り方は次の通りです。サラダ油と酢を二対一の割合で用意して、塩、胡椒とともにボールに入れ、泡立て器でよく混ぜ合わせます。酢の量は好みで加減します。

いわしの細造り

▼材料　4人分
いわし4尾　あさつき¼把　生姜1かけ　大葉4枚　菊の花4個　酢少々

◎作り方
①いわしは頭を落とし、わたを除いて、薄い塩水できれいに洗ったら、水気を拭き取ります。
②①のいわしを三枚におろして、皮をひいたら、小骨を抜き、斜めに細く切ります。
③あさつきは小口切りにし、生姜はおろしておきます。
④菊の花は酢を加えた湯で色よく茹でて、水に取り、冷めたら水気を絞っておきます。
⑤②のいわし、小口切りのあさつき、おろし生姜を混ぜ合わせます。
⑥大葉を敷いた器の上に⑤を盛り、菊の花を添えて供します。

いわしのつみいれ汁

▼材料　4人分
いわし10尾　長ねぎ1本　あさつき4本　a［小麦粉大さじ3　砂糖小さじ1　醤油小さじ1　みそ大さじ1　生姜のしぼり汁適量］　酒・醤油各適量

◎作り方
①いわしはうろこを除いて頭を落とし、わたを取り、薄い塩水できれいに洗ったら、水気を拭き、三枚におろします。
②①のいわしの皮をひき、骨抜きで小骨を抜いたら、包丁で細かくたたき、さらに、すり鉢に入れてよくすります。
③長ねぎをみじん切りにして、②のいわしに混ぜたら、aの材料も加えて混ぜ、味を調えます。
④③を一個30グラムくらいの団子に丸め、団子の上を指でちょっと押して、指のあとをつけます。
⑤熱湯の中に④のいわしの団子を入れて茹で、浮きあがってきたら取り出し、お椀に入れます。
⑥⑤の茹で汁のアクをすくい取り、酒と醤油を加えて味を調え、⑤のお椀に注いで、小口切りのあさつきを散らします。

いわしの竜田揚げ

▼材料　4人分
いわし4尾　トマト1個　あさつき½把　片栗粉適量　醤油適量　溶き辛子適量　揚げ油適量

◎作り方

①いわしは、頭とわたを除いてから三枚におろします。

②骨抜きで①のいわしの小骨を抜いたら、ヒタヒタにつかるくらいの醤油の中に約5分つけます。

③②のいわしの水気を拭き取り、片栗粉をまぶして、揚げ油で色よく揚げます。

④トマトは輪切りにし、あさつきは5センチくらいの長さに切り揃えます。

⑤器にトマトの輪切りを一枚のせ、その上に、③のいわしを二枚並べ、さらに、トマトの輪切り一枚とあさつき三～四本を重ねて盛り、溶き辛子をのせて供します。

いわしの生姜煮

▼材料　4人分
いわし8尾　生姜2かけ　酒½カップ　醤油⅓カップ　水¼カップ　サラダ菜8枚

◎作り方

①いわしはうろこを除き、尾を切り取ったら、頭を手でちぎりながら、わたも一緒に引き抜き、薄めの塩水で丁寧に洗って、水気をよく拭き取ります。

②いわしの皮目に、斜めの切り目を四～五本入れて、味がしみこみやすくします。

③生姜は皮つきのまま、2かけくらいを薄切りにします。

④鍋に、③の生姜と酒、醤油、水を入れて煮立て、②のいわしを並べ入れ、紙ぶた（または落としぶた）をして、中火で煮汁が少なくなるまで煮ます。

⑤器にサラダ菜を敷き、上に④のいわしを2尾盛り、おろし生姜（分量外）をのせます。

いわしの塩焼き

▼材料　4人分
いわし4尾　塩適量　大根適量　醤油適量

◎作り方

①いわしはうろこを取って、水で洗い、水気を拭き取ります。頭もわたも取り除く必要はありません。

②いわしは、盛るときに裏側になる方の目から金串を打ち、中骨をぬい、尾の下に串を出し、添え串を一本打ちます。

③串を打ったいわしは軽く塩をふり、強火の遠火で表側から焼き、裏返して焼きあげます。焼きあがったら、熱いうちに串を回し抜きます。

④大根はおろして、軽く汁気を絞っておきます。

⑤器に、焼きあげたいわしを盛り、大根おろしを添えます。大根おろしは、醤油を少々たらして染めおろしにします。

◎覚え書き

◆鮮度の良いいわしの場合、塩はきつくしない方がおいしく焼きあがります。

◆染めおろしというのは、大根おろしに醤油を混ぜたもので、焼き物や揚げ物の薬味の他、簡単な和え衣としても使うことができますから、覚えておくと便利です。

いわしの刺身

▼材料　4人分
いわし4～6尾　きゅうり適量　花穂じそ4本　大葉4枚　生姜適量

◎作り方

①いわしはうろこを除いて、頭とわたを取り、薄い塩水できれいに洗って水気を拭き取ったら、三枚におろします。

②①のいわしは皮をひいて、骨抜きで小骨を抜いてから、大きめのそぎ切りにします。

③きゅうりのけんを作ります。きゅうりは4～5センチ長さに切ったものをかつらむきにして、細切りにして、水にさらします。

④器に、③のきゅうりのけんを盛り、その上に大葉をおき、②のいわしを盛ります。花穂じそとおろした生姜を添えます。

いわしのソテー

▼材料　4人分
いわし6尾　レモン適量　サラダ油適量　塩適量　胡椒適量　レタス4枚

◎作り方

①いわしはうろこを取り、頭を落とし、わたを除いて、水洗いします。水気を布巾で拭き取ったら、三枚におろし、小骨を骨抜きで抜いておきます。

②フライパンにサラダ油を熱し、①のいわしの両面を焼いて、塩、胡椒で味を調えます。

③器にレタスを敷き、②のいわしを盛り、半月に切ったレモンをのせて供します。

しめいわし

▼材料　4人分
いわし6尾　人参⅓本　レモン½個　酢適量　塩適量

◎作り方

①いわしはうろこを除いて、頭を切り落とし、わたを取ったら、薄い塩水できれいに洗い、水気を拭き取ります。

②①のいわしを三枚におろし、皮をひいて、骨抜きで小骨を抜いたら、皮目の方に縦に三～四本切り目を入れます。

③ざるに②のいわしを並べて、たっぷりの塩をふり、約15分おいて身をしめます。

④③のいわしの塩を水で洗い流したら、ヒタヒタにつかるくらいの量の酢に5分くらいつけます。

⑤人参はごく細いせん切りにして水にさらし、シャキッとさせます。

⑥レモンは薄い輪切りにしたのち、さらに半分に切ります。

⑦酢じめにした④のいわしを二つ折りにして、⑥のレモンを間にはさんで器に盛り、⑤の人参を天盛りにして供します。

鰹《かつお》の料理

初夏の味覚として親しまれるかつおですが、今では一年中楽しめるようになっています。酒肴としては、刺身やたたきの人気が高く、大皿に盛り込むと豪華です。きれいに盛るこつは、造り身を三切れ、五切れ、七切れと奇数でまとめて立体的に盛ることです。一人前ずつを供する時は、ひと手間かけて和え物などにして、小鉢に盛りつけると粋な雰囲気のある一品に仕上がります。

かつおのたたき大皿盛り

鰹《かつお》の料理

かつおの料理はわさびや辛子、生姜といった香辛料を多めに使うと、生臭みが消え、味にアクセントがつきます。

「鰹《かつお》の料理」の作り方

かつおはサバ科の暖流性の回遊魚で、新春の頃、フィリピン沖から黒潮にのり北上を始めます。南九州枕崎から四国土佐沖、紀州、伊豆、房総と旅を続け、九月頃には青森から北海道の近くまで北上し、水温が下がり始めると、南の海へと戻っていきます。江戸っ子が初がつおとして珍重したのは、関東沿岸を北上中のかつおで、今も初夏の味覚として欠かせないものです。近年、南下する〝戻りがつお〟の人気が高まっていますが、実際、この時期のかつおには重厚ともいえる独特の味わいがあります。だからといって初がつおを賛美するのは江戸っ子のいきがりだったというのではなく、この時季のかつおには独特の味わいがありますし、何よりも待ち焦がれた季節の味は格別なものです。江戸時代とは違って、現在では日本沿岸を回遊するかつおに限っても季節ごとのかつおの味を楽しむことができます。それだけかつおという魚が日本人に好まれることの証《あかし》ともいえます。

かつおの料理というと、刺身やたたきが筆頭にあがりますし、ダイナミックに大皿盛りにするイメージが強いようですが、小鉢風の料理に仕立ててみると親しみのわくものとなり、一人客にも喜ばれますし、お通しにもふさわしい品となります。

ここでは小鉢料理七品を紹介しますが、いずれも市販品でたたき風に焼いてあるパック詰めのかつおを前提に作っています。大きなかつお一尾をおろすとなると大変ですが、市販品を活用すれば、下ごしらえの手間がいらないだけでなく、扱いやすいので手軽に活用できるからです。パック詰めのかつおは、大きめのおろし身を選ぶ方が良く、身割れしてないものが良品です。また、血合いの部分は取り除くようにします。わさびや生姜、辛子など、ピリッとした辛みのあるものを添えると、酒がすすみます。

かつおのたたき大皿盛り

▼材料　9人分
焼いたかつおのおろし身（市販品）45切れ分　大根適量　生姜適量　にんにく2片　トマト½個　室きゅうり5本　きゅうり1本　大葉4～5枚　花穂じそ適量　防風適量　赤芽適量

◎作り方

①かつおは、おろし身で皮目を焼いてある市販品を利用します。これを一人当て五切れの量を用意し、引き造りにします。

②薬味、つま、けんを用意します。大根と生姜はおろし、にんにくは薄切りにします。きゅうりは4～5センチ長さに切って、かつらむきにしてからせん切りにし、水に放してパリッとさせます。室きゅうりは天と地を落とし、トマトは六つ切りにして皮の中ほどまで包丁を入れ、花びらのようにします。

③大皿を用意し、かつおのたたきを盛ります。盛るときは、三切れ、五切れ、七切れの奇数ずつを、立体的に立てかけるように盛ります。②で用意した薬味、つま、けん類を盛り込み、取り箸を添えて供します。

◎覚え書き

◆ここでは手軽にということで、皮目を焼いてあるかつおの市販品を使っていますが、ここで焼き霜作りの方法を紹介しましょう。かつおは三枚におろし、縦二つに切って腹側と背側の節にとり、血合いや小骨をすき取ります。皮を下にして金串五～六本を末広に打ち、強火の直火で、皮に焼き目がつく程度にあぶり、すぐに氷水にとって、金串を回し抜き、冷めたら水気を拭き取ります。すぐに造り身にしないときは、保鮮紙に包んで冷蔵庫で保存するようにします。

かつおの納豆和え

▼材料　4人分
焼いたかつおのおろし身（市販品）20切れ分　納豆1パック　切り干し大根10g　あさつき適量　醤油適量　溶き辛子適量　旨味調味料適量

◎作り方

①切り干し大根は水の中でもみ洗いし、ごみや汚れを取ったのち、たっぷりの水につけて戻します。

②あさつきは小口切りにします。

③①の切り干し大根は水気をきつく絞ってから細かくきざんで、納豆と混ぜ合わせて、醤油と旨味調味料で味を調えます。

④③に②のあさつきと溶き辛子を加えて混ぜ合わせ、一日くらい置いて味をなじませておきます。

⑤かつおは、おろし身にされ皮目の方を焼いてある市販品を用意し、皮を取り、薄めに切って（一人当て五切れ）、醤油でさっと洗ったら、④と混ぜ合わせます。

⑥器に⑤を盛り、溶き辛子を天に盛って供します。

かつおのかくしわさび

▼材料　4人分
焼いたかつおのおろし身（市販品）20切れ分　糸三つ葉2把　海苔2枚　室きゅうり2本　わさび適量

◎作り方
①かつおは、おろし身にされ皮目の方が焼いてある市販品を用意し、皮と血合いを取り除き、布巾で水分を取り、一人当て五切れに切ります。
②糸三つ葉は色よく茹で、海苔はあぶっておきます。
③巻き簀《す》の上に海苔を裏上、横長になるようにおき、海苔の手前の方にかつお五切れを並べ、もう一段その上にかつお五切れを重ねたら、糸三つ葉を束ねて一把分のせ、おろしわさびを添えて巻きます。これを二本作り、それぞれを六つに切ります。
④室きゅうりは3センチ長さくらいに切り、二つ割りにします。
⑤器に③のかつおを切り口が上になるように盛り、④の室きゅうりを添えます。

◎覚え書き
◆かつおとともに、あさつきとせん切りの生姜を巻いてもおいしく出来あがります。

かつおのおろし和え

▼材料　4人分
焼いたかつおのおろし身（市販品）8切れ分　大根1/3本　あさつき1/2把　おろし生姜適量　防風4本

◎作り方
①かつおは、おろし身にされ皮目の方が焼いてある市販品を用意します。皮を取り除いて、一人当て二切れに切ったら、さらに一切れをそれぞれ三〜四切れに切りわけます。
②大根はおろして、あさつきは小口切りにします。
③かつお、大根おろし、小口切りのあさつきをざっくりと混ぜ合わせたら、巻き簀《す》で巻いて、軽く水分をきり、形を整えます。
④器に③を盛り、おろし生姜をのせて防風を添えます。

かつおのわさび和え

▼材料　4人分
焼いたかつおのおろし身（市販品）20切れ分　わかめ適量　切り海苔適量　醤油適量　わさび適量　防風4本

◎作り方
①かつおは、おろし身にされ皮目の方が焼いてある市販品を用意して、皮をつけたままで、少し薄めに切ります。
②わさびをおろして、醤油で溶きのばします。
③わかめは洗って水につけて戻し、茎のところを取り除き、水気を絞り、細かく切ります。
④①のかつおを②のわさび醤油で和えます。
⑤器に④のかつおと③のわかめを盛り、切り海苔をのせ、防風を添えて供します。

かつおの磯辺巻き

▼材料　4人分
焼いたかつおのおろし身（市販品）25切れ分　海苔2枚　きゅうり1/2本　むら芽適量　にんにく（薄切り）8切れ　わさび適量　防風4本

◎作り方
①おろし身にされ皮目の方を焼いて市販されているかつおは皮をとり、縦長に（長さ9〜10センチくらい）三本に切りわけます。
②きゅうりはかつらむきにしたのち、せん切りにし、水に放してシャキッとさせます。
③海苔はあぶり、かつおの大きさに合わせ、ひと巻きできるくらいの幅に切ります。かつおを芯に巻き、食べやすい大きさに切ります。
④器にきゅうりのけん、かつおの磯辺巻きを盛り、おろしわさび、むら芽、にんにく、防風を添えて供します。

かつおの酢油和え

▼材料　4人分
焼いたかつおのおろし身（市販品）20切れ分　玉ねぎ1個　トマト1個　花穂じそ4本　溶き辛子適量　酢適量　サラダ油適量　塩少々　胡椒少々

◎作り方
①おろし身にされ皮目の方を焼いて市販されているかつおは、皮と血合いを取り除き、やや薄めに切りわけます。
②酢と油を同量用意し、塩、胡椒とともによく混ぜ合わせます。
③①のかつおを②のドレッシングであえます。
④玉ねぎは薄切りにして、しばらく水にさらします、トマトはくし形に切ります。
⑤器に玉ねぎを盛り、トマトと花穂じそ、③のかつおを盛り、溶き辛子を添えます。

かつおとわかめの生姜和え

▼材料　4人分
焼いたかつおのおろし身（市販品）12切れ分　わかめ適量　菜の花8本　紫玉ねぎ1/2個　おろし生姜適量

◎作り方
①おろし身にされ皮目の方を焼いてあるかつおは皮はをつけたままで、血合いのところを取り除きます。これを一人当て三切れになるよう厚めに切ります。
②わかめは水で戻して、かたい筋を取り除き、食べやすい大きさに切っておきます。
③菜の花は、塩少々を加えた熱湯で色よく茹でておきます。
④紫玉ねぎは輪切りにして水にさらしておきます。
⑤器にかつおと②のわかめを盛り合わせ、紫玉ねぎと菜の花をあしらったら、おろし生姜を天盛りにして供します。

鰈《かれい》の料理

かれいは手頃な割りに高級感の出せる白身魚です。惣菜とは違った調理法や盛りつけで、魅力を高めて下さい。

かれいのくちなし揚げ

かれいの塩焼き

かれいとたくあんの和え物

かれいの薄造り

かれいの唐揚げ

かれいの南蛮漬け

鱸《すずき》の料理

すずきは夏が旬の高級魚で、身はしこしこと歯ざわりが良く、淡泊であっさりした旨さがあります。幅広い調理法に合うのも魅力です。

すずきのうに焼き

すずきのたで焼き

すずきの冷やしくずわん

すずきの辛子揚げ

すずきの煮おろし

すずきの黄身酢がけ

すずきの洗い

「鰈《かれい》の料理」の作り方

かれいは、親しみのわく白身魚ですが、同時に高級なイメージも持っています。また、姿のままはもちろん、切り身にしてもさまになりますから、居酒屋でも大いに利用したい魚といえます。

真子がれい、真がれい、めいたがれい、石がれいなどがよく使われますが、ここでは日本中どこでも手に入れやすく、旬の時季が長い、めいたがれいを使って調理しています。姿ごとを一人前として使う場合は、百八十から二百グラムの大きさが適当でしょう。あまり小さいと身が薄く、食べごたえがありません。

かれいのくちなし揚げ

▼材料　4人分
かれい4尾　しし唐辛子4本　片栗粉適量　揚げ衣［くちなしの実3個　卵1個　小麦粉1カップ　水⅔カップ　酒適量　塩適量］　天つゆ適量　揚げ油適量

◎作り方

①かれいはうろことわたを取ってから、五枚におろします。

②揚げ衣を作ります。まず、くちなしの実を割り、水の中につけ、色が出たら、くちなしを引きあげます。卵を割りほぐした中に酒と塩を混ぜて、くちなしの色が出た水と加えて合わせます。この中に、小麦粉をふるい入れ、粘りが出ないようにかき混ぜて、揚げ衣とします。

③①の身の部分四枚は皮を取り、②の衣をつけて、やや高温の揚げ油でカラッと揚げます。

④かれいの中骨は舟形になるよう揚げます。頭と尾がピンと立つように、裏側の目の下あたりから竹串を刺し、尾のつけ根あたりのところに通します。これに、薄く片栗粉をつけて揚げます。

⑤しし唐辛子はさっと揚げます。

⑥器に敷き紙を敷いて、中骨の揚げたものをおき、その上にくちなし揚げにしたかれいとしし唐辛子を盛り、軽く温めた天つゆを別添えにします。

◎覚え書き

◆天つゆの作り方／だし汁1カップに対して、みりんと醤油を½カップずつ用意し、鍋に入れてひと煮立ちさせたら、すぐに火からおろして出来上がりです。

かれいの塩焼き

▼材料　4人分
かれい4尾　きゅうりの葉4枚　すだち2個　塩適量

◎作り方

①かれいはうろこを取り、裏側の胸ビレの下に包丁を入れて、わたを除き、水洗いをして、水気を拭き取ります。

②かれいの表側に包丁で斜め十文字の切り目を入れたら、裏側の目のところから金串を刺して、十文字の切り目が盛り上がるように身をうねらせて金串を突き刺していき、尾がピンと立つように、尾の下に串を出します。さらに一本添え串をします。

③かれい全体に塩をふり、強火の遠火で表側から、焼きあげます。

④器にきゅうりの葉を敷いて③を盛り、すだちを添えて供します。

かれいとたくあんの和え物

▼材料　4人分
かれい2尾　たくあん8切れ　あさつき適量　春蘭4個　酢醤油適量

◎作り方

①かれいは五枚におろして、皮をひき、薄いそぎ切りにし、さらに細かく切ります。

②たくあんは塩抜きをしてから、細かくきざみます。

③①と②を軽く混ぜ合わせ、器に盛り、小口切りにしたあさつきを散らし、春蘭を飾ります。酢醤油を別添えにして供します。

かれいの薄造り

▼材料　4人分
かれい2尾　長ねぎ（青い部分）1本　花穂じそ4本　もみじおろし適量　黒ごま適量　辛子酢味噌（21ページ参照）適量

◎作り方

①かれいは五枚におろして、皮をひき、薄いそぎ切りにします。

②ねぎの青い部分は中のぬめりを除き、せん切りにして水にさらします。

③器の奥に②のねぎをおき、手前にかれいを盛り、黒ごまをふります。花穂じそともみじおろしをあしらい、辛子酢味噌を別添えにして供します。

かれいの唐揚げ

▼材料　4人分
かれい4尾　長ねぎ（白い部分）1本　もみじおろし適量　すいか適量　片栗粉適量　揚げ油適量　酢醤油適量

◎作り方

①かれいはうろこを取り、裏側の胸ビレの下に包丁を入れてわたを除き、水洗いし、水気を拭きます。

②①のかれいに斜め十文字の切り目を入れます。表側に薄く片栗粉をまぶし、やや高めの揚げ油（180度くらい）で、カラッと揚げます。

③長ねぎの白い部分をせん切りにして、水にさらします。
④器に②と③を盛り、もみじおろしとすいかを添え、酢醤油を別添えで供します。

◎覚え書き
◆もみじおろしの作り方／もみじおろしは市販品を利用すると便利ですが、自家製にすることもできます。種を除いた赤唐辛子をフードプロセッサーできざみ、蒸気のあがった蒸し器に入れ、絞ったぬれ布巾をかけて10分ほど蒸します。これをすり鉢に入れ、ねっとりとするまですります。保存は密閉容器で行います。必要に応じて、水気を絞った大根おろしと混ぜて使います。

かれいの南蛮漬け

▼材料　4人分
かれい2尾　あさつき適量　片栗粉適量　南蛮汁［みりん大さじ3　醤油大さじ5　酢大さじ5　長ねぎ約3センチ　赤唐辛子1本］　揚げ油適量

◎作り方
①かれいは五枚におろし、身の部分四枚をさらに二枚に切りわけます。
②①に片栗粉を薄くつけて、やや高めの揚げ油でカラッと揚げます。
③南蛮汁を作ります。長ねぎはせん切りにし、赤唐辛子を小口切りにしたら、［ ］内の調味料と合わせます。
④③の中に②を10分ほどつけて、味がなじんだら器に盛り、小口切りのあさつきを添えます。

「鱸《すずき》の料理」の作り方

すずきは、体長が一メートルにもなる細長い白身魚で、うなぎやはもなどの他の長魚同様、夏場に旬を迎えます。出世魚のひとつでもあり、成長するにつれて名が変わります。体長二十センチまでを〝せいご〟、体長六十センチくらいのものを〝ふっこ〟、それ以上大きくなったものをすずきと呼びます。

あっさりした持ち味ですので、刺身、焼き物、揚げ物、煮物と幅広い料理に合います。味つけも、あっさりさせると品の良い料理に仕上がり、女性客や年配客に喜ばれますし、辛みや酸味、香りを添えれば、酒のすすむ料理になります。焼き物や揚げ物に切り身を使う時は一人前として一切れ七十グラムくらいが適量です。

選ぶ時は、鮮度の良いことはもちろん、できるだけ太ったもので、身に厚みのあるものを選びます。尾のつけ根のあたりがふっくらとふくらんでいることもおいしいすずきの条件となります。

すずきのうに焼き

▼材料　4人分
すずきの切り身8切れ　酒塩［酒大さじ3　塩小さじ½］　うに衣［練りうに大さじ1　卵黄1個　小麦粉大さじ½］　かえで麩8個　わさびの葉4枚

◎作り方
①すずきは酒塩に5〜6分つけて、下味をつけておきます。
②うに衣を作ります。練りうにと卵黄、小麦粉をよく溶き混ぜておきます。
③①のすずきの切り身は皮のついている方を下に、身の厚い方を向こう側におき、身の厚みの中央より皮目に近い方に金串二本を末広に打ち、強火の遠火で焦がさないように焼きます。
④途中で二〜三回身を返しながら焼きあげ、中まで火が通ったら、②のうに衣を身の方にぬって、焼きあげます。ぬるときは、はけでたたくようにします。
⑤焼きあがったら、熱いうちに金串を回しながら抜きます。
⑥器にわさびの葉を敷き、すずきを盛り、茹でたかえで麩を添えて供します。

◎覚え書き
◆うに衣は、たいやあまだいなどの白身魚の切り身や、いか、ほたて貝の焼き物に使われることが多い衣で、仕上げに表面にぬり、あぶって乾かします。うにの風味がよく、酒をすすめます。

すずきのたで焼き

▼材料　4人分
すずきの切り身4切れ　たでの葉適量　みょうが4個　塩適量　酢適量　わさびの葉4枚

◎作り方
①すずきの切り身は、皮のついている方を下にして、身の厚い方を向こう側におき、身の厚みの中央より、やや皮に近い方に金串を二本末広に打ちます。すずきの両面に塩少々をふり、強火の遠火で焦がさないように焼きます。
②途中で二〜三回身を返しながら焼きあげ、中まで火が通ったら、熱いうちに金串を回しながら抜き取ります。
③たでの葉を摘み取り、細かくきざみます。
④みょうがは根だけを熱湯に約1分間つけて取り出し、塩でよくもみ、水で洗って、酢七対水三の割合で混ぜた中につけておき、酢取りみょうがを作ります。
⑤③のたでの葉をすずきの上にのせたら、わさびの葉を敷いた器に盛って、④の酢取りみょうがを添えます。

すずきの冷やしくずわん

▼材料　4人分
すずきの切り身4切れ　錦糸玉子適量　白うり½本　塩適量　a［だし汁3カップ　塩小さじ1　薄口醤油適量　片栗粉適量］　わさび適量

◎作り方
①すずきの切り身の両面に軽く塩をし、全体に火が通るまで茹でて、冷まします。
②白うりは種をくり抜き、薄い輪切りにし、サッと茹でて冷ましておきます。
③aのだし汁、塩、薄口醤油を鍋に入れてひと煮立ちさせたら、片栗粉を倍量の水（分量外）で溶いたものを流し入れて、とろみをつけて冷まします。
④器に①のすずきを盛り、③を流し入れ、錦糸玉子と②の白うりをのせたら、おろしわさびを天盛りにして供します。

すずきの煮おろし

▼材料　4人分
すずきの切り身4切れ　なす8個　みょうが4個　大根おろし⅓本分　天ぷら衣［卵1個　冷水1カップ　小麦粉1カップ強］　八方地［だし汁1カップ　みりん大さじ2弱　醤油大さじ2弱］　a［だし汁3カップ　塩適量　薄口醤油適量　赤唐辛子1〜2本（小口切り）］　揚げ油適量

◎作り方
①天ぷらの衣を作ります。ボールに卵を割りほぐし、冷水を加えて混ぜたら、ふるいにかけた小麦粉をさっくりと混ぜ、冷蔵庫で20分くらいねかせます。
②すずきの切り身に①の衣をつけて、揚げ油で揚げます。
③なすは両端を落とし、縦に細かい切り目を入れ、素揚げにします。
④みょうがは八方地で煮ます。
⑤aの調味料を合わせてひと煮立ちさせます。
⑥器にすずきの天ぷら、素揚げのなす、みょうがを盛り合わせ、大根おろしをのせ、全体に⑤をかけるように注ぎます。

すずきの辛子揚げ

▼材料　4人分
すずきの切り身8切れ　酒塩［酒¼カップ　塩小さじ1］　辛子衣［練り辛子大さじ1　溶き卵½個分　水½カップ　塩適量　小麦粉⅗カップ］　小麦粉適量　揚げ油適量　すだち1個　わさびの葉8枚　春蘭4個

◎作り方
①すずきの切り身は酒塩につけ、5〜6分おいて、下味をつけます。
②辛子衣の材料を混ぜ合わせておきます。
③①のすずきの水気を拭き取り、小麦粉を薄くつけ、身の半分にだけ②の衣をつけて、揚げ油でカラッと揚げます。
④わさびの葉を敷いた器に③のすずきを盛り、くし形切りのすだちと春蘭を添えます。

すずきの黄身酢がけ

▼材料　4人分
すずきのおろし身¼筋　白うりの雷干し1本分　塩適量　酢適量　黄身酢［卵黄2個分　酢大さじ3　みりん大さじ1½　塩小さじ½　生姜汁適量］

◎作り方
①すずきは小骨を骨抜きで丁寧に抜き取り、皮の方を下にしておき、薄くそぎ切り（一人当て五切れ）にします。塩をして5分おき、そののち、酢に5分間つけます。
②白うりの雷干しは食べやすい大きさに切ります。
③①で酢じめしたすずきと②の白うりを混ぜておきます。
④黄身酢を作ります。卵黄、酢、みりん、塩を湯せんにかけながら木杓子で練り混ぜ、とろっとしてきたら湯せんからはずして、生姜汁を混ぜます。
⑤器に③のすずきと白うりをこんもりと盛り、黄身酢をかけてから供します。

◎覚え書き
◆白うりの雷干しの作り方／中心の種を筒抜きで抜き菜箸を通し幅5ミリくらいのらせん状にむいてゆきます。塩をしてしばらくおいて、しんなりしたら太いひもに吊し、半日ほどかけ干しします。

すずきの洗い

▼材料　4人分
すずきのおろし身¼筋　みょうが2個　白うり½本　防風4本　わさび適量　醤油適量　だし汁適量　わさびの葉4枚

◎作り方
①すずきは刺身用の鮮度のよいものを用意して、小骨を骨抜きで丁寧に取ったのち、皮の方を下にしておき、薄くそぎ切りにします（一人当て五切れ）。
②90度くらいの湯で①のすずきをゆがいて、表面が白くなったらすぐに氷水の中へ入れます。熱がとれたら、布巾の上に取って、水分を軽く拭き取ります。
③みょうがは一枚一枚はずし、重ねてから、せん切りにし、水に放しておきます。
④白うりは、ところどころ皮をむき、縦半分に切ってから、薄切りにしておきます。
⑤冷やした器にわさびの葉を敷き、砕いた氷を詰めた上に、すずきと水気をきったみょうがが、白うりを盛り、防風とおろしたわさびを添えます。
⑥醤油を少量のだし汁で薄くのばして別添えにします。

◎覚え書き
◆すずきを冷やす時は、大きな容器を使って急激に冷やすようにします。氷水に長くつけると、どうしても味が落ちますので、手早く身をしめるようにします。

鯖《さば》の料理

さばの旬は秋で、脂がのって美味しくなります。酢じめにすると余分な脂肪が落ちて、生臭みも消えます。

さばの揚げ酢かけ

さばの鉄砲和え

さばの塩焼き

さばの味噌煮

さばの白酢かけ

さばのバター焼き

さばずし

「鯖《さば》の料理」の作り方

さばには本さばとごまさばの二種類があります。本さばは背に鮮やかな斑紋があって腹がきれいな銀色ですが、ごまさばは名の通り、腹にごまのような黒い点々の模様があります。本さばに比べて、ごまさばは脂肪が少なく水っぽいので味も落ちます。

さばは昔から「生き腐れ」といわれるように鮮度が非常に落ちやすい魚で、鮮度の落ちたものはじんましんの原因にもなりますので注意が必要です。目が澄んでいて、押してみて弾力のあるものを選ぶようにします。さばは生臭みの強い魚ですから、調理のポイントとしては、生臭さを抜くことが大切です。〝酢じめ〟というのは伝統的なさばの調理法ですが、塩をして酢でしめると、皮と身の間についている脂肪を取り除け、臭みもなくなります。

さばは、あじやいわしと並び大衆魚として親しまれている魚ですので、魅力ある一品料理とするには、家庭のお総菜料理とは違った雰囲気を持たせることが大切です。付け合わせやあしらいに工夫を凝らすだけでも、みばえ良く仕上がります。

さばの揚げ酢かけ

▼材料　4人分
さば1尾　大根おろし適宜　あさつき少々　七味唐辛子少々　小麦粉適量　二杯酢［酢大さじ5　薄口醬油大さじ1　だし汁大さじ1］　揚げ油適量　笹の葉適量

◎作り方

①さばは三枚におろし、腹骨をすき取り、小骨を抜いたら、少し厚めのそぎ切り（一枚を四～五切れくらい）にします。

②小麦粉をさばの両面に薄くつけ、中温（170～180度）の油できつね色に揚げます。

③大根おろしは水気を絞り、二杯酢と混ぜ合わせます。

④あさつきは小口切りにします。

⑤器に笹の葉を敷き、揚げたさばを盛り、上から二杯酢と混ぜ合わせた大根おろしをかけます。仕上げに小口切りにしたあさつきと七味唐辛子をふります。

さばの鉄砲和え

▼材料　4人分
さば片身　ねぎ（またはわけぎ）2本　すまし酢［酢⅓カップ　水⅓カップ　薄口醬油大さじ2　塩少々］　練り味噌［白味噌⅓カップ　酢大さじ3　溶き辛子小さじ2］

◎作り方

①さばは三枚におろした片身を用意し、腹骨をすき取り、小骨を抜いたら、すまし酢の中に20分くらいつけておきます。

②ねぎは白い部分だけを縦半分に切って茹でます。やわらかくなったらざるにあげ、うちわであおいで冷まします。冷めたら水気を絞り、4センチくらいの長さに切ります。

③練り味噌を作ります。鍋に白味噌を入れ、弱火にかけ、木杓子で練ります。白味噌がなめらかになったら火からおろして冷まし、酢と溶き辛子を混ぜます。

④すまし酢に20分くらいつけたさばは、水気を拭き取り、皮をひいて、薄いそぎ切りにします。

⑤ボールにさばとねぎを入れ、練り味噌を加えて、箸でざっくりと混ぜて器に盛ります。

さばの塩焼き

▼材料　4人分
さば1尾　大坂漬け［人参½本　大根½本　大根の葉少々　塩適量　柚子の皮少々］　柚子1個　大葉4枚　塩少々

◎作り方

①さばは三枚におろして、腹骨をすき取り、小骨を抜きます。一枚を横半分に切ったら、皮側に十文字の切り目を入れます。

②①のさばの水気を拭いて、金串を打ったら、両面に軽く塩をふり、強火の遠火で焼きあげます。熱いうちに金串を回しながら抜きます。

③大坂漬けを作ります。大根と人参は、皮をむいてせん切りにし、大根の葉は細かくきざみます。ボールに野菜を入れ、野菜の量の2％の塩を入れたら、最初は軽く野菜を混ぜるようにし、徐々に手で強くもんでいきます。野菜がしんなりしたら汁気をきつく絞って、柚子の皮のすりおろしたものを加えて混ぜます。

④器に大葉を敷き、大坂漬けとさばの塩焼きを盛り、輪切りの柚子を添えます。

さばの味噌煮

▼材料　4人分
さば1尾　こんにゃく½枚　つる菜少々　舞茸（またはしめじ、椎茸）150g　酒⅓カップ　砂糖大さじ3　水適量　田舎味噌大さじ5　溶き辛子少々

◎作り方

①さばは三枚におろし、腹骨をすき取り、小骨を抜きます。一枚を半分に切り、中央に十文字の切り目を入れます。

②こんにゃくはさっと茹でてから、5ミリくらいの厚さに切ります。中

央に切り目を入れて、一方の端をこの切り目に通して手綱こんにゃくを作ります。
③鍋に分量の水と酒、砂糖を入れ、さば、こんにゃくを加えてしばらく煮ます。
④③のさばに火が通ったら、味噌を煮汁で溶きのばして入れ、舞茸を粗くほぐして加えて煮、煮汁が少なくなったら火からおろします。
⑤つる菜は塩茹でにしたのち、水気をきつく絞って、食べよい大きさに切り揃えます。
⑥器にさばの味噌煮を盛り、手前にこんにゃく、舞茸を盛り、つる菜を添えます。溶き辛子を別添えにして供します。

さばの白酢かけ

▼材料　4人分
さば片身　きゅうり1本　人参少々　塩適量　酢適量　白酢［絹ごし豆腐½丁　みりん大さじ1½　酢大さじ2弱　砂糖大さじ½　薄口醤油少々　塩少々］　甘酢［酢大さじ2　みりん大さじ2　塩少々］

◎作り方
①さばは腹骨をすき取り、小骨を抜いておきます。
②さばを酢じめにします。①のさばの両面にたっぷり塩をふって、40分から1時間くらいおきます。
③さばに塩がなじんだら、水で塩を洗い流します。次に、バットにさばの身を上にして並べ、さばがヒタヒタにつかるくらいの酢を入れたら、そのまま20分くらいおきます。途中、皮の方を上に返します。
④白酢を作ります。絹ごし豆腐は軽く圧しをしてから裏漉しします。そののち、すり鉢でよくすり、調味料を加えて、さらによくすり混ぜます。
⑤きゅうりは小口から薄切りにし、少し濃いめの塩水に放します。しんなりとしたら、水気をきつく絞ります。
⑥人参はせん切りにして、さっと茹で、水気をきつく絞って、甘酢につけます。
⑦酢でしめた③のさばの皮をひきます。身を下、尾を右にしておき、頭側から尾に向けて薄皮を一気にひきます。次に切りわけますが、皮側を上にしておき、4ミリ幅くらいのところで深い切り目を入れ、次の4ミリのところで切り離していくようにします。
⑧器に⑦のさば、⑤のきゅうり、⑥の汁気をきった人参を盛り、上から白酢をかけます。

◎覚え書き
◆さばの酢じめのポイント／さばの身が白くなるまでしめると、さばのおいしさがなくなりますので、塩をしておく時間は50分くらいを目安にします。また、一度にたくさんの量を作るとおいしく出来あがりますが、これはさばの身が互いにうまさを引き出すからです。すぐに使わないときは、酢をよく拭き取ってから、布巾をかけて冷蔵庫に入れるようにします。

さばのバター焼き

▼材料　4人分
さば片身　しし唐辛子12本　レモン¼個　塩少々　バター大さじ3　サラダ油少々

◎作り方
①さばは三枚おろしにした片身を用意します。腹骨をすき取って、小骨を抜いたら、一枚を四つに切りわけます。
②フライパンにサラダ油を熱し、さばの皮側から焼きます。途中、バターを加えて中火できつね色になるまで焼いたら、裏返しにして焼き、中まで火を通します。
③しし唐辛子は軸を少し切り落とし、縦中央に切り目を入れたら、フライパンでサッと煎り、塩少々をふり入れます。
④レモンは半月切りにします。
⑤器にさばのバター焼きを盛り、しし唐辛子と半月切りのレモンを添えて供します。

さばずし

▼材料　4人分
さば1尾　すし飯適宜　がり生姜少々　おろし柚子少々　塩適量　酢適量　菊の葉適宜

◎作り方
①さばは三枚におろし、腹骨をすき取り、小骨を抜いたら、両面にたっぷりの塩をまぶし、そのまま40分から1時間おきます。
②さばに塩がなじんだら、水で塩を洗い流します。バットにさばの身を上にして並べ、ヒタヒタにつかるくらいの酢を入れ、そのまま20〜30分ほどおきます。途中、上下を返すようにします。
③②のさばの水気を布巾で拭いたら、薄皮をひきます。
④かたく絞ったぬれ布巾の上にさばを皮を下にして置き、おろし柚子の入ったすし飯を軽く形を整えながらのせます。次に布巾できっちりと巻き込み、指で押さえて、ある程度形を整えたら、布巾の上に巻き簀《す》をかけて形を整えていきます。さばの皮目が上になるようにしておき、かまぼこのような形になるよう仕上げます。最後に両端を少し押して形を整えます。
⑤巻き簀に巻いたまま一時間以上おいたら、一本を八つ切りにします。
⑥⑤のさばずしを器に盛って、手前に菊の葉を置いたら、がり生姜を添えて供します。

◎覚え書き
◆すし飯の作り方／さばずし二本分として、米3カップを用意し、普通に炊きます。酢大さじ4½、砂糖大さじ1⅓、塩小さじ⅓を混ぜ合わせて、合わせ酢を作ります。ご飯が炊きあがったら、10分ほど蒸らして飯台にあけ、合わせ酢を回しかけて、木杓子で手早く切るように混ぜて冷まします。ここではすし飯に、柚子の皮のおろしたものを加えて、風味良く仕上げています。

鮭《さけ》の料理

さけは和風、洋風の各種の料理に使え、煮る、焼く、フライ、マリネなど用途も多い便利な魚です。色合いの美しさも魅力の一つ。

さけの落とし揚げ

ルイベ

さけのかす煮

さけの卵の花和え

さけの二色蒸し

さけと玉ねぎの酢の物

さけの祐庵焼き

鱈《たら》の料理

たらは寒の頃に旬を迎える魚で、淡泊でくせのない味が特徴です。持ち味を活かし、あっさりした味に仕上げるようにします。

たらのスープ煮

たらの辛子衣揚げ

たらちり

たらのサラダ

たらの天ぷら

たらのタレ焼き

たらと京芋の煮物

「鮭《さけ》の料理」の作り方

さけは〝秋味〟との別称があるように昔は秋から冬にかけての魚でしたが、今では六月頃から北洋での漁が始まりますので早く出回るようになっています。六月から産卵が終わるまで各種のさけが出回りますが、脂がのっておいしいのは初夏の頃のもので、時さけ、時しらずの名で呼ばれています。

さけは、頭から尾までおいしく味わえ、幅広い調理法に合いますから、高級感のあるものから大衆的な料理までと価格に添った料理作りができるという利点があります。

さけの落とし揚げ

▼材料　4人分
さけ250g　枝豆適量　豆腐½丁　大根おろし適量　絹さや少々　a［卵½個　小麦粉大さじ½　塩少々］　酒少々　揚げ油

◎作り方

①さけはたち落としの部分を使うと経済的です。さけを1センチ角くらいの大きさに切り、酒で洗います。

②豆腐は圧《お》しをして水気をきります。枝豆は塩茹でし薄皮をむき、絹さやは茹でてせん切りにします。

③ボールに豆腐を入れて、手でよくすりつぶしたら、aの材料と枝豆、さけを加えてよく混ぜ合わせます。

④低温（約160度）の揚げ油の中にスプーンで③を落とし入れ、きつね色になるまでゆっくり揚げます。

⑤器に落とし揚げを盛り、大根おろしと絹さやを添えます。

ルイベ

▼材料　4人分
さけ（上身）200g　みょうが適量　レモン¼個　花穂じそ8本　大葉4枚　変わり酢醤油［酢・醤油（同量）　あさつき適量　ごま適量　生姜汁適量］

◎作り方

①上身にしたさけをラップで包み、冷凍庫で二～三日凍らせます。

②みょうがは、せん切りにし、水に放します。

③さけを凍ったまま薄切りにします。

④器にみょうが、薄切りのレモン、大葉を盛り、手前に③のさけを盛りつけ、花穂じそを添えます。変わり酢醤油を別器で添えます。

さけのかす煮

▼材料　4人分
さけの頭とかま2尾分　大根（中ぐらいの大きさ）1本　酒かす100g　柚子少々　味噌大さじ2　水適量

◎作り方

①さけの頭とかまは縦半分に切ります。大根は皮をむき、2センチくらいの輪切りにします。

②酒かすはぬるま湯につけて、やわらかくしておきます。

③鍋に大根と水を入れて火にかけ、大根がやわらかくなったら、さけの頭とかま、酒かすを加えてさらに煮ます。酒かすがくずれる頃に、味噌を煮汁で溶きのばして入れ、味がしみるまで中火で煮ます。

④器にかす煮を盛り、せん切りの柚子を天盛りにします。

さけの卵の花和え

▼材料　4人分
さけ（上身）200g　塩少々　酢少々　おから1カップ　人参少々　生姜1かけ　パセリ少々　甘酢［酢大さじ3　みりん大さじ3　塩少々］

◎作り方

①さけの両面に軽く塩をふり、20分くらいおきます。

②①のさけを酢で洗い、ぬれ布巾で水気を拭き取ったら、薄く切ります。

③おからは万能漉し器に入れて、たっぷりの水の中で漉し、布巾に取って水気をきつく絞ります。

④生姜と人参はせん切りにします。

⑤鍋に、おから、④の生姜と人参、甘酢を入れて弱火にかけ、箸五～六本でパラパラになるまで煎りあげたら、バットにひろげて冷まします。

⑥ボールに②のさけと⑤の卵の花を入れ、ザックリと和えて器に盛り、上にきざんだパセリをのせます。

さけの二色蒸し

▼材料　4人分
さけ（身をかき取ったもの）700g　きくらげ20g　パセリ（きざんだもの）¼カップ　人参½本　a［卵白1個分　みりん小さじ2　塩小さじ1強　小麦粉大さじ4］　b［だし汁½カップ　砂糖大さじ1　みりん大さじ1　薄口醤油小さじ1］　c［みりん大さじ2　酢大さじ2　塩少々］　笹の葉8枚

◎作り方

①さけは身をスプーンでかき取り、包丁で細かくたたいてから、すり鉢でよくすり、aの材料を加えてさらによくすります。

②きくらげはぬるま湯で戻し、石づきを取ってせん切りにし、bの調味料で煮ます。

③人参はせん切りにして、cの甘酢に20～30分つけておきます。

④①のさけのすり身の半量にきくらげを混ぜ、もう半量にはきざんだパセリを混ぜます。

⑤流し缶を水でぬらし、パセリ入りのさけを下の方に入れ、上にきくらげの入ったさけを重ねて、中火で30

分くらい蒸します。竹串を刺して、さけが竹串についてこなかったら、蒸し器から取り出して、そのまま冷まします。
⑥⑤が完全に冷めたら、食べよい大きさに切って笹の葉を敷いた器に盛り、③の甘酢漬けの人参の汁気をきって添えます。

さけと玉ねぎの酢の物

▼材料　4人分
さけ（上身）150g　塩少々　酢少々　玉ねぎ1個　柚子少々　二杯酢［酢大さじ2½　醤油大さじ½　だし汁大さじ½］

◎作り方
①さけは両面に軽く塩をふり、20分くらいおいてから酢洗いし、水気を拭き取り薄切りにします。
②玉ねぎは縦半分に切ってから縦の薄切りにし、水に放します。ときどき水をかえて辛みを抜きます。
③ボールにさけ、水気をきった玉ねぎを入れ、二杯酢で和えます。
④③を器に盛り、せん切りの柚子の皮を天盛りにします。

さけの祐庵焼き

▼材料　4人分
さけ4切れ　くちなし漬けのうど2本分　プチトマト4個　柚子少々　菊の葉8枚　祐庵地［酒大さじ2　みりん大さじ5　醤油大さじ3］

◎作り方
①さけは祐庵地につけ、20分くらいおきます。
②①のさけに金串二本を末広に打って、強火の遠火で焼きあげます。焼きあがりに、おろした柚子を少々ふります。
③器に菊の葉を敷き、祐庵焼きのさけを盛り、縦半分に切ったくちなし漬けのうど、プチトマトを盛ります。

「鱈《たら》の料理」の作り方

たらには、真だら、すけとうだら、こまい、ひめだら、銀だら、メルルーサなどの種類があり、いずれも淡泊な味わいが特徴です。単にたらというと真だらを指します。たらを一尾買う場合は、大きいものの方が味が良く、五キロ以上のものは旨味がのっていて大変に美味です。切り身を求めると便利ですが、冷凍品が多いので注意します。生のたらは透明感があって桜色をしていますが、冷凍品は身が白く透明感がありません。切り身を仕入れたらすぐに両面に塩をして、使うときに洗うようにすると良く、旨味が出ますし、身割れもしにくくなります。昆布との相性がよいので、煮物や汁物には昆布のだしを使うとおいしく仕上がります。

たらのスープ煮

▼材料　4人分
たら4切れ（240g）　生椎茸4枚　玉ねぎ1個　聖護院かぶら2個　柚子1個　固形スープの素2個　水6カップ　塩適量　胡椒適量

◎作り方
①たらは一切れ60グラムくらいの切り身を用意し、三つに切ります。
②生椎茸は石づきを取って二つに切り、玉ねぎは半分に切ったあとざっくりと大きめに切ります。
③聖護院かぶらは葉を除いて皮をむき、縦八つに切って茹でます。
④固形スープの素と水を火にかけ、塩と胡椒で味を調えたら、①のたら、②の生椎茸と玉ねぎ、③のかぶらを加えて煮て、味を充分に含ませるようにします。
⑤器に④のスープ煮を盛り、柚子の皮をせん切りにして飾ります。

たらの辛子衣揚げ

▼材料　4人分
たら4切れ（240g）　わらび⅓束　重曹　小麦粉適量　辛子衣［卵1個　水¾カップ　小麦粉1⅓カップ　酒大さじ3　溶き辛子大さじ3　砂糖大さじ½　塩適量］　揚げ油適量

◎作り方
①たらは一切れ60グラムくらいの切り身を用意し、骨があれば取り除いておきます。
②辛子衣を作ります。ボールに卵を入れてほぐし、水、酒、溶き辛子、砂糖、塩を加えてよく混ぜ合わせたら、ふるいにかけた小麦粉を入れて、さっくりと混ぜ合わせます。
③①のたらに小麦粉をまぶし、余分な粉をはたき落としてから、②の辛子衣にくぐらせて、中温の揚げ油でカラッと色よく揚げます。
④器に③のたらを盛って、アク抜きして茹でたわらびを食べよい大きさに切って添えます。

◎覚え書き
◆わらびのアクの抜き方／わらびは固いところを切り取り、バットに並べて、重曹をふりかけたら、熱湯をヒタヒタにかかるくらいまで注ぎ、そのまま一晩おいてアクを抜きます。水洗いしたあと、熱湯に入れ、芯がなくなるまで茹でたら、水に取ります。途中、水をかえながら3時間ほどさらしてから使います。重曹の量はわらび⅓束に対して大さじ½が適量です。

たらちり

▼材料　4人分
たら4切れ（240g）　豆腐1丁　芹½把　もみじおろし適量　あさつき適量　昆布12〜13センチに切ったもの4枚　塩少々　ポン酢適量

◎作り方
①たらは一切れ60グラムくらいの切り身を用意し、一切れを二つに切ります。
②豆腐は軽く圧しをしてから、四つに切ります。
③昆布を器に敷きます。昆布はだしを取ったあとのものを活用しても結構です。
④③の昆布の上にたらと豆腐を盛り、器ごと蒸し器に入れて蒸します。
⑤芹は塩少々を入れた熱湯でさっと茹で、水にしばらくつけてアクを抜き、3〜4センチ長さに切ります。
⑥蒸しあがった④に⑤の芹ともみじおろしを添え、小口切りのあさつきをのせます。ポン酢を別添えにして供します。

たらのサラダ

▼材料　4人分
たら4切れ（240g）　アルファルファ½パック　わらび½把　人参80g　玉ねぎ1個　菜の花1把　塩適量　胡椒適量　酒大さじ1　サラダ油適量　ドレッシング［サラダ油700cc　酢140cc　砂糖小さじ2　塩大さじ1　溶き辛子5g　水70cc　おろし玉ねぎ40g］

◎作り方
①たらは一切れ60グラムくらいの切り身を用意し、両面に塩、胡椒をして、サラダ油を敷いたフライパンでサッと焼き、酒をふりかけ、水分がなくなるまで火にかけます。
②人参は3センチ長さの細めの拍子木切りにして茹で、玉ねぎは薄切りにします。
③［　］内のドレッシングの材料を混ぜておきます。
④②の人参と玉ねぎ、アルファルファを混ぜて、③のドレッシングのうち適量を使って和えます。
⑤わらびは、前記「たらの辛子衣揚げ」の要領で、茹でたのちに食べやすい長さに切り揃えます。
⑥菜の花は色よく茹でて、食べやすい長さに切っておきます。
⑦器に①のたら、④の和えもの、⑤のわらび、⑥の菜の花を盛り合わせます。③のドレッシングを別添えにしてすすめます。

たらの天ぷら

▼材料　4人分
たら8切れ（400g）　天ぷら衣［卵1個　冷水1カップ　小麦粉1カップ強］　吉野あん［だし汁1カップ　みりん¼カップ　醬油大さじ2強　片栗粉大さじ1弱］　いんげん120g　人参80g　溶き辛子適量　塩少々　揚げ油適量

◎作り方
①たらは一切れ50グラムくらいの切り身を用意し、骨があれば取り除いておきます。
②天ぷら衣を作ります。ボールに卵を割り入れてほぐし、冷水を注ぎ、ふるいにかけた小麦粉をふり入れて軽く混ぜます。
③①のたらを②の天ぷら衣にくぐらせて、中温の揚げ油でカラッと揚げます。
④いんげんは筋を取り、塩少々を加えた熱湯で色よく茹で、半分に切ります。
⑤人参は皮をむき、マッチの軸くらいの大きさに切ってから茹でておきます。
⑥吉野あんを作ります。だし汁とみりん、醬油を合わせて煮立てたら、片栗粉を同量の水（分量外）で溶いて加え、とろみをつけます。
⑦③のたらの天ぷらを器に盛り、⑥のあんをかけ、④のいんげんと⑤の人参を散らし、溶き辛子を天盛りにします。

たらのタレ焼き

▼材料　4人分
たら4切れ（280g）　プチトマト4個　広東白菜½株　木の芽12枚　焼きダレ［みりん⅔カップ　醬油⅔カップ］

◎作り方
①たらは一切れ70グラムくらいの切り身を用意し、骨があれば取り除いておきます。
②焼きダレを作ります。みりんと醬油を合わせて中火にかけ、三割がた煮つめたら、冷まします。
③①のたらを白焼きにします。たらに金串二本を末広に打って、強火の遠火で焼きます。
④③のたらに八分通り火が通ったら、ハケで両面に②の焼きダレをぬって焼きます。これを二〜三回繰り返して仕上げます。焼きあがったら熱いうちに金串を回しながら抜き取ります。
⑤器に広東白菜を敷き、④のたらを盛ったら、木の芽をのせ、プチトマトを添えます。

たらと京芋の煮物

▼材料　4人分
たら4切れ（200g）　京芋1本　京人参1本　菜の花1把　だし汁2½カップ　みりん½カップ　薄口醬油¼カップ

◎作り方
①たらは一切れ50グラムくらいの切り身を用意し、さらに一切れを三つに切っておきます。
②京芋は2〜3センチの厚さの輪切りにし、皮をむいて、蒸し器で蒸します。
③京人参は皮をむいて、食べやすい大きさの乱切りにしてから茹でておきます。
④鍋にだし汁、みりん、薄口醬油を合わせたら、①のたら、②の京芋、③の京人参を入れて、味がなじむまで煮込みます。
⑤菜の花は塩少々を加えた熱湯で色よく茹でます。
⑥器に④の煮物を盛り、⑤の菜の花を飾ります。

鮪《まぐろ》・梶木《かじき》の料理

まぐろの酒肴は刺身や山かけなどが定番ですが、チーズやワインを使い洋風に仕上げても酒がすすみます。

「鮪《まぐろ》・梶木《かじき》の料理」の作り方

まぐろは、刺身やすしダネに欠かせない人気の高い魚です。特に関東では刺身といえばまぐろというくらいに好まれています。

まぐろには、黒まぐろ、南まぐろ、めばちまぐろ、きはだまぐろ、びんながまぐろなどの種類がありますが、王者といえば黒まぐろ。まぐろの中のまぐろということで〝本まぐろ〟とも呼ばれます。赤い身は美しく、脂ののったトロの味は最高と称されます。見た目も味も最高ですが、このように質の良いものを使えば高価にならざるを得ません。もっと気軽に楽しめる酒肴を工夫したいものです。幸いまぐろの料理には刺身以外にも魅力的なものが数多くあります。まぐろは高級なものは別として、冷凍の赤身なら一年を通して比較的安定した値段で入手できることが利点です。手頃な値段のまぐろを使って、若者客にも喜ばれるホワイトソース煮やチーズ焼き、ワイン焼きなどの目先の変わった酒肴を紹介しましょう。ここではまぐろと一緒にかじきも使っています。かじきは本来はまぐろとは別種の魚ですが、かじきまぐろとも呼ばれ、まぐろと混同されています。食べ方はまぐろとほぼ同様で、刺身やすしダネに使う他、煮物や焼き物にも合います。まぐろよりも安価ですから、使いこなしやすい素材といえましょう。

ねぎま

▼材料　3人分
かじき（まぐろ）の切り身3切れ　長ねぎ2本　あさつき2本　七味唐辛子適量　祐庵地［みりん大さじ5　濃口醤油大さじ3　酒大さじ2］　サラダ油適量

◎作り方
①かじき、またはまぐろの切り身を用意して、一切れを六つくらいの食べよい大きさに切ります。
②長ねぎは白い部分を4センチ長さに切ります。
③竹串に、かじき→長ねぎ→かじき→長ねぎ→かじきの順に刺していきます。
④あさつきは小口切りにします。
⑤③のかじきの串刺しをサラダ油を熱したフライパンで焼きますが、途中、2、3回、祐庵地につけながら焼くようにします。
⑥焼きあがったら、手に取りやすいように器に盛って、その上に小口切りのあさつきをのせ、七味唐辛子を添えて供します。

◎覚え書き
◆祐庵地について／祐庵地は魚介類にも肉類にも合う焼き物用のつけ汁です。みりん5、醤油3、酒2の割合で合わせるのが基本ですが、醤油3、酒2、みりん2の割合でもおいしく、好みで加減しても結構です。このつけ汁は近江堅田の堅田祐庵（江戸中期の茶人。幽庵とも号した。）の創案によるものなので、祐庵と呼ばれます。幽庵の字を当てることもあります。

まぐろのチーズ焼き

▼材料　4人分
かじき（まぐろ）の切り身4切れ　プロセスチーズ（薄くスライスしたもの）8枚　絹さや20枚　にんにく1片　パン粉適量　塩適量　胡椒適量　サラダ油適量

◎作り方
①かじき、またはまぐろの切り身に塩、胡椒をしておきます。
②にんにくは薄切りにします。
③絹さやは塩少々を加えた熱湯で色よく茹でます。
④フライパンにサラダ油を熱し、①のかじきを入れて焼き、さっと両面を焼きます。四分くらい火が通ったところで火からおろします。
⑤④のかじきの上に、②の薄切りのにんにく、チーズを二枚ずつのせ、パン粉を少量ふったら、オーブンに入れて、200度くらいの温度で約10分焼きます。
⑥焼きあがったら、器に盛り、③の絹さやを添えます。

まぐろのホワイトソース煮

▼材料　4人分
まぐろのぶつ切り300g　玉ねぎ1個　酒大さじ4　水大さじ2　塩適量　胡椒適量　ブロッコリー½個　ホワイトソース［小麦粉大さじ4　バター大さじ3　牛乳1.5カップ　塩小さじ½　胡椒適量］

◎作り方
①まずホワイトソースを作ります。鍋を弱火にかけ、バターを溶かし、小麦粉を焦がさないように注意してよく炒めたら、牛乳を少量ずつ加えてのばしていきます。牛乳を入れ終えたら塩、胡椒をして味を調えておきます。
②玉ねぎは薄切りにします。
③まぐろのぶつ切りと②の玉ねぎを酒大さじ4と水大さじ2で煮て、塩、胡椒で味を調えます。
④ブロッコリーは小さな房にわけて

から、塩少々を加えた熱湯で色よく茹でておきます。
⑤①のホワイトソースの中に、③のまぐろと玉ねぎを入れて、よく煮込みます。
⑥器に、⑤のまぐろのホワイトソースの煮込みと④のブロッコリーを盛り合わせます。
◎覚え書き
◆ホワイトソースを作るときのポイント／まず、最初にバターで小麦粉を炒めますが、この時、少しでも焦げてしまうとソースの仕上がりの色が汚くなりますから弱火で炒めます。バターと一緒にサラダ油を使うと焦げにくくなります。小麦粉は充分に炒めることが大切ですが、これは炒め方が足りないと粉臭くなってしまうからです。
　牛乳を加えるときはごく少量ずつを加えていき、ダマができないようにします。一度ダマができてしまうと、なめらかに仕上げるには手間がかかってしまいます。牛乳を入れたあとに、スープを加えるとコクのある味に仕上がります。

まぐろのドレッシング焼き

▼材料　4人分
かじき（まぐろ）の切り身8切れ　トマト1個　しし唐辛子8本　サラダ菜4枚　フレンチドレッシング（38ページ参照）大さじ1　卵黄適量　塩適量　胡椒適量　サラダ油適量

◎作り方
①かじき、またはまぐろの切り身を用意します。切り身に軽く塩、胡椒をしたら、フレンチドレッシングをまぶして、しばらくおいて下味をつけます。
②①のかじきに金串二本を末広に打ち、溶いた卵黄を刷毛でぬりながら両面を色よく焼きあげます。焼きあがったら、熱いうちに金串を回しながら抜いておきます。
③トマトは薄めの輪切りにし、塩、胡椒をしてから、サラダ油で両面を焼きます。
④しし唐辛子は、塩、胡椒しながらサラダ油で炒めます。
⑤器にサラダ菜を敷き、その上に②のかじきと③のトマトを交互に重なるように盛り、しし唐辛子を添えて供します。
◎覚え書き
◆フレンチドレッシングは市販品を利用してもかまいませんが、作るのにほとんど手間がかかりませんし、この料理のように下味つけに使ったりと応用範囲がかなり広いので自家製のものを用意することをおすすめします。

まぐろのワイン焼き

▼材料　4人分
かじき（まぐろ）の切り身4切れ　あさつき4～5本　梅びしお適量　白ワイン適量　サラダ油適量　バター適量　塩適量　胡椒適量

◎作り方
①かじき、またはまぐろの切り身を用意します。切り身に塩、胡椒をして、白ワインをふりかけて下味をつけます。
②あさつきは小口切りにしておきます。
③フライパンにサラダ油を熱し、①のかじきを焼きます。両面がこんがりと焼きあったら、バター少量を落とし入れて、コクをつけるようにします。
④器に③のかじきを盛り、小口切りのあさつきと梅びしおをのせて供します。

まぐろと三つ葉のわさび和え

▼材料　4人分
まぐろのぶつ切り2パック　三つ葉2把　切り海苔適量　わさび適量　醤油適量

◎作り方
①まぐろはぶつ切りのものを用意します。
②三つ葉は根元を束ねて、熱湯でさっと茹で、素早く冷水にとって冷ましたら、2センチくらいの長さに切り揃えます。
③器に、①のまぐろと②の三つ葉とを盛り合わせて、その上に切り海苔を散らしたら、おろしわさびを天盛りにし、醤油をかけてからおすすめします。

まぐろのフライパン焼き

▼材料　4人分
かじき（まぐろ）の切り身4切れ　白ワイン適量　卵4個　パセリ適量　塩適量　胡椒適量　小麦粉適量　溶き卵適量　パン粉適量　サラダ油適量

◎作り方
①かじき、またはまぐろの切り身を用意します。切り身に塩、胡椒をして、白ワインをふったら、味がなじむまでしばらくおきます。
②パセリは、ごく細かいみじん切りにしておきます。
③①のかじきに小麦粉をまぶして、溶き卵をくぐらせたら、パン粉をつけます。
④サラダ油をやや多めに敷いたフライパンで、③のかじきを軽く焦げめがつくくらいまで両面を焼いて、火からおろします。
⑤生卵を④のかじきの上に落としたら、フライパンに入れたまま、200度に熱したオーブンに入れて、約10分ほど焼きます。
⑥焼きあがったら器に盛り、みじん切りのパセリをふって供します。
◎覚え書き
◆この料理の場合、下ごしらえとして、パン粉をつけて両面を焼く段階（手順③）まで用意しておくと良く、注文が入った都度、生卵を落としてオーブンで焼くようにすると、手早く供することができます。

穴子《あなご》の料理

あなごは、うなぎと同じく夏場に旬を迎える長魚ですが、うなぎと比べ、あっさりした中にほんのりとした甘みを持つのが特徴です。刺身、天ぷら、煮物、和え物と幅広い料理に利用できるのも魅力です。素焼きにしてから使うと、生臭みが消えるだけでなく、旨味も出ます。市販の白焼きを利用すると手軽です。

茶わん蒸し

あなごのうざく風

あなごの二色卵巻き

あなごとそばの磯辺揚げ

あなごの柳川風

あなごの軽揚げ

あなごの白焼き

「穴子《あなご》の料理」の作り方

江戸前ずしや天ぷらとして用いられることの多いあなごですが、うなぎより脂肪分が少なく、比較的あっさりとしています。意外といろいろな料理に応用でき、特に、焼き物にすると生臭みが消え、あなごの旨みがじんわりと引き出されます。茶わん蒸しや和え物の下調理としても、白焼きやたれ焼きは用いられます。うなぎ同様、関東と関西では開き方が違い、関東では背開き、関西では腹開きにするという特徴があります。開いたものを仕入れる場合、皮目に光沢があり、身が透き通って白いものを選ぶと、間違いがありません。江戸前や明石産が珍重されますが、市場には韓国産のものが多く出回っています。脂ののってくる夏場が旬の魚です。

あなごの柳川風

▼材料　4人分
あなご2尾　ごぼう⅓本　焼きダレ［みりん½カップ　醤油½カップ］三つ葉適量　塩少々　煮汁［だし汁⅓カップ　醤油大さじ3　みりん大さじ1½　砂糖大さじ1　酒½カップ］卵4個　粉山椒適量

◎作り方

①鍋にみりんと醤油を混ぜ合わせ、弱火にかけ、全体の3割量になるまで煮つめ、焼きダレを作ります。

②あなごは開いたものを用意します。庖丁で皮目をしごいてぬめりを取り、金串を打ち、遠火の強火で白焼きにします。さらに①の焼きダレを2、3回つけながら焼き上げます。熱いうちに串を抜き、2〜3センチ幅に切ります。

③ごぼうは庖丁の背で皮をこそげ落とし、水洗いしてささがきにします。これを水につけてアクを抜き、ざるに上げて水を切ります。

④三つ葉は茎の部分を使い、塩を少々入れた熱湯で茹でて4〜5センチ長さに切ります。

⑤鍋にだし汁と醤油、みりん、砂糖を入れて火にかけ、煮立ったら③のごぼうを敷き、その上に②のあなごを重ねます。酒を加えてさらに2〜3分煮て、溶きほぐした卵を回し入れ、蓋をして火を止めます。

⑥むらして半熟状に仕上げ、器に盛り、茹でた三つ葉の茎を添え、粉山椒を振ります。

あなごとそばの磯辺揚げ

▼材料　4人分
あなご1尾　そば（乾麺）1把　海苔1枚　焼きダレ［みりん⅓カップ　醤油⅓カップ］　薄天ぷら衣［卵1個　冷水¾カップ　酒大さじ4　塩少々　小麦粉1カップ］　そばつゆ［だし汁3カップ　みりん大さじ2　砂糖大さじ1　醤油⅓カップ］　あさつき適量　もみじおろし適量　揚げ油適量

◎作り方

①あなごは開いたものを用意し、庖丁で皮目のぬめりをしごき、金串を打って遠火の強火で焼きます。みりんと醤油を合わせて3割がた煮つめた焼きダレを2、3回つけて焼き上げます。熱いうちに串を抜き、1センチ幅に切ります。

②そばは片側の端を糸で結び、少しかために茹でます。茹で上がったらすぐに水に取り、ざるに上げて水を切ります。

③巻き簀《す》の上に海苔を広げ、海苔の幅に合わせて切った②のそばを、きれいに揃えて重ねます。この時、糸で結んだ部分は切り落とします。

④中心に①のあなごを均等に並べ、これを芯にして巻き簀ごとひと巻きにし、形を整えます。

⑤卵を溶きほぐし、酒、塩、水を加えてよく混ぜ、小麦粉をさっくりと合わせて薄天ぷら衣を作ります。

⑥海苔で巻いたあなごに薄天ぷら衣をつけ、高温の揚げ油でさっと揚げ、油を切って4つに切ります。

⑦器に磯辺揚げを盛り、だし汁と調味料を合わせて煮立たせたそばつゆを縁からかけます。小口切りのあさつきともみじおろしを添えます。

茶わん蒸し

▼材料　4人分
あなご½尾　車えび4尾　茹で筍½本　生椎茸1枚　銀杏4個　卵地［卵3個　だし汁2カップ　砂糖小さじ⅔　薄口醤油小さじ1　塩小さじ1　酒大さじ2］　吉野あん［だし汁1カップ　みりん¼カップ　薄口醤油大さじ2　片栗粉大さじ1］　わさび適量

◎作り方

①あなごは開いたものを用意し、庖丁で皮目のぬめりをしごき取り、金串を打って遠火の強火で焼き、白焼きにします。熱いうちに串を抜いて4つに切ります。

②車えびは頭と背わたを取り、塩を少々入れた熱湯で茹でます。ざるに上げて冷ましてから尾ひと節を残して殻をむきます。

③茹で筍は根元のかたい部分を切り取り、縦半分に切ってから薄く切ります。

④生椎茸はきつく絞ったぬれ布巾で汚れを拭き、石づきを切り落として4つに切り、さっと茹でます。

⑤銀杏は殻から取り出し、熱湯で茹でながら薄皮を取り除きます。

⑥卵地の材料を合わせて混ぜ、ぬれ布巾で漉したのち、茶わん蒸し用の

器の半分まで注ぎ入れます。これを蒸気の上がった蒸し器に入れて蒸します。

⑦卵地がかたまったら、①～⑤の材料を彩りよく並べ、残りの卵地を注ぎ入れて再び蒸します。

⑧鍋にだし汁と他の調味料を合わせ、弱火で練って吉野あんを作り、蒸し上がった茶わん蒸しにかけます。わさびを天盛りにします。

あなごの軽揚げ

▼材料　4人分
あなご(小)12尾　銀杏16個　紅葉麩適量　酒塩［酒大さじ3　塩小さじ½］　揚げ衣［溶き卵½個分　酒大さじ4　冷水⅓カップ　小麦粉⅗カップ　片栗粉½カップ　くわいのおろしたもの½個分］　塩適量　すだち2個　板谷楓適量　揚げ油適量

◎作り方

①あなごは開いたものを用意し、庖丁で皮目のぬめりをしごき取り、酒塩に5分ほどつけて下味をつけます。

②銀杏は殻から取り出し、熱湯で茹でながら薄皮を取り除きます。紅葉麩は薄く切ります。

③揚げ衣を作ります。溶き卵に酒と冷水を加えてよく混ぜ、ふるった小麦粉と片栗粉をさっくり混ぜ、軽く水気を切ったおろしたくわいを混ぜます。

④①のあなごの汁気を拭き、③の揚げ衣をつけ、中温よりやや高めに熱した揚げ油で揚げます。

⑤続いて②の銀杏、紅葉麩を素揚げにし、油を切って軽く塩を振ります。

⑥器に板谷楓を敷き、あなごの軽揚げを重ねて盛り、竹串に刺した銀杏の素揚げを盛り添え、紅葉麩の素揚げを散らし、すだちを添えます。

◎覚え書き

◆軽揚げの衣は、天ぷら衣におろしたくわいを混ぜます。くわいを加えると揚げ物が軽く揚がります。

あなごのうざく風

▼材料　4人分
あなご2尾　きゅうり2本　焼きダレ［みりん⅓カップ　醤油⅓カップ］　塩適量　三杯酢［酢大さじ5　薄口醤油大さじ5　みりん大さじ3］

◎作り方

①あなごは開いたものを用意し、皮目のぬめりを庖丁でしごきます。金串を打ち、遠火の強火で焼いて白焼きにし、さらにみりんと醤油を合わせて煮つめた焼きダレを、2、3回ぬって焼き上げます。

②熱いうちに串を抜き、2センチ幅に切ります。

③きゅうりは縦半分に切って種を取り除き、小口から薄く切り、海水程度の塩水につけます。しんなりとしたら水気をきつく絞ります。

④三杯酢を作ります。鍋に材料を合わせて火にかけ、ひと煮立ちしたら火を止めて冷まします。

⑤ボールに②のあなごと③のきゅうりもみを入れて混ぜ、三杯酢を加えてざっくりと和え、器に盛ります。

あなごの白焼き

▼材料　4人分
あなご4尾　グリーンアスパラガス4本　塩適量　酢取り生姜4本　染めおろし適量　板谷楓適量

◎作り方

①あなごは開いたものを用意し、庖丁でしごいて皮目のぬめりを取ります。太い揚げ箸を用意し、皮目が内側になるよう、箸の片側からあなごをくるくると巻き、金串を打ちます。

②焼き網を熱し、箸に巻きつけたあなごを遠火の強火で焼きます。熱いうちに串を抜き、塩を振ります。

③アスパラガスは根元を切り落とし、熱湯で茹でてざるに上げます。

④②のあなごの箸をはずし、かわりに③のアスパラガスを差し込みます。

⑤器に板谷楓を敷き、④のあなごを斜めに盛り、酢取り生姜を立てかけ、染めおろしを添えます。

あなごの二色卵巻き

▼材料　4人分
あなご2尾　焼きダレ［みりん⅓カップ　醤油⅓カップ］　卵地［卵3個　だし汁大さじ1　みりん大さじ2　砂糖小さじ½　薄口醤油・塩各少々］　サラダ油適量　青寄せ適量　酢取り生姜4本

◎作り方

①あなごは開いたものを用意し、庖丁でしごいて皮目のぬめりを取ります。金串を打ち、遠火の強火で白焼きにしてから、焼きダレを2、3回ぬって焼き上げます。熱いうちに串を抜き、1センチ幅に切ります。

②卵地を作ります。卵を溶きほぐし、だし汁と調味料を加えてよく混ぜ、ぬれ布巾で漉します。卵地を半分に分け、一方に青寄せを混ぜます。

③卵焼き鍋を熱してサラダ油を薄くひき、色をつけない卵地を流し入れ、厚みが均等になるよう広げます。表面がかたまりかけたら周囲をはがし、箸でていねいにざるに上げます。

④③の薄焼き卵を広げ、①のあなごを横に並べて巻きます。

⑤再び卵焼き鍋を熱してサラダ油を薄く引き、青寄せを混ぜた卵地を流し入れます。半熟になったら、薄焼き卵で巻いたあなごを鍋の向こうにのせ、手前に巻きます。

⑥焼き上がったら、巻き簀《す》に取って巻き、形を整えます。

⑦形が落ちついたら4つに切り、器に盛って酢取り生姜を添えます。

◎覚え書き

◆青寄せの作り方／ほうれん草の葉½把に対し、水5カップを用意します。ほうれん草の葉は庖丁で細かく刻んでからあたり鉢に入れてよくあたり、水を加えます。これをぬれ布巾に通して鍋に漉し取り、火にかけます。煮立ってくるにつれ、青寄せが中央に寄ってきます。網杓子で青寄せをすくい取り、冷水に取って布巾できつく絞ります。

鰻《うなぎ》の料理

市販の白焼きを利用した、うなぎの料理を紹介します。うなぎは少量を使うだけで、贅沢感の出る素材ですから居酒屋の料理としても工夫のしがいがあります。白焼きをもとに、蒲焼きを作っておけば、和え物や煮物など、さらに多彩な酒肴を手軽に作ることができますし、店の味をアピールできます。

うなぎとなすとオクラの炊き合わせ

う巻き卵

うざく

うなぎご飯

うなぎとえびの双見焼き

うなぎのわさび和え

うなぎの冷やし茶わん蒸し

鰻《うなぎ》の料理

うなぎの料理は気軽に注文できるよう、量を少なめにします。形の面白い器を使うと洒落た雰囲気が出ます。

「鰻《うなぎ》の料理」の作り方

うなぎの料理は割《さ》いて白焼きにするまでが大変で相当の技術と手間がいりますが、市販の白焼きを使えば、居酒屋でも手軽にうなぎの料理を供することができます。和え物、煮物、焼き物と多彩な料理に応用できますから、市販の白焼きを利用することをおすすめします。白焼きを店独自の味のうなぎ料理にするには、店独自の味のタレを用意することです。うなぎ屋さんには、万年地といって、独特のタレがありますが、居酒屋ではこうしたタレを作ることができませんから、甘味やとろみの具合を考えて、基準になるタレの作り方を覚えておくと便利でしょう。醬油とみりんが同割のタレ、醬油一に対してみりんが二の割合のタレ、醬油とみりんを同割にしたものに砂糖を少々加える——以上の三種です。あとは好みによって醬油やみりんの量を加減して自店の味に直して下さい。作るときはタレの材料を全体の三割から四割方まで煮詰めます。タレが三分の一量位に減ったら、また新たにタレを作り、一緒に煮立たせていくと旨味のついたタレが出来上がります。

うなぎとなすとオクラの炊き合わせ

▼材料　4人分
うなぎの白焼き2串　なす12個　オクラ20本　八方地［だし汁2カップ　みりん½カップ　薄口醬油¼カップ］　柚子適量　揚げ油適量

◎作り方
①うなぎの白焼きは食べよい大きさ（やや大きめ）に切ります。
②なすは両端を落として、縦二つに切り、斜め格子状の切り目を入れて、揚げ油で素揚げにします。
③オクラはなり口の固い所を取り、塩で軽くもんでから、熱湯でさっと茹でます。
④八方地の調味料を合わせて煮立て、①のうなぎと②のなすを入れて煮、味を含ませます。味がしみたらオクラを加えて煮ます。
⑤器にうなぎ、なす、オクラを盛り合わせ、せん切りの柚子を天盛りにします。

う巻き卵

▼材料　4人分
うなぎの蒲焼き2串　大葉20枚　梅らっきょう（梅酢漬け）4個　a［卵6個　砂糖大さじ2　みりん大さじ1½　薄口醬油小さじ1　だし汁大さじ4］　サラダ油適量

◎作り方
①うなぎの蒲焼きは粗く切ります。
②aの卵を溶きほぐして調味料を混ぜ合わせたら、①のうなぎを加えて混ぜます。
③卵焼き器にサラダ油を熱し、②の卵液を何度かにわけて入れ、卵焼きを焼く要領で焼きあげます。焼きあがったら、巻き簀《す》に取って丸い筒形に整え、3センチくらいの厚さに切りわけます。
④大葉は縦半分に切ってからごく細いせん切りにし、水に20分ほどさらします。
⑤器に③の卵焼きを盛り、大葉と梅酢漬けにしたらっきょうを添えて供します。

うざく

▼材料　4人分
うなぎの蒲焼き2串　きゅうり2本　おろし生姜適量　二杯酢［酢大さじ5　醬油大さじ1　だし汁大さじ1］　塩適量　わさび適量

◎作り方
①うなぎの蒲焼きは1センチ幅くらいに切ります。
②きゅうりはたて半分に切ってから薄切りにし、塩水につけてしんなりしたら水気をきつく絞ります。
③うなぎときゅうりをざっくりと混ぜて器に盛り、二杯酢をかけたら、おろしわさびを天盛りにして供します。

うなぎとえびの双見焼き

▼材料　4人分
うなぎの白焼き4尾分　大正えび250g　卵½個　染めおろし適量　a［みりん¼カップ　醬油¼カップ　酒大さじ3］　サラダ油少々　わさびの葉4枚

◎作り方
①うなぎの白焼きは食べやすい大きさに切ります。
②大正えびは背わたと殻を取り除いて、包丁で粘りがでるくらいまでたいたら、卵を加えてよく混ぜ合わせます。
③うなぎは皮側を下にしておきます。うなぎの身の方に②のえびのすり身を1センチくらいの厚みにぬりつけて形を整えます。
④フライパンにサラダ油少々を熱し、えびのすり身のついている方から焼き、焦げ目がついたら裏返して、皮側も焼きます。
⑤④にaの合わせ調味料を流し入れ、汁が煮つまって、とろみがついたら双見焼きを取り出します。
⑥器にわさびの葉を敷いて、⑤の双見焼きを盛ったら、大根おろしに醬

油少々を混ぜた染めおろしを添えて供します。

うなぎご飯

▼材料　4人分
うなぎの蒲焼き4串　米4カップ　水4.4カップ　a［卵2個　塩少々　水溶き片栗粉（片栗粉小さじ½・水小さじ1の割合）］　生姜1かけ

◎作り方
①米は、炊く1時間以上前に洗って、ざるにあげておきます。分量の水を入れてご飯を炊きます。
②うなぎの蒲焼きは1センチくらいの幅に切ります。
③生姜はごく細いせん切りにし、しばらく水にさらしてアクを抜いておきます。
④aの材料を混ぜて、薄焼き卵を焼き、細く切って錦糸玉子を作っておきます。
⑤ご飯が炊きあがったら、うなぎの蒲焼きと生姜をざっくりと混ぜてから器に盛り、④の錦糸玉子をのせて供します。

うなぎのわさび和え

▼材料　4人分
うなぎの蒲焼き2串　三つ葉3把　針海苔適量　わさび醤油［おろしわさび適量　醤油適量　酒適量］

◎作り方
①うなぎの蒲焼きは1.5センチ幅くらいに切ります。
②三つ葉は葉を取り除いて、軸だけをさっと茹で、4センチ長さに切り揃えます。
③醤油に酒少々を加え、おろしわさびを溶き入れて、わさび醤油を作り、うなぎの蒲焼きと水気をきった三つ葉を和えます。
④③の和えものを器に盛り、針海苔を天盛りにします。

うなぎの冷やし茶わん蒸し

▼材料　4人分
うなぎの白焼き½尾分　タレ［醤油⅔カップ　みりん⅓カップ］適量　生椎茸2枚　筍70グラム　卵液［卵3個　だし汁2カップ　酒大さじ2　塩小さじ1　砂糖小さじ⅔　薄口醤油小さじ1］　煮汁［だし汁大さじ1.5　酒大さじ½　醤油小さじ½］　吉野あん［だし汁½カップ　みりん⅛カップ　薄口醤油大さじ1.5　片栗粉小さじ⅔］　柚子適量　わさび適量　枝豆適量　板谷楓の葉適量

◎作り方
①タレの調味料を合わせ、三割方煮つめておきます。
②うなぎの白焼きに、①のタレを二、三度つけながら焼きあげ、食べやすい大きさに切りわけます。
③卵液の材料の卵をよく溶いたら、調味料を混ぜ合わせて漉します。
④生椎茸は石づきを取って薄切りにします。筍も薄切りにして［　］内の煮汁を合わせたもので下煮しておきます。
⑤蒸し茶わんに④の生椎茸と筍、②のうなぎを入れ、③の卵液を流し入れて蒸します。初め強火で3分、次いで中火で12～13分蒸したのち、冷まします。
⑥⑤の茶わんが冷めたら、氷水にあてるか、冷蔵庫に入れるかしてさらに冷やします。
⑦吉野あんの材料を合わせて煮立て、冷ましておきます。
⑧⑥の茶わん蒸しがよく冷えたら、吉野あんをかけます。茹でた枝豆を散らし、おろしたわさびをのせ、へぎ柚子を落とします。それを板谷楓の葉を敷いた受け皿の上にのせて供します。

うなぎの刺身

▼材料　4人分
うなぎの白焼き2串　なす4個　みょうが4個　黄菊8個　むら芽適量　春蘭4個　わさび適量　わさびの葉4枚　酢適量　揚げ油適量

◎作り方
①うなぎの白焼きは串を抜き、ざるにのせて熱湯を回しかけ、脂を除きます。これを一枚、四つに切りわけます。
②なすはへたを落として縦半分に切り、斜め格子状の細かい切り目を入れて、揚げ油で素揚げします。
③黄菊は酢を加えた熱湯で茹で、冷水にとったのち、水気を絞っておきます。
④みょうがは一枚一枚はずしてから重ねてせん切りにし、水に放ってシャキッとさせたら、水気をきっておきます。
⑤器にわさびの葉を敷き、①のうなぎ、②のなす、④のみょうがを盛り合わせ、③の黄菊、春蘭、むら芽、おろしたわさびを添えます。

うなぎの小袖焼き

▼材料　4人分
うなぎの白焼き4串　ほたての貝柱150g　鶏挽き肉150g　卵（小）2個　砂糖小さじ1　醤油小さじ1　みょうが2個　タレ［みりん2カップ　醤油1カップ　氷砂糖36g］適量　板谷楓4枚

◎作り方
①うなぎの白焼きは串を抜いておきます。
②ほたての貝柱は熱湯にさっとつけ、すぐに冷水にとって冷まし、手で細かくほぐします。
③すり鉢に鶏挽き肉と②の貝柱を入れて、すり混ぜます。そこへ、卵と砂糖、醤油を加えて、さらによくすります。
④巻き簀《す》の上にラップをひろげ、①のうなぎ2串分を並べます。皮の方を上にし、頭と尾を互い違いにして並べ、すき間がないようにします。残りの2串も同様に、ラップの上に並べます。
⑤③のすり身を二等分して棒状にまとめ、④のうなぎの中央におき、ラップで包んで、小袖の形（かまぼこ型）になるように形を整えます。残

り2串のうなぎとすり身も同様に包みます。
⑥蒸し器で⑤のうなぎを蒸します。中火にして25分ほど蒸したら、冷まします。
⑦⑥のうなぎに金串を末広に打ってタレをつけながら焼きあげます。熱いうちに串をはずして、一本を四つに切りわけます。
⑧板谷楓を敷いた器に⑦のうなぎの小袖焼きを盛り、みょうがを添えます。

うなぎの重ね焼き

▼材料　4人分
うなぎの白焼き2串　帆立の貝柱150g　えびのむき身70〜75g　鶏挽き肉150g　卵（小）2個　砂糖小さじ1　醤油小さじ1　粉山椒適量　黄身そぼろ小さじ2　きゅうりの葉4枚　酢取り生姜4本　酒大さじ3　タレ［みりん2カップ　醤油1カップ　氷砂糖大さじ3］　サラダ油適量

◎作り方
①うなぎの白焼きは串を抜いておきます。
②ほたての貝柱は熱湯にさっとつけて、冷水にとり、冷ましたのち、手で細かくほぐします。
③えびのむき身は包丁で細かくたたきます。
④すり鉢に、鶏挽き肉と②のほたての貝柱、③のえびを入れてすり混ぜたら、卵と砂糖、醤油を加えて、さらによく混ぜます。これを四等分します。
⑤①のうなぎは皮を上にしておき、その上に④のすり身をのせ、均等に広げます。
⑥フライパンにサラダ油を熱し、⑤のうなぎの両面を焼き、中まで火が通ったら、酒とタレの材料を混ぜたものを加えてからめて、汁気がなくなるまで焼きます。
⑦焼きあがったら、一枚を二つに切りわけ、きゅうりの葉を敷いた器に盛って、粉山椒と黄身そぼろをふり、酢取り生姜を添えます。

う雑炊

▼材料　4人分
うなぎの白焼き5串　ささがきごぼう80g　しめじ2袋　百合根40g　三つ葉2把　生姜汁大さじ2　卵4個　a［だし汁4カップ　酒½カップ　薄口醤油大さじ4　みりん大さじ3］　米2½カップ　だし汁3½カップ　酒⅓カップ

◎作り方
①うなぎの白焼きは2センチ幅に切っておきます。
②ごぼうはささがきにし、酢水につけてアクを抜き、さっと茹でておきます。
③しめじは石づきを取り、ほぐしておきます。
④aの調味料を混ぜ合わせて、その中から2½カップを取りわけ、卵を溶いて混ぜます。残りのだしの中に百合根とささがきごぼう、しめじを入れてしばらくおきます。
⑤米は炊く1時間以上前に洗い、ざるにあげて水気をきっておきます。
⑥⑤の米を土鍋に入れ、④で百合根とごぼう、しめじをつけただし汁と酒を加えて火にかけます。煮立ってきたら、百合根、ささがきごぼう、しめじを加えて炊きます。
⑦⑥が再び煮立ってきたら④の卵を混ぜただし汁を流し込んで火を止め、うなぎを上に並べ入れます。3センチ長さに切った三つ葉の茎を散らして、蓋をしてしばらく蒸らします。
⑧⑦を小さな器に盛りわけ、生姜汁を落としてすすめます。

うなぎのおろし和え

▼材料　4人分
うなぎの白焼き2串　タレ［みりん2カップ　醤油1カップ　氷砂糖大さじ3］適量　大根おろし大さじ2　わかめ（水に戻してきざんだもの）大さじ2　三杯酢［みりん、酢、醤油が3対5対5の割合］大さじ1　木の芽適量

◎作り方
①うなぎの白焼きは、タレをつけながら焼いて、蒲焼きにします。
②①の蒲焼きは1.5センチ幅くらいに切ります。
③大根おろしとわかめ、三杯酢を混ぜ合わせたら、②の蒲焼きを加えてざっくりと混ぜ合わせます。器に盛り、たたいた木の芽をのせて供します。

うなぎの柳川

▼材料　4人分
うなぎの白焼き2串　ささがきごぼう80g　卵4個　酒½カップ　柳川の地［だし汁⅓カップ　醤油大さじ3　砂糖大さじ1　みりん大さじ1½］

◎作り方
①うなぎの白焼きは串を抜き、1枚を二つに切ります。
②ささがきごぼうは、酢水につけてアクを抜いておきます。
③土鍋に②のささがきごぼうを敷き入れ、①のうなぎをのせ、全体に酒をふりかけたら、ガス火の上に網をのせ、その上に土鍋をのせます。
④③が煮立ってきたら柳川の地を入れ、再び煮立ってきたら、割りほぐした卵をまわし入れ、すぐに土鍋を火からおろします。

うなぎの白焼き

▼材料　4人分
うなぎの白焼き4串　わさび適量　酢取り生姜4本　三杯酢［みりん、酢、醤油が3対5対5の割合］適量　わさびの葉4枚

◎作り方
①うなぎの白焼きは、あぶるか電子レンジにかけるかして加熱し、熱いうちに串を抜きます。
②わさびの葉を敷いた器にうなぎを盛り、おろしわさびと酢取り生姜を添えたら、三杯酢を別添えにして供します。

烏賊《いか》の料理

いかの料理は手を加えすぎるとおいしくありません。また、中途半端に加熱すると身が堅くなりますから注意します。

いか団子と小芋となすの煮物

唐草いかの三杯酢

いかの野菜射込み

いかのさつま揚げ

いかの練り梅和え

いか飯

二色しんじょといかのうに鳴門

「烏賊《いか》の料理」の作り方

いかは種類が多く、世界中には五百近くの種類があるといわれます。大きくは甲のあるものとないものとにわかれますが、どちらも刺身から煮る、焼く、揚げると幅広い料理に使えます。日本では、やりいか、するめいか、もんごういか、あおりいか、ほたるいかがポピュラー。一年中出回っていますが、やりいか、あおりいか、ほたるいかの旬は春から夏にかけて。するめいかは九月から十一月あたり。もんごういかは冬から春にかけてが旬です。

調理のときは火の通し加減がポイント。いかは中途半端な熱を加えると、身が硬くなっておいしくないからです。熱を加える場合は、火を軽く通すか、通し過ぎるくらいにするかの両極端の調理法を取ります。いかの繊維はよく煮れば煮るほど破壊されて、身がやわらかくなるからです。いかの料理には砂糖は合いませんが、よく煮るものには少しの砂糖はかまいません。また、いかの料理はあまり手を加えすぎるとおいしくありません。少し野暮ったいかなというくらいに仕上げます。ただし、盛りつけは野暮ったくならないように、少し器のいいものを使ってみて下さい。

いか団子と小芋となすの煮物

▼材料　4人分
いかのすり身200g　小芋12個　なす4個　煮汁［だし汁3カップ　醤油⅓カップ弱　みりん½カップ］　青柚子適量　揚げ油適量

◎作り方
①いかのすり身は一口大の団子に丸めます。
②小芋は皮をむいて、下茹でしておきます。
③なすはヘタの回りをぐるりとむいてから、縦二つに切り、斜め格子状の切り目を入れます。これをやや高温の油で色よく揚げ、熱湯をまわしかけて油抜きをします。
④鍋に、だし汁を煮立てて調味料を加えたら、まず①のいか団子を煮、火が通ったら、小芋、なすを加えてゆっくりと煮含めます。
⑤器に、いか団子、小芋、なすを盛り合わせ、青柚子の皮をのせて供します。

唐草いかの三杯酢

▼材料　4人分
いか（胴の部分）1ぱい分　きゅうり1本　鶏手羽肉½枚　a［塩少々　酒大さじ2　水大さじ3］　卵2個　片栗粉小さじ½　三杯酢［酢大さじ5　醤油大さじ5　みりん大さじ2］　大葉4枚

◎作り方
①いかの胴は軟骨のところから開いて、薄皮まで丁寧にむき取ります。縦半分に切って、裏側に斜め格子状の切り目を入れますが、包丁を少しねかせて切り目を入れていきます。これを横にしておき、5ミリ幅に切ります。
②①のいかを熱湯にさっと通し、表面の色が変わったら、すばやく冷水に取って、水気を拭き取ります。
③きゅうりは縦半分に切ってから、中心の種を除いて薄切りにし、塩水に放します。しんなりしたら水気を絞ります。
④鶏手羽肉は脂を取り除き、aの調味料を加えて酒蒸しにしたのち、細かくさきます。
⑤錦糸玉子を作ります。卵を割りほぐし、水溶き片栗粉を混ぜたら漉します。これを薄焼きにしたのち、細切りにします。
⑥煮きったみりんに、酢と醤油を混ぜ合わせて三杯酢を作ります。
⑦いか、きゅうり、鶏肉、錦糸玉子をざっくりと混ぜ合わせて、大葉を敷いた器に盛ります。器のへりから三杯酢を入れます。

◎覚え書き
◆いかの薄皮がむきにくいときには、手に塩をつけてむくと、すべらずにきれいにむけます。

いかのさつま揚げ

▼材料　4人分
いかの足15本　卵白½個分　小麦粉大さじ3　砂糖小さじ½　味噌小さじ2　揚げ油適量　溶き辛子適量

◎作り方
①いかの足は足先を切り落としてから、ぶつ切りにし、ミンチにかけます。
②①のいかのすり身に卵白、小麦粉、砂糖、味噌を加えてよく混ぜ合わせます。
③鬼おろしの裏面に②のいかをひろげます。6〜7センチ長さで2センチ角くらいになるよう、ペティ・ナイフの背を使って切り、160〜170度に熱した揚げ油の中に落とします。きつね色より少し濃い色になったら、取り出して油をきります。
④器にいかのさつま揚げを盛り、溶き辛子を添えて供します。

◎覚え書き
◆鬼おろしは、大根をおろすときに使う調理器具ですが、現在では手に入りにくいので、代わりにかまぼこの板を使い、形を整えてから揚げるようにするとよいでしょう。

いかの野菜射込み

▼材料　4人分
いか4はい　大根300g　人参150g　こんにゃく1枚　煮汁［水6カップ　醤油½カップ　みりん½カップ　砂糖大さじ1½　酒¼カップ］

◎作り方
①いかはわたとともに足を抜き、胴の中はよく洗っておきます。
②いかの足は先を切り落とし、1センチ長さに切ります。
③大根と人参は6センチ長さで1センチ角の棒状に切ります。
④こんにゃくはゆがいてから、6センチ長さで1センチ角の棒状に切ります。
⑤①のいかの胴の先を少し切って、空気が通るようにします。
⑥いかの胴に③の大根と人参、④のこんにゃく、②のいかの足を詰めたら、端を楊枝でぬうようにして止めます。
⑦鍋に煮汁を煮立て、調味料を加えたら、⑥のいかを入れて、汁気がなくなるまで、ゆっくり煮込みます。
⑧⑦を1.5センチくらいの幅に切り、器に盛って供します。

◎覚え書き
◆いかの胴先を少し切り取るのは、空気を通すためで、切り取らないと煮ているうちに胴が破裂してしまいます。
◆野菜とこんにゃくは、いかがぱんぱんになるくらいの量を詰めるようにします。少ないと切りわけたときに隙間があって、あまりきれいではありません。

いか飯

▼材料　4人分
いか4はい　米1カップ　煮汁［だし汁6カップ　みりん½カップ　醤油½カップ強　砂糖大さじ2.5杯］　梅酢蓮根適量　わさびの葉4枚

◎作り方
①いかは足とともにわたを抜き、軟骨を取り除いてから、胴の中をよく洗います。
②米は洗い、ざるに上げて1時間ほどおきます。
③いかの足は先を少々切り落としてから、足の太さと同じくらいの厚さに切り、②の米と混ぜ合わせます。
④いかの胴の先を少し切り落としたら、③の米をいか1ぱいにつき、大さじ2ずつ詰めて、端を楊枝で止めます。
⑤鍋に、だし汁を煮立てて調味料を加えたら、いかを入れて、中火でゆっくりと煮ます。
⑥汁気がなくなるまで煮たら取り出し、残った煮汁を刷毛でぬって、幅1.5センチくらいに切りわけます。
⑦⑥のいかをわさびの葉を敷いた器に盛り、梅酢蓮根を添えます。

◎覚え書き
◆梅酢蓮根の作り方／蓮根を5ミリくらい厚さの輪切りにして、熱湯でさっと茹でたのち、梅酢につけ込みます。

いかの練り梅和え

▼材料　4人分
いかの胴2はい分　いかのわた10ぱい分　卵黄1個　梅干し3～4個　山椒の実の佃煮小さじ⅓

◎作り方
①いかの胴はひらいて、皮と薄皮をむいたら、細切りにします。
②いかのわたは、袋から出して卵黄1個を混ぜ合わせます。鍋に入れ、弱火にかけ、箸五～六本を使って、ねっとりするまで練りあげて、冷ましておきます。
③梅干しは種を除いて、たたいておきます。山椒の実の佃煮も細かくたたいておきます。
④②が冷めたら、③の梅干しと山椒の実の佃煮とを混ぜ合わせます。
⑤①の細切りのいかを④のわた入りの練り梅で和え、器に盛って供します。

二色しんじょといかのうに鳴門

▼材料　4人分
二色しんじょ［いか220g　芝えび450g（むき身で220g）　卵黄½個分　卵白¼個分　塩少々　揚げ油適量］　いかのうに鳴門［いかの胴・練りうに・小麦粉・海苔・揚げ油各適量］　みょうが4個

◎作り方
①まず、二色しんじょを作ります。いかは皮をむいて、ミンチにかけたら、卵白と塩を混ぜ合わせて、すり鉢でよくあたります。
②えびは殻を除いて背わたを抜き、包丁で細かくたたきます。すり鉢に入れ、卵黄と塩を混ぜ入れて、よくあたります。
③細長い蒸し缶に、①のいかのすり身と②のえびのすり身とを二層になるようにして入れたら、蒸気のあがった蒸し器で15分間蒸し、冷まします。
④③が完全に冷めたら蒸し缶から取り出して、きれいな揚げ油で色よく揚げて、食べよい大きさに切りわけます。
⑤いかのうに鳴門を作ります。いかの胴はひらいて薄皮までていねいにむいたら、表の方を上にしておき、切り離さない程度に横に包丁目をいれます。
⑥練りうにと小麦粉を混ぜ合わせたものをいかの裏側に塗りつけたら、手前から巻きます。
⑦⑥のまわりに海苔を巻いて、巻き終わりを止めたら、180度くらいに熱した油で揚げます。一本を五つに切りわけます。
⑧器に、二色しんじょといかのうに鳴門を盛り合わせて、縦半分に切ったみょうがを添えます。

◎覚え書き
◆しんじょ用のすり身は、手軽に市販品を利用してもかまいません。

蛸《たこ》の料理

たこは日本人にとって親しみのわく食材ですが、″たこぶつ″のような定番料理だけでは単調です。刺身とはひと味違う和え物と、やわらか煮で個性を打ち出しました。

たこと根三つ葉の三杯酢

たことほうれん草の木の芽味噌

ゆでだこときゅうりの辛子酢和え

たこのやわらか煮と新じゃが

たこのやわらか煮とかぼちゃ

たこときゅうりのわさび酢

たこのやわらか煮と糸筍

蟹《かに》の料理

かに料理は豪華な雰囲気が出ますから、宴会料理にはうってつけ。ここでは入手しやすいわたりがにを使った料理を紹介します。生のかにを茹でてから使うのが最善ですが、料理によっては、冷凍物や缶詰でも代用できます。

かにの唐揚げ

わたりがにの二杯酢

かに卵の白和え

かに卵と
きゅうりの三杯酢

かにの
黄身焼き

かにの甲羅焼き

かにのわさび酢

「蛸《たこ》の料理」の作り方

ゆでだこと、たこのやわらか煮を素材に、手軽に作る酒肴を紹介します。いずれも取り合わせる野菜に工夫を凝らすと魅力が増します。ここでは夏向きの趣向としてガラス器に盛っています。

たこと根三つ葉の三杯酢

▼材料　4人分
ゆでだこの足（小さめのもの）2本　根三つ葉½把　かんぴょう適量　三杯酢［酢大さじ5　醤油大さじ5　みりん大さじ3］　わさび適量

◎作り方
①たこはそぎ切りにします。
②根三つ葉は塩少々を入れた熱湯で茹で、4センチの長さに切ります。
③かんぴょうは洗い、塩でもんでから茹でて、4センチ長さに切ります。
④器にたこ、根三つ葉、かんぴょうを盛り、器のへりから三杯酢を入れ、おろしわさびを天盛りにします。

たことほうれん草の木の芽味噌

▼材料　4人分
ゆでだこの足（小さめのもの）2本　ほうれん草⅓把　かんぴょう適量　木の芽20枚　青寄せ適量　味噌⅓カップ　砂糖⅓カップ　みりん⅓カップ

◎作り方
①たこは皮をむいて、そぎ切りにします。
②ほうれん草は茹でて、4センチ長さに切り、かんぴょうは水洗いをして塩でもみ、やわらかく茹でたら、ほうれん草と同じ長さに切ります。
③味噌、砂糖、みりんを混ぜて火にかけ、木杓子で練り、鍋底が見えるくらいまで練りあがったら火からおろして冷まし、たたき木の芽と青寄せ（63ページを参照）を混ぜます。
④たことほうれん草を混ぜて器に盛り、かんぴょうを添え、③の木の芽味噌をのせます。

ゆでだこときゅうりの辛子酢和え

▼材料　4人分
ゆでだこの足200g　きゅうり2本　ゆでわらび8本　二杯酢［酢大さじ5　醤油大さじ1　だし汁大さじ1］　溶き辛子適量

◎作り方
①たこは薄いそぎ切りにします。
②きゅうりは蛇腹に切り、塩水につけます。しんなりしたら絞って、一人当て二切れずつに切ります。
③器にたこ、蛇腹きゅうり、わらびを盛り、二杯酢をかけて、溶き辛子を天盛りにして供します。

たこのやわらか煮とかぼちゃ

▼材料　4人分
たこのやわらか煮の足4本　かぼちゃ½個　わかめ7g　煮汁［たこのやわらか煮の煮汁1½カップ　水½カップ］　溶き辛子適量

◎作り方
①かぼちゃは一人一切れを用意し、皮を粗くむき、煮汁とともに火にかけ、紙ぶたをしてやわらかく煮ます。
②わかめは戻して食べよい大きさに切り、①の煮汁にひたします。
③たこのやわらか煮とかぼちゃ、わかめを盛り、溶き辛子を添えます。

◎覚え書き
◆たこのやわらか煮の作り方／茹でた真だこ5はい（1ぱい350グラムのもの）を用意し、足を一本ずつ切り離し、足先を落とします。頭は半分に切り、水洗いして皮をむきます。鍋にたこ、酒½カップ、みりん½カップ、醤油大さじ3、水7カップを入れて火にかけ、煮立ったら、火を弱めてたこがやわらかくなるまで煮ます。たこの皮がやぶれないように、たっぷりの煮汁で煮るようにします。圧力鍋を使うと手軽です。

たこのやわらか煮と新じゃが

▼材料　4人分
たこのやわらか煮の足8本　新じゃが4個　わかめ3g　煮汁［たこのやわらか煮の煮汁1カップ　水⅓カップ］　あさつき適量　板谷楓の葉4枚

◎作り方
①新じゃがは面取りをし、煮汁でやわらかくなるまで煮ます。
②わかめは戻して、細く切り、①の煮汁にひたします。
③器に板谷楓の葉を敷き、たこのやわらか煮（前出の「たこのやわらか煮とかぼちゃ」参照）と新じゃが、わかめを盛り、小口切りのあさつきを散らします。

たこときゅうりのわさび酢

▼材料　4人分
ゆでだこの足2本　きゅうり2本　塩適量　黒ごま適量　すだち1個　わさび適量　二杯酢［酢大さじ5　醤油大さじ1　だし汁大さじ1］

◎作り方
①たこは皮をむき、輪切りにします。
②きゅうりは薄切りにし、濃い塩水につけてしんなりしたら、さっと水洗いしてきつく絞ります。
③器にたこときゅうりを盛り、黒ごまをふります。二杯酢をかけて、輪切りにしたすだちをのせ、おろしわさびを添えます。

たこのやわらか煮と糸筍

▼材料　4人分
たこのやわらか煮の足8本　茹でた筍（小）1本　三つ葉適量　たこのやわらか煮の煮汁1½カップ　木の芽適量

◎作り方
①茹でた筍はせん切りにします。
②三つ葉は塩少々を入れた熱湯で茹でて、4センチの長さに切ります。
③たこの煮汁を煮立たせ、筍を入れて煮、煮汁が少なくなったら、たこのやわらか煮（前出の「たこのやわらか煮とかぼちゃ」参照）を加えて煮ます。器に盛り、三つ葉と木の芽を添えます。

「蟹《かに》の料理」の作り方

日本近海には多種のかにがいますが、ここでは入手しやすいわたりがにで酒肴を作ってみました。茹でる時は、はさみや足がとれないよう輪ゴムで止めてから多めの塩とともに水から約三十分茹でます。ガニと呼ばれる肺臓は取り除いてから調理して下さい。

かにの唐揚げ

▼材料　4人分
わたりがに3ばい　ラディッシュ4個　片栗粉適量　ドレッシング［サラダ油¾カップ　酢¼カップ　塩適量　胡椒適量　タバスコ適量］　揚げ油適量

◎作り方
①かには塩茹でにし、足とはさみ、殻をはずします。腹の部分を二つに切り、さらに厚みを半分に切ります。
②①のかにに片栗粉をまぶして、からりと揚げたら、器に一人当て三切れを盛り、ラディッシュを添えて、上からドレッシングをかけます。

かに卵の白和え

▼材料　4人分
かにの卵4はい分　わかめ適量　梅干し適量　マヨネーズ適量　豆腐½丁　a［あたりごま大さじ1½　薄口醤油大さじ½　みりん大さじ½　砂糖大さじ3　塩小さじ½弱　味噌小さじ1］

◎作り方
①茹でたかにから卵を取り出します。
②わかめは戻して細かく切ります。
③豆腐はきつく圧しをして、裏漉しをし、aの調味料を混ぜます。
④かにの卵を③で和え、わかめをまぶしたら、器に盛ってマヨネーズをかけ、みじん切りの梅干しをちらします。

わたりがにの二杯酢

▼材料　4人分
わたりがに2はい　菜の花適量　二杯酢［酢大さじ5　醤油大さじ1　だし汁大さじ1］

◎作り方
①かには塩茹でにして、殻をはずし、腹の部分を二つに切って、さらに厚みを半分に切ります。
②器に①のかにと茹でた菜の花を盛り、二杯酢をかけます。

かに卵ときゅうりの三杯酢

▼材料　4人分
かにの卵4はい分　きゅうり2本　塩適量　三杯酢［醤油大さじ5　酢大さじ5　みりん大さじ3］

◎作り方
①茹でたかにから卵を取り出します。
②きゅうりは薄い小口切りにし、塩水につけてしんなりしたら、水気をきつく絞ります。
③①のかにの卵と②のきゅうりを三杯酢で和えて器に盛ります。

かにの黄身焼き

▼材料　4人分
わたりがに3ばい　卵黄2個分　筆生姜4本　塩適量

◎作り方
①かには殻をはずし、身の部分を4つに切り、薄く塩をふります。
②①に金串を刺して焼き、仕上げに卵黄をぬってさっとあぶります。
③器にかにを盛り、筆生姜を添えます。

かにの甲羅焼き

▼材料　4人分
わたりがに4はい　卵黄1個　大葉4枚　すだち2個　醤油適量

◎作り方
①かには殻をはずして身をほぐし、卵黄と醤油を混ぜたら、かにの殻に戻し入れてオーブンで焼きます。
②大葉を敷いた器に①を盛り、半分に切ったすだちを添えます。

かにのわさび酢

▼材料　4人分
わたりがに2はい　ラディッシュ4個　木の芽8枚　柚子4個　わさび酢［酢大さじ5　醤油大さじ1　だし汁大さじ1　おろしわさび適量］

◎作り方
①かには塩茹でにして殻をはずし、身を取り出します。
②ラディッシュは薄切りにして水にさらし、水気を切ります。
③柚子は果肉をくり抜きます。
④かにとラディッシュを混ぜて、柚釜の中に入れ、わさび酢をかけて、木の芽を添えます。

海老《えび》の料理

えびは、淡泊で上品なおいしさがあって、加熱した時の色も美しくと、魅力に溢《あふ》れた材料です。しかし、持ち味に頼りすぎたのでは新鮮味がありません。ここでは冷凍のえびを使いましたが、和え衣や味つけを工夫したり、洋風に調理することで、若者から年配客にまで好まれる酒肴に仕上がります。

えびと白たきの七味煮

えびとなすのつと煮

えびと豆腐のポタージュ

えびサラダ梅肉添え

えびときゅうりの辛味煮

えびの変わり衣揚げ

えびの五色いり煮

海老《えび》の料理

**盛り方は少量をこんもりと。
えびのご馳走感をさりげなく
演出でき、新鮮に写ります。**

「海老《えび》の料理」の作り方

えびは素材自体に華やかさやご馳走感があるのが大きな利点です。伊勢えびや活けの車えびといった高価なものでなく、冷凍のえびを使って魅力的な料理に仕立てることで、誰にでも気軽に注文できる酒肴を作っていくことが大切です。

冷凍えびは自然解凍して使うのがいいのですが、店頭に並んでいるものはほとんどが解凍されていますから、なるべく身に弾力があり、クタッとしていないものを選びます。また、下味のつけ方や調味料、香辛料の取り合わせ方で冷凍えびの味の不足を補い、おいしさを引き立てていくことも必要です。えびは味わいが淡泊ですから、少量の辛味や風味を加えるといっそう味が引き立ちます。ただし、使いすぎるとえびの味が負けてしまいますから注意が必要です。下ごしらえとしては、背わたを抜くこと。そして殻をむくときは尾の部分一節を残しておくと商品価値が高まります。

えびと白たきの七味煮

▼材料　4人分
えび8尾　ブロッコリー1個　白たき1玉　a［酒大さじ4　醤油大さじ3　七味唐辛子適量］　サラダ油適量　塩適量

◎作り方
①えびは背わたを取り除き、尾側の殻一節を残して、他の殻を全部むきます。
②ブロッコリーは小房にわけ、塩を加えた熱湯でかために茹でて水に取り、すぐに水をきります。
③しらたきは、塩少々をふってもみます。水で洗ってから茹でて、もう一度水に取って洗い、水気をきり、食べやすい大きさに切ります。
④①をサラダ油で炒めて、取り出しておきます。
⑤③のしらたきをサラダ油で炒め、この中に④のえびを入れ、aの調味料を加えて汁気が少なくなるまで炒めます。
⑥汁気が少なくなったら②のブロッコリーを加えて、軽く炒め合わせて仕上げます。

えびとなすのつと煮

▼材料　4人分
えび8尾　なす4個　おろし生姜適量　だし汁1カップ　醤油大さじ3　みりん大さじ4

◎作り方
①えびは背わたを取って、尾側の殻一節を残して他の殻を全部むきます。
②なすは丸のままで、空気にふれないように落とし蓋をして、強火で20分茹でます。茹であがったら、流水にあてて冷やし、へたをつけたまま皮をむきます。
③鍋にだし汁を煮立てて、醤油とみりんを加えたら、①のえびを入れて煮て、取り出しておきます。残りの煮汁で②のなすを煮ます。
④器にえびとなすを盛り、おろし生姜を天盛りにして供します。

えびと豆腐のポタージュ

▼材料　4人分
えび12尾　焼き豆腐2丁　グリーンアスパラガス4本　じゃが芋2個　粉末のじゃが芋300g　牛乳2カップ　バター大さじ1　小麦粉大さじ1½　塩適量

◎作り方
①えびは背わたを取って、尾のついているところの殻一節を残して他の殻を全部むきます。
②じゃが芋は丸のままを茹でて、皮をむき、つぶしておきます。
③グリーンアスパラガスは根もとのかたい部分を落とし、塩を加えた熱湯で茹でて、水気をきります。
④鍋にバターを溶かして小麦粉を加え、弱火で10分くらい炒めます。そこに、②のじゃが芋と粉末のじゃが芋をよく混ぜたものを加えて炒め、分量の牛乳を八回ぐらいに分けて混ぜながら加え、塩で味を調えます。
⑤④に①のえびと八つに切った焼き豆腐を入れて、15分くらい煮込みます。
⑥器に⑤を盛って③のグリーンアスパラガスを添えます。

えびサラダ梅肉添え

▼材料　4人分
えび8尾　きゅうり2本　セロリー1本　ラディッシュ4個　あさつき適量　梅肉適量　黄身そぼろ適量　塩適量

◎作り方
①えびは背わたを取って、塩茹でにして冷まします。尾側の殻一節を残して殻を全部むきます。
②きゅうりは小口切りにして塩水につけ、しんなりしたら絞ります。
③セロリは筋を取り、斜めの薄切りにして、水にさらしておきます。
④ラディッシュは薄い輪切りにして、水にさらしておきます。
⑤器にえび、きゅうり、セロリ、ラディッシュを盛り、小口切りにしたあさつきをちらします。さらにその上に梅肉をかけ、黄身そぼろをちらします。

えびときゅうりの辛味煮

▼材料　4人分
えび8尾　きゅうり2本　a［醤油大さじ1½　豆板醤小さじ1　酒大さじ1］　サラダ油適量

◎作り方
①えびは背わたを取って、尾側の殻一節を残して、他の殻を全部むいておきます。
②きゅうりは乱切りにします。
③鍋にサラダ油を熱して、①のえびと②のきゅうりを炒めて、火が通ったら、aの調味料を加えて味をからませて仕上げます。

えびの変わり衣揚げ

▼材料　4人分
えび8尾　片栗粉適量　卵白適量　パセリ（みじん切りにして乾燥させたもの）適量　新挽き粉適量　レモン¼個　セロリの葉4枚　揚げ油適量

◎作り方
①えびは背わたを取り除き、尾側の殻一節を残して、他の殻を全部むきます。
②パセリと新挽き粉を同量の割合で混ぜて衣を作ります。
③えびに片栗粉、卵白、②の衣の順でつけ、中温の揚げ油でからっと揚げます。
④器にセロリの葉を敷き、③の揚げ物を盛り、半月切りのレモンを添えます。

えびの五色いり煮

▼材料　4人分
えび8尾　なす4個　マッシュルーム1パック　人参1本　a［味噌大さじ1　醤油大さじ1　だし汁大さじ2　砂糖大さじ1］　サラダ油適量

◎作り方
①えびは背わたを取って、尾側の殻一節を残して他の殻を全部むき、サラダ油でさっと炒めます。
②なすは一口大に切り、油で揚げます。マッシュルームは石づきを取って、二つに切ります。人参は乱切りにして茹でておきます。
③サラダ油で②のなす、マッシュルーム、人参を炒め合わせ、火が通ったら、①のえびを加えて炒めます。aの調味料を合わせて加え、強火にして全体に味をからめます。

えびの卵じめ

▼材料　4人分
えび（無頭）8尾　鶏もも肉100g　生椎茸8枚　玉ねぎ½個　塩適量　酒適量　サラダ油適量　a［卵3個　だし汁1カップ弱　酒大さじ2　みりん・薄口醤油・砂糖・塩各適量］　吉野あん［片栗粉大さじ½　だし汁1カップ　みりん¼カップ　薄口醤油⅙カップ］　わさび適量

◎作り方
①えびは尾を一節残して殻をむき、背わたを取り、色よく茹でます。
②生椎茸はかたく絞ったぬれ布巾で汚れを取り、軸を落とし、茹でて半分に切ります。
③鶏肉はぶつ切りにして、酒塩（分量外）につけておきます。
④玉ねぎを粗みじんに切り、サラダ油で炒めたら、塩と酒で味を調えます。そこに③の鶏肉を加えてさらに炒めます。
⑤aの卵とだし汁、調味料を混ぜ合わせて、玉子豆腐の汁を作ります。
⑥深みのある耐熱容器に、①のえび、②の生椎茸、④の玉ねぎと鶏肉を入れて、⑤の玉子豆腐の汁を注ぎ入れ、中火のオーブンで上に軽く焦げ目がつくまで焼きます。
⑦吉野あんの材料を鍋に入れて火にかけます。
⑧⑥が焼き上がったら、⑦の吉野あんをかけて、わさびを天盛りにして供します。

えびとトマトの天火蒸し

▼材料　4人分
大正えび8尾　トマト1個　祐庵地［酒2、醤油3、みりん5の割合で混ぜたもの］適量　パセリ適量

◎作り方
①大正えびは背わたを除き、殻をむいて、尾を取り、包丁で軽くたたいてから1尾を半分に切ります。
②えびを金串に刺して、祐庵地をつけながら、少し焦げ目がつくまで焼きます。焼きあがったら、熱いうちに金串を回し抜きます。
③トマトは縦半分に切ってから、5ミリくらいの厚さに切ります。
④耐熱容器にトマトを敷き、その上に②のえびをのせ、上からみじん切りにしたパセリをふり、パセリがからっとするまで天火で焼きあげます。

えびの西京衣揚げ

▼材料　4人分
えび（無頭）8尾　小麦粉適量　西京味噌大さじ1½　溶き辛子大さじ1　みりん大さじ1　酒大さじ3　塩小さじ½　くちなしの実2個　水½カップ　溶き卵⅓個分　小麦粉½カップ強　揚げ油適量　染めおろし適量　きゅうりの葉4枚

◎作り方
①えびは背わたを取り除いて、尾を一節残して殻をむき、尾の中央にある剣先を切り、小麦粉を薄くまぶします。
②くちなしの実は殻を包丁でたたき、½カップの水につけて、色を出します。
③ボウルに西京味噌、溶き辛子、みりん、酒、塩、溶き卵、②の色のついた水を入れて混ぜ、小麦粉をダマにならないように加えてさっくりと混ぜ、西京衣を作ります。
④揚げ油を中温よりやや高めに熱して、①のえびに③の西京衣をつけて、からっと揚げます。
⑤きゅうりの葉を敷いた器に④のえびの揚げ物を盛り、染めおろし（大根おろしに醤油少々を混ぜたもの）を添えます。

大正えびの祐庵焼き

▼材料　4人分
大正えび12尾　白うり½本　祐庵地［酒2、醤油3、みりん5の割合で混ぜたもの］適量　板谷楓の葉4枚

◎作り方
①大正えびは背わたを除き、殻をむいて尾をはずしたら、包丁で軽くたたいて一尾を半分に切りわけます。
②祐庵地の材料を混ぜ合わせておきます。
③①のえびを金串に刺して、祐庵地をつけながら、少し焦げ目がつくまで焼いて、熱いうちに金串を回し抜きます。
④白うりは縦半分に切って、種を除いてから、2〜3ミリの厚さに切ります。
⑤器に板谷楓の葉を敷き、えびと白うりを盛り合わせます。

えびのおろし和え

▼材料　4人分
芝えび12尾　大根おろし適量　あさつき適量　みりん½カップ弱　酢½カップ弱　塩適量　胡椒適量　サラダ油適量

◎作り方
①芝えびは背わたを除いて、殻をむき、頭と尾を取ったら、塩、胡椒をしながら、サラダ油で炒めます。
②大根おろしに小口切りのあさつきを加え混ぜたら、みりんと酢を同割で合わせたものを一緒に混ぜ合わせます。
③①のえびと②の大根おろしを混ぜ合わせて器に盛ります。

えびのグラタン

▼材料　4人分
芝えび20尾　生椎茸4枚　さやいんげん12本　玉ねぎ2個　あさつき適量　パン粉適量　バター適量　塩適量　胡椒適量　サラダ油適量　ホワイトソース［バター90g　小麦粉50g　牛乳3½カップ　白ワイン⅓カップ　塩適量　胡椒適量］

◎作り方
①芝えびは背わたを除き、殻と頭、尾をはずします。フライパンにサラダ油を熱し、塩、胡椒をしながら、えびを炒めます。
②生椎茸はかたく絞ったぬれ布巾で汚れをとり、軸を落とし、茹でてから四つに切ります。
③さやいんげんは塩少々を加えた熱湯で色よく茹でて、3センチくらいの長さに切ります。
④玉ねぎは粗みじんに切って、サラダ油で炒めておきます。
⑤ホワイトソースを作ります。鍋にバターを溶かし、小麦粉を入れて焦がさないように炒めます。次に、少しずつ牛乳を加えながら、ダマにならないようになめらかになるまでのばしていき、白ワイン、塩、胡椒で味を調えます。
⑥えび、椎茸、さやいんげん、玉ねぎをホワイトソースで和えたら、内側にバターをぬった耐熱皿に盛り、上からパン粉少々をふって、軽く焦げ目がつくくらいまでオーブンで焼きあげます。
⑦パン粉がほどよく焦げたら、オーブンから出し、小口切りにしたあさつきをのせます。

えびの双見焼き

▼材料　4人分
むきえび200g　生椎茸8枚　トマト½個　さやいんげん8本　卵適量　小麦粉適量　酒適量　醤油適量　サラダ油適量

◎作り方
①むきえびは水で洗って塩抜きをし、水気を拭き取ります。
②①のえびを包丁で細かくたたいてから、すり鉢でよくすり、つなぎに溶き卵を混ぜ合わせたら、八つの団子に丸めておきます。
③生椎茸はかたく絞ったぬれ布巾で汚れを落とし、軸を切り取ります。
④③の生椎茸の笠の裏側に小麦粉を薄くつけ、②で作ったえびの団子をのせて、手で軽く押さえて形を整えます。
⑤フライパンにサラダ油を熱し、④の両面を焼き、酒と醤油を同割りにしたタレを加えて、からめるようにして焼きあげます。
⑥さやいんげんは塩少々を加えた熱湯で色よく茹でます。
⑦トマトは四つに切り、皮を半分くらいまでむきます。
⑧器にえびの双見焼き、さやいんげん、トマトを盛り合わせます。

えびの南蛮漬け

▼材料　4人分
えび（無頭）4尾　貝割れ菜適量　玉ねぎ½個　唐辛子1本　酢1カップ　醤油⅓カップ　砂糖大さじ2　小麦粉適量　揚げ油適量

◎作り方
①えびは背わたを除き、尾を一節残して殻をむいたら、小麦粉を薄くつけ、中温よりやや高めの揚げ油で唐揚げにします。
②玉ねぎは薄切りにし、唐辛子は種を取り除き、小口切りにします。
③酢、醤油、砂糖、②を混ぜて、南蛮酢を作り、①のえびをつけます。味がなじんだら、玉ねぎと一緒に器に盛り、貝割れ菜をあしらいます。

えびの辛子味噌和え

▼材料　4人分
芝えび12尾　エシャロット12本　大葉4枚　木の芽4枚　辛子味噌［溶き辛子適量　味噌・砂糖・みりんが同割で適量］

◎作り方
①えびは背わたを除き、殻と、頭、尾を取り、塩を加えた熱湯で茹でます。
②味噌、砂糖、みりんを火にかけて練り合わせ、なめらかになったら、溶き辛子を加えて混ぜ合わせます。
③器に大葉を敷き、えびとエシャロットを盛り、上から②の辛子味噌をかけ、木の芽をのせて供します。

蛤《はまぐり》の料理

料理屋の春は旧暦の一月から三月。その時季が旬のはまぐりで、春らしい酒肴を工夫してみました。

はまぐりの煮おろし

はまぐりの土瓶蒸し

はまぐりのサラダ

はまぐりとえびの天ぷら

焼きはまぐり

はまぐりのチーズ焼き

はまぐりの木の芽和え

「蛤《はまぐり》の料理」の作り方

はまぐりは北海道を除いて日本全国に広く分布しています。よく知られているはまぐりの産地は、名物「桑名の焼きはまぐり」で有名な三重県桑名市、また日向灘のはまぐりは大きくて立派で、貝殻を碁石にすることで有名です。他に、九十九里、鹿島灘もよく知られた名産地です。

はまぐりは、春が旬のように思われていますが、本来の時季は中秋の名月から旧暦の雛祭りの頃までです。この時季を過ぎると産卵期に入り味が落ちますから、次の秋まで食べないのが慣わしでした。現在では輸入ものを含めて一年中入手できますが、身がふっくらとして甘みが増すのはやはり寒い時季です。

はまぐりは、殻がポコッと膨らんでいて、つやがあるものが良質です。使う前に二つのはまぐりを打ち合わせてみて、キンキンと金属的な澄んだ音のするものなら大丈夫ですが、ボコボコと鈍い音がするものは要注意ですし、口が開いているものは死んでいますから使えません。むき身を使うときは、白っぽいものよりも、べっこう色でひものピチッとしたものを選ぶようにします。

はまぐりの煮おろし

▼材料　4人分
はまぐり8個　揚げ衣［小麦粉1カップ　卵1個　酒大さじ3　冷水大さじ1］　大根おろし1カップ　煮汁［だし汁1カップ　醤油⅓カップ　みりん⅓カップ　鷹の爪（小口切り）1～2本］　茹でたわらび適量　グリーンピース適量　揚げ油適量

◎作り方

①はまぐりは殻のすき間にナイフをはさみ入れて、貝柱を切り、殻をこじあけて、ヒモをつけたまま身をはずします。むき身は水洗いして砂を落とします。

②揚げ衣の材料を混ぜて、天ぷらの衣より少しかための衣を作り、①のはまぐりにつけて揚げます。

③大根おろしは、漉し器の中に入れて水洗いし、水気を絞ります。

④グリーンピースは色よく茹でておきます。

⑤鍋に、煮汁の材料を入れて煮立てます。その中に揚げたはまぐりを入れ、再び煮立ってきたら、③の大根おろしを加えて、すぐに火からおろします。

⑥一人前としてはまぐり二個の割合で器に盛り、茹でたわらびとグリーンピースを添えます。

◎覚え書き

◆はまぐりのむき身を洗うときは、水管に竹串か丸箸を通して、水の中でふり洗いすると砂がよく落ちます。四、五個ずつを一緒に通して洗うようにします。

◆わらびのアクの抜き方／わらびに重曹をふり、熱湯をたっぷりとかけたら、浮かないように蓋などで軽く押さえて一晩おきます。これを洗ってから柔らかく茹で、水に3時間ほどさらしてから使います。重曹の分量はわらび700グラムに対して大さじ1.5くらいが適量です。

はまぐりの土瓶蒸し

▼材料　4人分
はまぐり（小さめのもの）8個　生椎茸4枚　塩少々　酒少々　三つ葉適量　すだち（または青柚子）2個　裏白4枚

◎作り方

①はまぐりは洗って、海水よりやや薄目の塩水につけて一晩おき、砂を十分に吐かせます。

②生椎茸は、石づきを除き、半分に切っておきます。

③三つ葉は軸の部分だけをさっと茹でておきます。

④水12カップ（土瓶1つに3カップの割合）と、はまぐりを鍋に入れて、火にかけます。

⑤はまぐりの口が開いたら、②の生椎茸を加えます。アクを取りながら生椎茸に火が通るまで煮たら、塩を加えて、吸い物の味くらいに調えます。

⑥土瓶に、はまぐりと椎茸を盛りわけ、酒少々を入れて、吸い汁を注いだら、③の三つ葉を入れます。酒は吸い汁を入れる直前に加えるようにします。

⑦裏白を敷いた器の上に土瓶をのせ、輪切りのすだち二切れを別添えにして供します。

◎覚え書き

◆生椎茸の代わりにしめじでもよく、また殻をむいた車えびや銀杏などを入れてもよいでしょう。

◆はまぐりの調理では、まず砂を十分に吐かせることが大切です。海水よりやや薄目の塩水（2.5カップの水に対して塩大さじ1の割合）を用意して、はまぐりの口がかくれるくらいまで塩水を張って、そのまま動かさずに半日から一晩おいて砂を吐かせます。最低でも3、4時間はつけておくようにします。包丁や釘《くぎ》など金気のものを入れておくと、砂をよく吐くといわれますが、これは迷信のようです。

はまぐりのサラダ

▼材料　4人分
はまぐり8個　大根¼本　人参½本　セロリ½本　うど½本　エシャロット適量　酒少量　にんにく少量　フレンチドレッシング［サラダ油　酢　塩　胡椒］適量　ライム½個

◎作り方
①砂を吐かせたはまぐりは殻ごとフライパンに入れて、空蒸しにします。はまぐりがはねるので蓋をして蒸し、はまぐりの口が開いたら、酒少少を加えます。
②次に、みじん切りにしたにんにく少量を①に加え、汁気がなくなるまで火にかけておきます。
③大根と人参は皮をむいてせん切りにし、セロリは筋を除いてせん切りにします。うどは皮をむいてせん切りにし、酢水に放してアクを抜きます。エシャロットもせん切りにします。
④フレンチドレッシングを作ります。サラダ油と酢を二対一の割合で用意して、塩、胡椒とともにボールに入れて、泡立て器でよく混ぜ合わせます。胡椒はやや多めに入れます。そこへ③の野菜類を入れて和えます。
⑤器に、④の野菜と②のはまぐりを盛り合わせます。はまぐりは一つの殻に身を二つずつ入れて、野菜が奥に、はまぐりが手前にくるように盛ります。半月切りのライムを添えて供します。

はまぐりとえびの天ぷら

▼材料　4人分
はまぐり8個　芝えび8尾　大葉4枚　小麦粉適量　揚げ衣［小麦粉1カップ　卵1個　酒大さじ3　冷水大さじ1］　煎り塩適量　菜の花の葉4枚　揚げ油適量

◎作り方
①はまぐりは殻のすき間にナイフをはさみ入れて貝柱を切り、殻を開いて、ヒモをつけたまま身をはずします。
②①のむき身は布巾の間にはさみ、手の平でたたくようにして水気を取ります。
③揚げ衣の材料を混ぜて、天ぷらの衣より少しかための衣を作ります。
④はまぐりに小麦粉を軽くつけて、③の衣にくぐらせてから揚げます。
⑤えびは背わたを取り除き、尾の方一節を残して殻をむいたら、小麦粉、③の衣の順につけて揚げます。このとき、えびの尾には衣をつけないで揚げます。
⑥はまぐりの殻に、はまぐりの天ぷらと海老の天ぷらを二つずつ盛り合わせます。
⑦器に煎り塩を敷き、その上に⑥をのせたら、菜の花の葉を添えます。

◎覚え書き
◆煎り塩は、熱した空鍋で塩を煎り、水分を飛ばしたものです。少し熱くなったくらいで火からおろし、紙の上に広げて、冷ましてから使います。

焼きはまぐり

▼材料　4人分
はまぐり8個　サラダ菜8枚　ライム1個　みりん適量　塩適量

◎作り方
①はまぐりは調理中に口が開かないように、ちょうつがいを包丁で切り取り、網の上にのせて焼きます。火は弱火にします。
②口が開くかなと思われる頃合になったら、はまぐりの上側の殻にみりんをぬり、その上にたっぷりの塩をふります。
③塩が白っぽく乾燥してきたら、はまぐりの口に竹串を刺してみます。水が少し出るくらいになったら、火からおろします。
④器にサラダ菜を敷き、③のはまぐりを盛り、ライムを添えます。

はまぐりのチーズ焼き

▼材料　4人分
はまぐり8個　チーズ20g　そら豆12個　パセリ（みじん切り）適量　にんにく（みじん切り）少々　煎り塩適量

◎作り方
①はまぐりは身をむきます。殻にむき身を二つ入れて、上に小さく切ったチーズとみじん切りのにんにくをのせます。
②①をオーブンで焼きます。チーズが溶けて、はまぐりに少し焦げ目がつくくらいまで焼いたら、パセリのみじん切りをふります。
③器に煎り塩を敷いて、②のはまぐりを盛って、色よく茹でたそら豆を添えます。

はまぐりの木の芽和え

▼材料　4人分
はまぐり8個　木の芽味噌［西京味噌50g　木の芽適量　青寄せ適量］　木の芽8枚

◎作り方
①まず木の芽味噌を作ります。西京味噌と細かくきざんだ木の芽、青寄せを混ぜ合わせておきます。
②砂を吐かせたはまぐりは殻ごとフライパンに入れて、空蒸しにします。はまぐりがはねるので蓋をして蒸します。はまぐりの口が開いたら、身を取り出します。
③①の木の芽味噌に②のはまぐりを入れて和え、器に盛り、木の芽を添えます。

◎覚え書き
◆青寄せの作り方／ほうれん草½把は葉だけを摘んで細かくきざみ、すり鉢に入れてよくすります。そこへ水5カップを加えて混ぜ、布巾で漉します。漉した水を鍋に入れて火にかけます。煮立つにつれ、中央に青寄せが浮いてきますので、それを網杓子ですくって冷水に取り、布巾で絞ります。布巾の中に残ったものが青寄せです。密封して冷蔵保存すれば、7〜10日ほどもちます。

牡蠣《かき》の料理

潮の香の清々《すがすが》しさがかきの持ち味です。
過度の加熱を避け、香りを活かします。

帆立貝《ほたてがい》の料理

淡泊で旨味の濃厚なほたて貝は、料理のジャンルを問わず、幅広く活用できます。女性客に好まれるのも魅力です。

「牡蠣《かき》の料理」の作り方

かきは十一月から二、三月頃までが最も美味しい時季。この頃には香りがついて、旨味も充分にのります。かきは種類が多く、春から夏にかけて旬を迎える〝夏がき〟もありますが、ここでは食用として最も広く出回っている〝まがき〟の料理を紹介します。

かきの身上は何といっても香りにあります。潮の香のすがすがしさを充分に楽しんで頂くには加熱しすぎないことが大切です。また、かきは酢との相性が大変に良いので、二杯酢や三杯酢を使った料理が多いのですが、酢につけすぎたのでは風味がとんでしまい、美味しさも魅力も半減してしまいますから注意が必要です。

かきは大根おろしで洗うとぬめりが取れますが、この時も強く洗ったりせず、手早く洗いあげて、香りを活かすようにします。

かきの網焼き

▼材料　4人分
かき（殻つき）4個　醤油適量

◎作り方
①かきは殻の汚れをたわしでよく洗い、布巾で水分を取ります。
②炭火を入れたこんろの上に①をのせて口が開くまで焼きます。
③口が開いたら、好みの量の醤油をかけて頂くようおすすめします。

◎覚え書き
◆かきは弱火でグズグズ焼くのではなく、強火で手早く焼き上げるようにするとおいしさが保てます。提供の際は、写真のように小さなこんろがあれば、炭火を入れて、生がきと一緒にお出しして、お客様に焼いて頂いてもよいでしょう。

かきのおろし和え

▼材料　4人分
かき（むき身）24個　大根おろし600g　二杯酢［酢5・醤油1・だし汁1の割合］適量　絹さや2枚　柚釜4個

◎作り方
①かきは、大根おろしひとつつまみをまぶして洗い、ざるにあけて流水をあてながら、汚れを落とします。
②鍋に熱湯を沸かして火からおろし、①のかきを入れてさっとかき混ぜて、ざるに取ります。
③二杯酢を煮立てて冷まし、残りの大根おろしを混ぜ、軽く水気を絞ります。
④③の中に②のかきを入れて和え、柚釜に盛り、茹でて細く切った絹さやを飾ります。

◎覚え書き
◆かきを湯通しするときは、煮え立つ熱湯の中に入れると、熱が入りすぎることとなり、かきの風味がとんでしまいます。そこで、湯が煮え立ったら、火からおろします。そこへかきを入れてさっと混ぜます。すぐにざるにあけて湯をきり、余熱で加熱がすすむのを防ぐようにします。

かきの田楽

▼材料　4人分
かき（むき身）24個　田舎味噌適量　酒適量　千石豆4個　木の芽8枚

◎作り方
①かきはひとつまみの大根おろし（分量外）を加えて、つまむように洗い、ざるにあけて流水にあてながら汚れを流し、布巾の間にはさみ、軽くおして水気を取ります。
②田舎味噌に、少量の酒を加えてのばしておきます。
③金串に①のかきを刺して、中火の近火で手早く焼き、焼きあがったら、飾り串に刺し替えて②の味噌をぬります。
④器に③を盛り、木の芽と茹でた千石豆を添えます。

生がき

▼材料　4人分
かき（殻つき）16個　もみじおろし適量　レモン1個　裏白4枚

◎作り方
①かきは殻の汚れをたわしできれいに洗います。殻のふくらんでいる方を下に、口の方を手前に向けて持ち、殻のすき間にナイフを差し込んで口を開け、貝柱を離します。
②殻から取り出した身は大根おろし（分量外）を混ぜて洗い、ざるに取って流水で汚れを落とし、布巾の間にはさんで水気を拭き取り、殻に戻し入れます。
③器に砕いた氷を入れ、裏白を敷き、その上にかきを盛り、もみじおろしとくし型に切ったレモンを添えて供します。

かきの吸茶碗

▼材料　4人分
かき（むき身）20個　三つ葉適量　片栗粉適量　柚子適量　吸い地［だし汁3カップ　酒大さじ2　塩小さじ1］　揚げ油適量

◎作り方
①かきは大根おろし（分量外）を少量加えてつまむように洗い、ざるにあけて流水にあてて汚れを落とし、布巾の間にはさんで、軽くおして水気を取ります。
②かきに片栗粉を薄くまぶし、中温のきれいな油で揚げます。

③三つ葉は葉を取り除き、茎だけを茹でて、4センチくらいの長さに切り揃えます。
④［　］内のだし汁と調味料を合わせて煮立てて、吸い地を作ります。
⑤器に②の揚げたかきを入れて、④の吸い地をはり、茹でた三つ葉とくさび形に切った柚子を添えて供します。

かきの山椒味噌煮

▼材料　4人分
かき（むき身）24個　粉山椒小さじ1
味噌⅓カップ　みりん⅓カップ　砂糖¼カップ　柚子適量

◎作り方
①かきは大根おろし（分量外）を少量加えてつまむように洗い、ざるに取り、流水で汚れを落とし、布巾の間にはさみ、水分を取ります。
②鍋に、味噌、みりん、砂糖、粉山椒を入れて火にかけ、混ぜ合わせたら、①のかきを入れて、さっと煮ます。
③器に②を盛って、せん切りの柚子を天盛りにします。

かきの醤油焼き

▼材料　4人分
かき（むき身）16個　チコリ8枚　栗の甘露煮4個　けしの実適量　醤油適量

◎作り方
①かきは大根おろし（分量外）少量を加えてつまむように洗い、ざるに取り、流水で汚れを落とし、布巾の間にはさんで水分を取ります。
②金串に①を刺して、中火の近火で手早く焼きます。途中、はけで醤油を2～3回ぬります。
③器にチコリを盛り、その上に串からはずしたかきを盛り入れて、けしの実をふり、手前に栗の甘露煮を添えて供します。

「帆立《ほたて》貝の料理」の作り方

ほたて貝は、太平洋側では東京湾の以北、日本海側では能登半島より北の寒い地方でとれる二枚貝で〝海扇〟とも書かれます。深さが十～三十メートルで、小石まじりの砂地に棲息《せいそく》していますが、水中を泳いで移動する時の様が、まるで船が帆を張っているようなので〝帆立貝〟と呼ばれるといわれています。

淡泊で繊細な味わいがあり、特有の風味や上品な美味しさを備えていながら、他の貝類のように貝独特の強いクセがありませんから、幅広い人に好まれるのが利点です。特に女性には貝類を苦手とする人が多いのですが、ほたて貝だけは別という人も多いようです。ですから、ほたて貝の料理はボリュームをもたせるよりも、少量ながら粋な感じに仕上げる方が喜ばれるといえましょう。

ほたて貝の黄身焼き

▼材料　4人分
ほたて貝の貝柱（小さめのもの）16個
長ねぎ2本　きゅうり適量　サラダ菜4枚　卵黄適量　塩適量

◎作り方
①長ねぎは白い部分を3センチくらいの長さに切ります。
②きゅうりは皮をむいて縦半分に切り、種をとったものを3センチ長さくらいに切り、角を取り、シャトー切りにします。
③金串に、長ねぎ→貝柱→長ねぎ→貝柱→きゅうりの順に刺して、塩をふって焼きます。火が通ったら、ほたて貝だけに卵黄をぬって焼きあげます。
④③を飾り串に刺し替えて、サラダ菜を敷いた器に盛ります。

ほたて貝のバター炒め

▼材料　4人分
ほたて貝8個　マッシュルーム（生）8個　さやいんげん20本　レモン適量　バター適量　小麦粉適量　塩適量　胡椒適量

◎作り方
①ほたて貝はヒモの間から砂の筋を取り除いて、小麦粉をまぶします。余分な粉を落としたら、バターで両面を焼きます。
②マッシュルームは石づきを除いて二つに切り、塩、胡椒をしてバター炒めにします。
③さやいんげんは色よく茹でてからバターで軽く炒め、塩、胡椒で調味します。
④器にバター焼きのほたて貝、マッシュルーム、さやいんげんを盛り合わせ、角に切ったバターと半月切りのレモンを添えます。

ほたて貝の刺身

▼材料　4人分
ほたて貝の貝柱8個　きゅうり2本　むら芽適量　わさび適量　サラダ菜12枚　片栗の花4個

◎作り方
①ほたて貝の貝柱は薄めに切ります。
②きゅうりは縦半分に切ってから、薄切りにし、塩水につけてしんなりしたら、水気を絞ります。
③ほたて貝の殻に、①の貝柱と②の

きゅうり、むら芽を盛り合わせ、おろしわさびと片栗の花を添えたら、サラダ菜を敷いた器の上に殻ごとのせます。

ほたて貝の五目しんじょ焼き

▼材料　4人分
ほたて貝の貝柱（大きめのもの）6個　卵½個　干し椎茸3枚　玉ねぎ¼個　茹でた筍（みじん切り）大さじ3　にら（みじん切り）大さじ1　酢取りみょうが4個　防風4本　塩適量　胡椒適量　酒適量　サラダ油適量

◎作り方

①ほたて貝の貝柱は細かくきざんでから、すり鉢ですります。

②干し椎茸は水で戻して、みじん切りにします。

③玉ねぎ、茹でた筍、にらもみじん切りにしておきます。

④①のほたて貝のすり身に、②の椎茸、③の玉ねぎと筍、にらのみじん切り、卵を入れて、よくすり混ぜます。塩、胡椒をして味を調えたら、一つが40グラムくらいの小判型になるよう形を整えます。

⑤フライパンにサラダ油を熱し、④の両面を軽く焼いたのち、フライパンの底がかくれるくらいの量の酒を入れて、汁気がなくなるまでおき、火を通します。

⑥器に⑤のしんじょ焼きと酢取りみょうがを盛り合わせ、防風を添えて供します。

◎覚え書き

◆酢取りみょうがの作り方／みょうがに塩をまぶしてしばらくおいてから、たっぷりの酢に漬け込みます。

ほたて貝のくちなし揚げ

▼材料　4人分
ほたて貝の貝柱12個　酒適量　醤油適量　天ぷら衣［小麦粉1¾カップ　水1カップ　卵黄1個分　酒大さじ3　塩適量　くちなしの実1個］　小麦粉適量　トマト1個　紫玉ねぎ適量　マヨネーズ適量　揚げ油適量

◎作り方

①帆立貝の貝柱は、酒と醤油を同量合わせた中にしばらくつけて下味をつけます。

②天ぷらの衣を作ります。まず、くちなしの実を砕いて分量の水につけます。半日ほどおいて水が黄色く染まったら、実を取り出し、卵黄、塩、酒を加えてよく混ぜ、ふるいにかけた小麦粉を加え、粘りが出ないようにさっくりと混ぜ合わせます。

③①のほたて貝の水気を軽く拭き取り、小麦粉をまぶし、余分な粉を落としたら、②の天ぷらの衣をつけて色よく揚げます。

④紫玉ねぎは薄く切り、水にさらしたのち、水気を拭き取ります。

⑤トマトはくし型に切ります。

⑥器にほたて貝のくちなし揚げを盛り、紫玉ねぎとマヨネーズをのせたら、トマトを添えます。

ほたて貝のホワイトソース和え

▼材料　4人分
ほたて貝の貝柱8個　うずらの卵8個　玉ねぎ¼個　干し椎茸2枚　白菜1枚　枝豆適量　バター適量　塩適量　胡椒適量　ホワイトソース［バター50g　小麦粉100g　サラダ油大さじ6　固形スープの素2個　牛乳4カップ　塩小さじ1　胡椒適量　スープまたは湯1カップ］

◎作り方

①ほたて貝の貝柱はバターで炒め、塩、胡椒で味を調えます。

②枝豆は色よく茹でておきます。

③うずらの卵は水につけてから、蒸気のあがった蒸し器に入れて7～8分蒸し、殻をむいておきます。

④干し椎茸は戻してみじん切りにします。玉ねぎと白菜もみじん切りにします。

⑤ホワイトソースを作ります。バター、小麦粉、サラダ油を鍋に入れてごく弱火にかけ、焦がさないように、ダマにならないように練り合わせたら、固形のスープの素を細かく砕いて加え、胡椒をふり入れます。

⑥⑤に牛乳を少しずつ加え入れて、ダマにならないようにのばしたら、スープ（またはお湯）を加えてのばし、塩を加えて味を調えます。

⑦バターで④の干し椎茸と玉ねぎ、白菜を炒めたら、⑥のホワイトソースの中に入れて、火にかけながら混ぜ合わせます。

⑧器にほたて貝の貝柱とうずらの卵を盛り、⑦のホワイトソースをかけ、枝豆をちらします。

たたきほたて貝の卵焼き

▼材料　4人分
ほたて貝の貝柱2個　干し椎茸1枚　玉ねぎ少量　にら少量　茹でた筍（みじん切り）大さじ1　卵4個　サラダ菜4枚　大根おろし適量　くちなしの汁適量　木の芽適量　酒適量　醤油適量　旨味調味料適量　サラダ油適量

◎作り方

①ほたて貝の貝柱はみじん切りにしたのち、すり鉢でよくすります。

②干し椎茸は戻してからみじん切りにし、玉ねぎとにらもそれぞれみじん切りにします。

③割りほぐした卵の中に①と②、みじん切りの筍を入れてよく混ぜ、その中にくちなしの汁を加えて色づけし、酒、醤油、旨味調味料を入れて味を調えます。

④卵焼き器に油を敷いて熱したら、ぬれ布巾の上にのせて粗熱を取り、③を何回かにわけて流し込んで、厚焼き卵を焼く要領で焼いていきます。

⑤焼きあがったら、巻き簀《す》で巻いて形を整えてから四等分します。

⑥木の芽を細かくたたき、大根おろしと混ぜます。

⑦器にサラダ菜を敷き、⑤の卵焼きを切り口を上にして盛り、⑥の大根おろしを添えて供します。

貝の料理

貝類は旨味が強いので、焼く、煮る、揚げるなど、ちょっと手をかけるだけでおいしい酒肴になります。

さざえのつぼ焼き

貝柱と三つ葉のかき揚げ

ながらみのおろし和え

ばい貝の含め煮

あさりのスープ煮

韓国風ムール貝の炒め物

ほたてとえびのアーモンド揚げ

「貝の料理」の作り方

現在では、ほとんどの貝類が一年中出回りますが、冬から春にかけて、そして早春から夏にかけては美味しい貝が増えて〝貝好き〟には嬉しい時季となります。貝の料理を生でお出しする場合は旬の新鮮なものを使うようにします。旬の時季を過ぎたものや鮮度に疑問があるものは加熱するようにします。〝まがき〟のように時季が外れると中毒を起こしやすい貝もありますから、扱いには注意が必要です。貝類は旨味成分をたっぷりと含んでいますから、単独でも味の良い料理に仕上がりますが、他の素材をプラスしてより複合的な旨味をもたせると新鮮な味わいが生まれます。

さざえのつぼ焼き

▼材料　4人分
姫さざえ4個　生椎茸4枚　銀杏8個
三つ葉½把　だし汁2カップ　酒大さじ4　塩小さじ⅔　醤油適量

◎作り方

①さざえは、貝むきの鉄べらを殻と蓋のすき間から差し込んで、殻の内側についている身をはずし、指で蓋のところを持って身を引き出します。

②さざえの身はわたを取り除いて縦薄切りにします。殻はきれいに洗っておきます。

③生椎茸は石づきを取り、薄く切ります。

④三つ葉は、軸の部分だけをさっと茹でてから2～3センチの長さに切ります。

⑤銀杏は焼いて、薄皮を除いておきます。

⑥鍋にだし汁を煮立たせ、酒、塩、醤油で調味します。

⑦さざえの殻にさざえの身と椎茸、銀杏、⑥のだし汁を入れて火にかけ、ぐつぐつと煮立ったら、三つ葉をあしらって供します。

◎覚え書き

◆さざえは日本中の外海に面した沿岸の浅瀬の岩場に棲んでいる巻き貝です。殻の色は黒に近い濃い茶色のものや真珠のような光沢を混ぜているものもあります。また、殻にトゲをつけているものとトゲがないものとの二種類があります。旬は春から夏にかけてで、六月頃から産卵期に入りますから夏には味が落ちるようです。

◆さざえの身が取り出しにくいときは、水を張った器に箸を二本渡し、その上にさざえの口を下にしてのせておきます。すると、さざえが水を求めて殻がゆるみますので取り出しやすくなります。

◆さざえの壺焼きは、一般的にはさざえをそのまま火にかけて焼きますが、ここではひと手間かけて、さざえをいったん取り出し、内臓を除いて薄切りにしていますから、酒を呑みながらでもつまみやすくなっています。

◆写真では、こんろにのせて供していますが、器に盛って出す場合は、煎り塩を敷いた上に殻ごとをのせて供するとよいでしょう。

貝柱と三つ葉のかき揚げ

▼材料　4人分
小柱150g　三つ葉1把　レモン1個
かき揚げの衣［小麦粉1¼カップ　水1カップ　卵1個　酒大さじ2　塩適量］　揚げ油適量

◎作り方

①［　］内の材料を混ぜ合わせて、かき揚げの衣を作ります。

②三つ葉は2センチの長さに切り揃えます。

③①の衣の中に小柱と三つ葉を入れてさっくりと混ぜたら、お玉に取り、170度～180度に熱した揚げ油の中に落とし入れて揚げます。

④色よく揚がったら油を切り、器に盛り、くし形に切ったレモンを添えます。

◎覚え書き

◆貝柱というのは、二枚貝の殻をつないでいる筋肉のような部分です。ほたて貝、たいら貝、あおやぎ（ばか貝）、赤貝の貝柱が肉質が良く、美味です。ここでは小柱を使っていますが、小柱というのはあおやぎの貝柱のこと。あおやぎの貝柱は小さいので、とくに小柱と呼ばれます。貝柱を殻からはずしたり、小さく切るときは、柱の筋を直角に切断するように切ります。

◆かき揚げの衣の作り方のコツ／最初に卵をボールに入れて、黄身と白身がきれいに混ざり合うまで充分にほぐします。この時、泡立てないように、菜箸で切るようなつもりでほぐしていきます。次に水を加えますが、生ぬるい水だと衣に粘りが出て、からっと揚がらなくなってしまいますから、必ず冷水を用意して下さい。次に小麦粉と塩、酒を加えて、さっと混ぜますが、小麦粉は必ずふるいにかけてから加えます。こうしないとダマのある衣になり、仕上がりが汚なくなります。また、小麦粉を加えてから混ぜすぎると粘りが出ますから、太めの箸を使って、さっくりと混ぜるようにします。衣は一度にたくさんの量を作るのでなく、必要な分だけをこまめに作ることも大切です。

◆応用として、ほたて貝の貝柱とし唐辛子のかき揚げを紹介しましょう。ほたての貝柱3個は手で粗くちぎって、小麦粉をまぶしておきます。しし唐辛子8本は両端を落としてから、縦半分に切ります。人参60グラムはせん切りにします。この3種類の材料と衣を混ぜ合わせて、揚げ油で揚げます。

ながらみのおろし和え

▼材料　4人分
ながらみ（殻つき）500g　あさつき（みじん切り）½カップ弱　大根おろし1カップ　三杯酢［酢大さじ5　薄口醤油大さじ5　みりん大さじ3］　塩適量　酒適量

◎作り方
①熱湯に酒と塩とを適量入れて、ながらみをさっと茹でたら、楊枝で身を取り出します。
②水気を絞った大根おろしとあさつきを混ぜたところへ、①のながらみを入れて和えます。
③器に②を盛って、三杯酢をかけて供します。

◎覚え書き
◆ながらみは千葉県の房総より南の浅海でとれる巻き貝で〝だんべいきさご〟ともいいます。殻の表面は滑らかで、青みを帯びた色合いです。殻の長さは3センチほどと小さめです。塩をふりかけて砂を吐かせてから茹でます。茹でたままでもおいしくいただけますが、身を取り出して和え物にすると目先の変わった酒肴となります。

ばい貝の含め煮

▼材料　4人分
ばい貝12個　八方地［だし汁2カップ　みりん⅓カップ　薄口醤油¼カップ］

◎作り方
①八方地の材料を合わせて火にかけ、煮立たせます。
②①の中にばい貝を入れて、ひと煮立ちさせたら火からおろします。
③器にばい貝を盛り、食べやすいよう、身に楊枝を刺して供します。

◎覚え書き
◆ばい貝は北海道南部から九州までの浅海の砂地でとれる巻き貝です。富山湾でとれるばい貝は味がよく、とくに越中ばい（白バイ）と呼ばれています。冬から春にかけてが旬で、和え物や酢の物にするとおいしい貝です。

あさりのスープ煮

▼材料　4人分
あさり（殻つき）200g　新じゃが芋6個　人参1本　玉ねぎ1個　マッシュルーム8個　菜の花4本　スープ7カップ　酒大さじ3　塩適量　胡椒適量

◎作り方
①あさりは薄めの塩水につけて、砂を十分に吐かせておきます。これを水から茹でて、口が開いたら取り出しておきます。
②新じゃが芋は洗って、皮つきのまま食べよい大きさに切ります。人参は皮をむいて乱切りにし、玉ねぎは食べよい大きさに切ります。
③新じゃが芋と人参を別々に茹でておきます。
④スープで③の新じゃが芋と人参、玉ねぎ、マッシュルームを煮て、やわらかくなったら、①のあさりを加えてさっと煮、酒と塩、胡椒を加えて味を調えます。
⑤器に④を盛り、茹でた菜の花を添えます。

◎覚え書き
◆スープは市販のスープの素を使っても結構です。
◆あさりは、野菜に火が通ってから加え、さっと火を通すようにします。あまり早くから加えると身がかたくなってしまいます。

韓国風ムール貝の炒め物

▼材料　4人分
ムール貝（殻つき）300g　搨菜1株　塩適量　錦糸玉子適量　七味唐辛子適量　胡椒適量　ごま油適量

◎作り方
①ムール貝は茹でて身を殻からはずします。
②搨菜《ターサイ》は洗って一枚ずつ葉をはがして、塩茹でにします。
③①のムール貝と水気を絞った②の搨菜をごま油で炒めて、七味唐辛子、塩、胡椒で味つけをします。
④器に③の炒め物を盛り、錦糸玉子を飾ります。

◎覚え書き
◆ムール貝は西洋料理によく使われる貝なので、洋風の食材のように思いがちですが、昔から日本でも食べられている貝で、日本では〝い貝〟と呼ばれます。地域により、姫貝、にたり貝の別称もあります。日本各地の海岸でとれる二枚貝です。

ほたてとえびのアーモンド揚げ

▼材料　4人分
ほたて貝の貝柱100g　えび4尾　スライスアーモンド適量　サラダ菜4枚　片栗粉適量　溶き卵適量　塩適量　揚げ油適量

◎作り方
①ほたて貝の貝柱を包丁で細かくたたいたら、片栗粉と塩を適量加えて練り、1個25グラムくらいの団子にまとめます。
②えびは殻と背わたを取り、尾の先の方だけを切り落とし、身の方を包丁で軽くたたきます。
③②のえびの身のまわりに①の団子をつけて、丸く形を整えて、②で切り落としたえびの尾を刺します。
④③の団子に片栗粉をつけて、溶き卵にくぐらし、炒ったスライスアーモンドをまぶします。
⑤中温より低めの揚げ油で④を焦がさないように揚げます。
⑥器にサラダ菜を敷いて、⑤を盛ります。えびの尾がついている方を上にして盛るようにします。

干し魚の料理

干し魚は身近な食材なので魅力が乏しいと思いがちですが、酒の肴には恰好のもの。工夫次第で魅力が高まります。

あじの干物の糸がつおかけ

さばときゅうりの三杯酢

焼きがれい

ししゃもの昆布巻き

二色糸だら

いかときゅうりのドレッシングかけ

子持ちししゃものホワイトソースかけ

いかと焼きなすの酢の物

すり身の料理

すり身は、やわらかな口当たりと淡泊
な味わいで幅広い客層に喜ばれる素材。
自家製にすると美味しさが増します。

すり身の餃子
つみいれ椀
椎茸の双見焼き
すり身の落とし揚げ
なすの忍び揚げ
うなぎ博多
しんじょ蒸し

「干し魚の料理」の作り方

魚介類に塩味をつけて干しあげたものが干し魚、つまり干物です。鮮魚に比べて安価ですし、どんな季節であれ、また地域に関わりなく入手しやすいのが大きな利点です。魚介類は干すことで生とは別種の旨味が生まれますから、さっと焼きあげるだけで酒肴にぴったりの一品に仕上がります。しかし、持ち味に頼って、そのままをお出ししたのでは安直な料理と受け取られかねません。逆に、手を加えすぎては干物の魅力が半減してしまいますから、加減のしどころが大切です。例えば、焼いたままをお出しする時には頭と尾を切り離して盛る。あるいは大きい魚や骨のある魚の場合、食べやすいように細かくほぐして器に盛る。これだけでも商品価値はグンと高まります。干物は嵩《かさ》がないからといって量をたくさん盛ると安っぽいイメージになってしまいます。器の中央にこんもり盛ると少量でも見栄《みば》えよく供することができます。

あじの干物の糸がつおかけ

▼材料　4人分
青あじの干物1枚　糸がつお適量　薄口醬油大さじ2　だし汁大さじ1

◎作り方
①青あじの干物は網焼きにしてから、骨を除いて、身を大きめにほぐします。
②薄口醬油とだし汁を合わせます。
③器に①のあじのほぐした身を盛って②の醬油をかけ、糸がつおをのせて供します。

さばときゅうりの三杯酢

▼材料　4人分
さばの文化干し1枚　きゅうり1.5本　糸がつお適量　塩適量　三杯酢［薄口醬油大さじ5　酢大さじ5　煮切りみりん大さじ4］

◎作り方
①さばの文化干しは網焼きにして、骨を取り除き、身を細かくほぐします。
②きゅうりは薄い輪切りにして、軽く塩でもんでおきます。
③①のさばと②のきゅうり、糸がつおを混ぜ合わせて、三杯酢でざっくり和えてから器に盛ります。

焼きがれい

▼材料　4人分
ひと塩のかれい4尾　菜の花4本

◎作り方
①ひと塩のかれいは頭と尾、両端のえんがわを切り落としてから、背骨に沿って包丁を入れて、二枚に切り分けます。
②二枚に切りわけたかれいを金串に刺して焼き上げ、熱いうちに手早く金串をはずします。
③器にかれいをのせ、菜の花を盛り添えます。

ししゃもの昆布巻き

▼材料　4人分
子持ちししゃも4〜5本　塩　生昆布（20〜30㎝幅、25㎝長さのもの）1枚
a［だし汁3〜4カップ　酒½カップ　醬油⅓カップ］

◎作り方
①子持ちししゃもは焼いてから頭と尾を切り落とします。
②昆布はかたくしぼったぬれ布巾で汚れをふきとります。
③まな板の上に昆布を広げて、その上に①のししゃもを芯になるようにおいて、手前から巻いた後、竹皮で包み、きつく縛ります。
④③の昆布巻きは、aの調味料を合わせた中で、落とし蓋をして、弱火で煮ます。
⑤昆布がやわらかく煮えたら、火を止めて、そのまましばらくおいて味を含ませます。竹皮をとり、食べよい大きさに切りわけて器に盛ります。

二色糸だら

▼材料　4人分
棒だら（身を削ったもの）32g　粉唐辛子適量

◎作り方
①棒だらの身はスプーンでていねいに削り取ります。
②削った①の身の半量に、ほんのりと色がつく程度に粉唐辛子を混ぜます。
③器に、削った棒だらと粉唐辛子を混ぜた棒だらの二種を盛り合わせて供します。

いかときゅうりのドレッシングかけ

▼材料　4人分
いかの文化干し120g　きゅうり2本　だし巻き卵適量　ドレッシング適量　塩適量　黒ごま適量

◎作り方
①いかの文化干しは軽く塩をして焼き、短冊に切ります。
②きゅうりは3センチ長さに切ったものを4つ割りにし、面取りをしてからさっと茹でて、水にさらしておきます。

③だし巻き卵は、①のいかの大きさに合わせて、食べやすい大きさに切ります。
④いかときゅうり、だし巻き卵をざっくりと混ぜ合わせてドレッシングで和えます。
⑤④を器に盛り、黒ごまをふって供します。

子持ちししゃものホワイトソースかけ

▼材料　4人分
子持ちししゃも8尾　菜の花8本　ホワイトソース［バター大さじ3　小麦粉大さじ3　牛乳2カップ　塩適量　胡椒適量］　パプリカ適量　塩適量

◎作り方
①子持ちししゃもは焼いて、頭と尾を切り落とします。
②菜の花は塩少々を加えた熱湯で色よく茹でたのち、水にさらしておきます。
③次に、ホワイトソースを作ります。鍋にバターを溶かし、まず小麦粉を焦がさないように炒めます。小麦粉の粉臭さがなくなったら、牛乳を何度かにわけて加え入れます。この時、小麦粉がダマにならないように注意しながらのばしていきます。牛乳を全部入れ終えたら、塩、胡椒を加えて味を調えます。
④器に、①のししゃもと②の菜の花を盛り、ホワイトソースをかけたら、風味づけと色どりにパプリカをふって供します。

いかと焼きなすの酢の物

▼材料　4人分
いかの文化干し120g　なす4個　三杯酢［薄口醤油大さじ5　酢大さじ5　煮切りみりん大さじ4］　塩適量

◎作り方
①いかの文化干しは軽く塩をして、網焼きにし、食べやすい大きさの短冊に切ります。
②なすは両端を切り落として包丁の背で全体をたたいてから網焼きにします。氷水にとって皮をむき、いかと同じくらいの大きさに切ります。
③器に①のいかと②のなすを盛り合わせて、三杯酢をかけて供します。

「すり身の料理」の作り方

柔らかな口当たりと淡泊で上品な味わいが身上の〝すり身〟は、幅広い客層に喜ばれる素材といえましょう。おいしいすり身の料理を作るには鮮度の良い魚介を用いることです。市販品を利用するのも良いでしょうが、思うよりも手間がかかりませんから自家製にすることをおすすめします。自家製ですと魚介類を何種類か合わせることができますし、余った魚や切りくずなどを使うことができ、効率的です。すり身を作る時は、魚介の骨や皮を除き、包丁である程度まで細かくたたいてから、すり鉢で丁寧にすります。フードプロセッサーなどを使うと手軽に作ることができます。

すり身の餃子

▼材料　11人分
いかのすり身500g　白身魚のすり身500g　グリーンアスパラガス11本　長ねぎ2本　生姜適量　にんにく適量　みりん大さじ6　酒大さじ4　卵白1個分　塩適量　浮き粉適量　餃子の皮66枚　サラダ油適量　酢適量　醤油適量

◎作り方
①長ねぎ、生姜、にんにくはみじん切りにし、それぞれを二等分して、いかのすり身と白身魚のすり身に混ぜます。
②みりん、酒、卵白、塩、浮き粉も二等分にして、いかと白身魚のすり身のそれぞれに混ぜ合わせます。
③餃子の皮の上に、②の2種類の具を別々に15グラムずつのせて、皮を二つ折りにし、ヒダを寄せながら指でとめます。
④フライパンにサラダ油を敷き、餃子のヒダの寄っている側を上にして並べ、蓋をして焼きます。軽く焦げ目がついたら、フライパンの底がかくれるくらいの水を入れて、蒸し焼きにします。
⑤水分がなくなるまで焼いたら、取り出します。器に2種類の餃子を一人当て、3個ずつ盛り、茹でたアスパラガスを添えます。酢と醤油を混ぜ合わせて別添えにします。

◎覚え書き
◆酢醤油には、豆板醤かラー油を落として、辛味を効かせてもいいでしょう。

つみいれ椀

▼材料　4人分
白身魚のすり身250g　豆腐½丁　しらたき½袋　絹さや12枚　みりん大さじ.5　酒大さじ1　卵白¼個分　塩適量　浮き粉適量　吸い地［だし汁3カップ　酒小さじ2　塩小さじ1　薄口醤油適量］　柚子適量

◎作り方
①白身魚のすり身に、みりん、酒、卵白、塩、浮き粉を加え、よく混ぜ合わせたら、食べやすい大きさの団子に丸めます。
②豆腐は軽く圧しをして、ひと口大に切ります。
③しらたきは茹でて食べやすい大き

さに切ります。
④絹さやは、塩少々を加えた熱湯で色よく茹でておきます。
⑤［ ］内のだし汁を煮立てて、①のすり身団子を落とし入れて茹でます。アクを取り除いてから、酒と塩、薄口醤油で味を調えます。
⑥⑤に②の豆腐と③のしらたき、④の絹さやを加え入れて、ひと煮立ちさせます。
⑦⑥を器に盛り、へぎ柚子を天盛りにして供します。

椎茸の双見焼き

▼材料　12人分
さけのすり身500g　生椎茸12枚　卵白½個分　煮切りみりん大さじ3　酒大さじ2　塩適量　浮き粉適量　小麦粉適量　サニーレタス適量　室きゅうり12本　サラダ油適量

◎作り方
①さけのすり身に、みりん、酒、卵白、塩、浮き粉を混ぜ合わせて、12等分にします。
②生椎茸は石づきと軸を取り除き、表面に十文字の切り込みを入れます。笠の裏側に小麦粉をつけて、①のすり身を詰めて、手で押さえて形を整えます。
③フライパンにサラダ油を熱し、②の椎茸の両面を焼いて、火を通します。
④サニーレタスを敷いた器に、③の椎茸の双見焼きを盛り、天地を落とした室きゅうりを添えて供します。

すり身の落とし揚げ

▼材料　4人分
かにのすり身250g　みりん大さじ1.5　酒大さじ1　卵白適量　塩適量　浮き粉適量　豆腐½丁　グリーンピース½カップ　大根おろし⅓カップ　醤油適量　揚げ油適量

◎作り方
①かにのすり身に、みりん、酒、卵白、塩、浮き粉を混ぜ合わせておきます。
②豆腐は½量になるくらいまで圧しをして、水気をきってから、裏漉しします。
③グリーンピースは色よく茹でます。
④①のかにのすり身に、②の豆腐、③のグリーンピースを加えてよく混ぜ合わせます。
⑤揚げ油を熱し、④のすり身をスプーンですくって落とし入れます。
⑥こんがりときつね色に揚がったら、器に盛って、大根おろしに醤油少々をさした染めおろしを添えて供します。

なすの忍び揚げ

▼材料　8人分
かにのすり身250g　なす12個　大根おろし（軽くしぼったもの）2カップ　糸唐辛子1本分　みりん大さじ1.5　酒大さじ1　卵白適量　塩適量　浮き粉適量　小麦粉適量　だし汁2カップ　みりん⅔カップ　醤油⅔カップ　揚げ油適量

◎作り方
①かにのすり身に、みりん、酒、卵白、塩、浮き粉を加えて、混ぜ合わせておきます。
②なすはへたを切り落とし、縦に5ミリの厚さに切ります。
③②のなすの切り口に小麦粉をはたき、①のすり身をぬったら、もう1枚のなすではさみ、はがれないように楊枝で止めてから、揚げ油で揚げます。
④鍋に、だし汁、みりん、醤油、糸唐辛子を入れて煮立て、その中に③で揚げたなすと大根おろしを入れ、ひと煮立ちさせます。
⑤器に、④を煮汁ごと盛ります。

うなぎ博多

▼材料　4〜6人分
さけのすり身250g　うなぎの蒲焼き（市販品）1尾分　いり卵適量　大葉8枚　大根おろし½カップ　みりん大さじ1.5　酒大さじ1　塩適量　浮き粉大さじ1　醤油適量

◎作り方
①さけのすり身に、みりん、酒、卵白、塩、浮き粉を混ぜます。
②うなぎの蒲焼きは皮を上にしておき、小麦粉をふり、その上に①のさけのすり身をのせて、ラップで包み、蒸し器で15分蒸します。
③蒸しあがったら、3〜4センチの幅に切ります。
④大葉を敷いた器に、③のうなぎの蒸したものを盛り、いり卵を上にのせます。大根おろしに醤油を落とした染めおろしを添えて供します。

しんじょ蒸し

▼材料　6人分
えびのすり身100g　白身魚のすり身100g　さけのすり身100g　大葉6枚　きゅうり適量　アルファルファ適量　人参適量　みりん大さじ1.5　酒大さじ1　卵白適量　塩適量　浮き粉適量　わさび適量　フレンチドレッシング（38ページ参照）適量　醤油適量

◎作り方
①みりん、酒、卵白、塩、浮き粉をそれぞれ3等分し、えびのすり身、白身魚のすり身、さけのすり身に混ぜ合わせます。
②蒸し缶（横12センチ×縦8センチ×深さ4センチ）に、①のさけのすり身→白身魚のすり身→えびのすり身の順で3層になるように詰めて、蒸気のあがった蒸し器で蒸しあげます。
③人参は皮をむき、3〜4センチ長さのせん切りにして茹でます。
④アルファルファは茹でて、ドレッシングをかけます。
⑤きゅうりは扇の形に作って冷水に放し、シャキッとさせます。
⑥②のしんじょ蒸しを型から抜いて1センチくらいの厚さに切り、大葉を敷いた器に盛ります。③の人参と④のアルファルファ、⑤のきゅうりを添え、わさびを天に盛ります。醤油を別添えにして供します。

魚卵の料理

手をかけすぎず魅力を活かすのがコツ。

「魚卵の料理」の作り方

珍味とされる魚介の卵は、濃厚な旨みを持っていて、酒によく合います。それだけでお出ししても、充分酒の肴として喜ばれますが、色のきれいなものが多く料理にも活用したい素材です。

魚卵の種類には、ここで紹介したたらこ、いくら、すじこ、数の子、とび子のほか、たい子やかに子、キャビアなどいろいろなものがあります。珍味の代表、からすみもぼらの卵巣を塩漬けにして乾燥させたものです。塩蔵されたものは、その塩気を利用して和え衣に使ったり、トッピング風に使う料理に向きます。料理と魚卵の組み合わせを変えるだけで、バリエーションが広がります。たとえば、ここで紹介している「いかのとび子和え」は、たらこやいくらなどを使っても美味しくできます。「たらこの含め煮」は生のたらこを使い、ほくほくとした食感を楽しんで頂く一品です。お馴染みの数の子は調味前に、塩出ししてから使います。

たらこの含め煮

▼材料　4人分
生たらこ3腹　八方地［だし汁2カップ　みりん¼カップ　薄口醤油¼カップ］　三つ葉½把　塩少々

◎作り方
①生たらこはたっぷりの水につけ、竹串を使ってていねいに血の筋を取り除きます。水洗いして水気を拭き取り、半分に切ります。
②だし汁と調味料を鍋に入れて火にかけ、煮立ったら①のたらこを入れ、浮いてくるアクを取りながら煮含めます。
③三つ葉は茎だけを塩を少々入れた熱湯で茹でて水に取り、水気を絞り、3〜4センチ長さに切ります。
④②のたらこの汁気を切ってから③の三つ葉と和え、器に盛ります。

◎覚え書き
◆一般に〝たらこ〟と呼ばれるものは、すけとうだらの卵巣のことをいいますが、塩漬けにしたものもこう呼んでいるようです。辛子明太子はこの唐辛子に漬けたものです。本だらの卵巣は〝真子《まこ》〟と呼ばれ、冬の味覚として特に珍重されています。

湯引きまぐろの数の子和え

▼材料　4人分
まぐろ1さく　数の子1本　三つ葉適量　塩少々　割り醤油（だし汁3に対し、醤油1の割合で割ったもの）適量　わさび適量

◎作り方
①まぐろは縦半分に切ります。ガーゼで一重にくるんで熱湯につけ、色が白っぽく変わったら手早く取り出し、氷水に取ります。冷めたら取り出し、水気をきっちり拭きます。
②湯引きにしたまぐろは、食べよい厚みのそぎ切りにします。
③数の子はたっぷりの水にひと晩つけ、塩出ししたものを用意します。薄皮を取って手でちぎり、布巾に包んですりこぎで叩き、ばらばらにほぐします。
④三つ葉は茎の部分を使い、塩を少々入れた熱湯で茹でて水に取ります。冷ましてから水気を絞って細かく切ります。
⑤器にそぎ切りにしたまぐろを重ねて盛り、ほぐした数の子を上からかけます。④の三つ葉を天盛りにし、わさびを添え、割り醤油を縁から注ぎます。

◎覚え書き
◆まぐろの湯引き／まぐろを湯引きにすると、外側が白っぽく変わり、内側のまぐろの鮮やかな赤が引き立ちます。中側まで白くならないよう、ガーゼにくるんで手早く熱湯をかけます。この時、色の変わり具合いを確認できるよう、ガーゼは必ず一重にします。

数の子の鳴門巻き

▼材料　4人分
数の子8本　わかめ適量　漬け汁［だし汁4カップ　みりん大さじ3　白醤油大さじ4　薄口醤油小さじ1　塩小さじ1］　板谷楓適量

◎作り方
①塩数の子は半日からひと晩、たっぷりの水につけ、途中水を変えながら塩出しして水気を拭き、表面の薄い膜を取ります。
②わかめは手早く水で戻し、熱湯をかけてすぐに水に取り、冷ましてから水気を絞り、筋を切り取ります。
③鍋にだし汁と他の調味料を合わせて火にかけ、煮立ったら火を止め、冷まします。
④漬け汁が冷めてから①の数の子を入れ、ひと晩漬けます。
⑤まな板の上に②のわかめを広げ、汁気を拭いた数の子を並べ、くるくると巻きつけます。
⑥器に板谷楓を敷き、わかめの鳴門巻きを盛ります。

◎覚え書き
◆数の子の鳴門巻きは、さらに西京味噌に漬けても美味です。鳴門巻きをガーゼにくるんでから、西京味噌に30分ほど漬け込むと、ほんのりと味噌の味がのります。
◆祝い肴としての数の子／にしんの

卵巣である数の子は、子孫繁栄を象徴する料理として、お節には欠かせない祝い肴です。そのため、にしんの不漁時には、〝黄色いダイヤ〟とも言われるほど値が上がりました。にしんの漁獲量が減少した今では、そのほとんどが輸入品に頼っているのが現状です。

紅ざけといくらのもみじ和え

▼材料　4人分
紅ざけ（切り身）2切れ　いくら100g
辛子明太子3腹　塩適量　一味唐辛子適量

◎作り方
①紅ざけは薄く塩を振って20～30分ほどおきます。洗って塩気を流して水気を拭き、3～5ミリ厚さの薄切りにします。
②いくらは薄く塩を振り、しばらくおいてからざるに取り、熱湯をかけます。すぐに氷水に取って冷まし、薄い膜を取り除きます。
③辛子明太子は縦に切り目を入れ、袋の薄皮を開き、庖丁の刃先を使ってかき出します。
④①の紅ざけをほぐした辛子明太子で和え、最後にいくらを入れてさっと混ぜます。仕上がりに一味唐辛子を振り入れ、器に盛ります。

◎覚え書き
◆いくらとすじこについて／いくらとすじこは、どちらもさけやます、紅ざけの卵を塩漬けにしたものです。いくらは、産卵期の卵をばらばらにしてから塩に漬けたもの、すじこは卵巣のまま塩に漬けたものをいいます。
◆いくらのおろし和えの作り方／いくらを使った小鉢料理を紹介します。大根おろしで和える「おろし和え」は、いくらの赤が大根の白によく映え、鮮やかな一品となります。
　和える前に、次の下処理を施します。まず、いくらはざるに入れて熱湯をかけ、氷水に取って冷まし、水を切って軽く塩を振ります。こうするといくらの生臭みが消え、一層鮮やかな色になります。

　おろした大根は、一度水で洗ってからきつく絞り、三杯酢と混ぜ、いくらとざっくり和えます。なめこやしめじを加えてもよく、なめこの場合は熱湯をかけてぬめりを取り、しめじは茹でてから使います。

　茹でた三つ葉や柚子、わさびなどを添えて仕上げます。
◆辛子明太子の冷凍法／塩蔵のたらこや辛子明太子は、保存のきく食品で、冷凍するとさらに保存性が増します。袋から取り出して和え衣にするなど、使い勝手のいい加工品ですから、冷凍して常備したい材料です。その上、冷凍しても味はあまり変わりません。
　方法は、まず、脱水シートなどで余分な水分を取り、ひと腹分ずつをラップにくるみ、密閉容器に入れて冷凍します。使用する前に、冷蔵庫に移して低温で解凍します。

数の子の西京漬け

▼材料　4人分
数の子16本　塩少々　西京味噌適量
わさび適量　醤油適量

◎作り方
①塩数の子はたっぷりの水に半日～ひと晩つけ、途中、水を何度か替えながらほどよく塩を抜きます。
②塩を抜いた数の子の水気を拭き、表面の薄い膜を取り、軽く塩を振って4時間ほどおきます。
③バットなど平らな容器に、西京味噌の半量を敷き、上にガーゼを重ねて②の数の子を重ならないよう並べます。数の子の上にもガーゼをかぶせ、残りの西京味噌を重ねます。このまま二日間ほど漬け込みます。
④漬け込んだ数の子を器に盛り、わさび醤油をかけて供します。

◎覚え書き
◆数の子のかす漬けの作り方／西京漬けと同様に、かす床に漬けた数の子も酒の肴によく合います。作り方は、板酒かすをこまかくむしり、水につけてやわらかく戻し、水を切ってからよく練ります。このかす床に、塩を抜いた数の子をガーゼにくるんで、二日間ほど漬け込みます
　また、数の子のかわりにすじこを使ってもよく、ひと味違ったすじこの味を楽しんで頂けます。すじこも必ずガーゼに包んで漬け込みます。

　西京漬けもかす漬けも、残ったものは再びガーゼにくるんで西京味噌、かす床に戻して保存します。

いかのとび子和え

▼材料　4人分
いか1ぱい　とび子1腹　海苔½枚
塩・一味唐辛子・旨味調味料各少々

◎作り方
①いかは開いたものを用意します。両面の皮をむき、薄皮までていねいにむきます。縦に2～3等分し、小口から細切りにします。
②とび子はたっぷりの水につけて塩を抜き、ぬれ布巾に取って絞って水気を切ります。ぱらぱらにほぐして塩、一味唐辛子、旨味調味料を加えてよく混ぜます。
③海苔は細く切ります。
④①のいかと②のとび子を混ぜて器に盛り、③の海苔を天に盛ります。

◎覚え書き
◆いかのさばき方／まず、胴からわたを引き抜きます。わたのつけ根の部分を胴からはずし、静かに引き抜きます。次にえんぺらを胴からはがし、そのまま一気に引いて薄皮も一緒にむきます。指に塩をつけ、薄皮のむけた部分を手がかりに残りの薄皮もむきます。
　次に胴を開きます。軟骨のついていたところを右側にしておき、軟骨のあった部分に庖丁を差し入れ、切り開きます。

　いかを刺し身にする時は、両面の薄皮をさらに2枚むきます。残った薄皮は、かたく絞ったぬれ布巾でこそげ取るようにしてむくと、きれいに仕上がります。

昆布の料理

昆布は日本人好みの旨味を持つ素材です。だしを取ったあとの昆布でも上手に使いこなせば、喜ばれる一品となります。奇をてらった料理ではなく、煮物や酢の物にして、味つけには相性のよい醤油を使うようにします。

海藻の料理

海藻の料理というと、わかめ酢やサラダなど限られた使い方が多いようですが、日本には名産といわれる海藻が各地にあり、料理も多彩です。肉類や魚介を取り合わせると、新鮮な酒肴が生まれます。

「昆布の料理」の作り方

昆布の旨味は多くの人に好まれますが、だしを取る素材としてしか扱われていないのは残念です。例えば、だしを取ったあとの昆布でも、うまく活用すれば立派な酒の肴となります。

昆布は、日高昆布、利尻昆布、色丹（羅臼）昆布の三種類が有名です。昆布は煮ても歯に当たりますので、煮すぎるくらいでもかまいません。ただし、煮すぎると、昆布が三枚くらいにはがれてしまうことがあるので気をつけるようにします。昆布は戻すと、だいたい五倍くらいの量になることを覚えておきましょう。今回の料理は、だしを取ったあとの昆布が使えるようになっています。酒の肴として昆布を使うときのポイントは梅干し、生姜、わさび、溶き辛子、山椒の実などで、辛味と香りをプラスすることです。

椎茸昆布

▼材料　4人分
干し椎茸100g　昆布80g　水2カップ　醤油大さじ2　酒⅓カップ　梅干し5個

◎作り方
①干し椎茸は、ごく小さいものを用意し、ぬるま湯につけてもどし、石づきを取ります。
②昆布は3センチ角に切ります。
③鍋に水2カップと椎茸、昆布を入れて、煮汁が1.5カップくらいになるまで中火で煮ます。
④③の鍋に醤油、酒と大きな梅干しを入れて、中火で煮て、昆布が柔らかくなったら火をとめます。

◎覚え書き
◆椎茸の他に、しめじ、えのきなどでも作れます。

昆布と貝の錦和え

▼材料　4人分
昆布40g　ほっき貝4個　きゅうり4本　錦糸玉子（卵4個分）　酢⅓カップ　みりん⅓カップ　醤油大さじ1強　塩適量

◎作り方
①昆布は1.5センチ幅の短冊に切って、よく茹でます。
②ほっき貝の舌は、舌先を熱湯につけて色出しをし、わたを抜いて、細かく切ります。
③きゅうりは、薄い小口に切って、濃い塩水につけ、しんなりしたら、きつく絞ります。
④錦糸玉子は薄焼き卵を細かく切って作り、熱湯をかけ油ぬきします。
⑤酢、みりん、醤油を合わせて、さっと煮立て、冷ました汁で、①〜④の材料を混ぜて和えます。

たたき昆布

▼材料　4人分
昆布80g　いか3はい　おくら10〜15本　醤油適量　梅干し適量　塩適量　大葉4枚

◎作り方
①昆布は柔らかく茹でて、細かくたたきます。
②いかは胴だけにして、皮と薄皮をむき、4センチ長さの細切りにして、醤油少々を混ぜます。
③おくらは塩もみして、熱湯を通し、薄い小口に切ります。
④梅干しをきざんで、①〜③の材料と混ぜ、醤油で味を調えて、大葉を敷いた器に盛ります。

昆布のわさび和え

▼材料　4人分
昆布80g　わさび適量　水6カップ　醤油大さじ3　大葉4枚

◎作り方
①昆布の水気をよく拭いて、端からきっちりきつく巻いて、たこ糸で縛《しば》ります。
②昆布と水を鍋に入れ、強火で煮立て、醤油を加えて中火にし、柔らかくなるまでじっくり煮ます。
③ごく柔らかくなる寸前に引き上げて、汁気をきって薄く切り、大葉を敷いた器に盛り、わさびを添えます。醤油を別添えにします。

昆布豆

▼材料　4人分
昆布80g　大豆1カップ　醤油大さじ10　酒⅓カップ

◎作り方
①大豆は水洗いをして、たっぷりの水に一晩つけて、充分もどします。
②①の大豆を4倍ほどの水と共に鍋に入れ、柔らかくなるまで中火で煮ます。水が少なくなったら、水を足しながら煮ます。
③大豆が柔らかくなったら、煮汁の量が1.5カップくらいになるように水加減して、昆布を3センチ角に切り、鍋に入れます。煮立ったら、醤油と酒を加えて、汁が少なくなるまで煮て、昆布が柔らかくなったら火を止めます。

いさざ昆布

▼材料　4人分
いさざ（雑魚小魚）200〜250g　昆布80g　実山椒佃煮大さじ1　水3カップ　醤油大さじ10　酒⅓カップ

◎作り方

①いさざは、生のものを茹でこぼし、水を切ります。

②昆布は3センチ角に切ります。

③昆布を3カップの水と共に鍋に入れ、汁が2カップくらいになるまで中火で煮て、いさざを加えます。

④③をしばらく煮て、きざんだ実山椒の佃煮と醬油、酒を入れて、昆布が柔らかくなるまで、水をさしながら煮あげて火をとめます。

◎覚え書き

◆いさざがない場合は、こうなごやしらすを使い、塩気の強いものは、ぬるま湯につけて塩をよく出し、茹でてから使うとよいでしょう。

昆布の錦巻き

▼材料　4人分
昆布10cm幅のもの50cm1枚　大根10cm　人参10cm　きゅうり2本　みりん大さじ7　酢大さじ7　塩適量　おろし生姜適量

◎作り方

①昆布は茹でてから、みりんと酢を合わせて作った甘酢につけます。

②大根、人参は、それぞれかつらむきにし、25センチ長さのものを2枚ずつ用意します。人参はサッと茹でて、大根と①の甘酢につけます。

③きゅうりは薄い小口に切って、塩水でしんなりさせて、絞っておきます。

④水気をふいて、巻き簀《す》の上に、人参・昆布・大根の順に重ねてのせ、③のきゅうりを芯にして、きつく巻きます。ラップに巻いて2時間程おきおちついたら、薄く小口に切り、器に盛り、おろし生姜を添えます。

◎覚え書き

◆ラップに巻いたままなら、冷蔵庫で3～4日は持ちます。

昆布とあなごのごま酢かけ

▼材料　4人分
昆布40g　あなご2本　きゅうり4本　溶き辛子適量　タレ［醬油¼カップ　みりん½カップ］　ごま酢［酢⅓カップ　みりん⅓カップ　醬油小さじ2　白ごま適量］　塩適量

◎作り方

①昆布は柔らかく茹でて、ごく細かく切ります。

②あなごは開いたものを用意し、串を打って、白焼きにし、醬油とみりんとを合わせて、三割がた煮詰めて作ったタレをつけながら焼きあげます。

③きゅうりは、じゃばらに切って、塩水にしんなりするまでつけます。

④ごま酢を作ります。［　］内の調味料を合わせて、ひと煮立ちさせて、冷ましたら、煎った白ごまを加えて混ぜます。

⑤器に昆布、あなご、きゅうりを盛り合わせて、④のごま酢をかけて、溶き辛子をおとします。

「海藻の料理」の作り方

日本には名産といわれる海藻が各地にありますし、海藻を使った郷土料理もたくさんあります。最近は、海外でも健康食品、ダイエット食品として注目されています。この海藻を使って、現代の嗜好や客層に合わせたおつまみを工夫してみましょう。

上手に調理するコツは、まず、乾燥している海藻は、熱湯で手早くもどすのも仕方ありませんが、できれば水でゆっくりもどすことです。もどしたり、塩を洗い落とした海藻は、手でぎゅっと絞ると繊維質が壊れてまずくなります。布巾に挟《はさ》んで、手で軽く押さえて水気を取ると、風味や旨味が逃げません。海藻は戻すと、ものによっては約10倍にも増えます。量に注意して下さい。

ひじきと鶏もも肉の煮物

▼材料　4人分
ひじき（戻したもの）250g　鶏もも肉1枚　溶き辛子適量　a［だし汁2カップ　みりん大さじ4　醬油大さじ5強　砂糖大さじ1］

◎作り方

①ひじきは、食べやすい長さに切ります。

②鶏もも肉は脂をとって、5～6センチ長さのせん切りにします。

③鍋にaのだし汁を煮立ててから、残りの調味料を加えます。さらに、①②を入れ、紙ぶたをして、中火で汁が少なくなるまで煮ます。

④器に盛って、溶き辛子を添えます。

かれいとすき昆布の煮物

▼材料　4人分
すき昆布3枚　かれい3尾　赤唐辛子6本　a［だし汁3カップ　醬油大さじ6.5　みりん大さじ5　砂糖大さじ1］　サラダ油適量

◎作り方

①すき昆布はもどして、食べやすい大きさに切ります。

②かれいはウロコをおとして、えんがわと頭、尾をおとして食べやすい大きさに切って、網焼きにします。

③すき昆布はサッと炒めて、aのだし汁と調味料を加えます。煮立ったら、かれいと種を取った赤唐辛子を

入れて、汁が少なくなるまで煮ます。

ふのりと牛肉の梅ドレッシング

▼材料　4人分
ふのり20g　牛ロース肉（1～1.5㎝厚さのもの）200g　エシャロット4本　根三つ葉1把　醤油適量　梅ドレッシング［梅肉小さじ1.5　おろし玉ねぎ大さじ1　サラダ油½カップ　酢大さじ2強］

◎作り方
①ふのりは、水にもどして洗っておきます。
②牛肉は醤油で洗ってから、強火で表面だけ網焼きして、薄く切ります。
③根三つ葉は、根を切り落として、熱湯で茹でて、水にとり冷ましてから、切ります。
④①～③を混ぜて器に盛り、小口に切ったエシャロットを散らし、梅ドレッシングをかけます。

わかめと大坂漬けの生姜醤油

▼材料　4人分
わかめ（もどしたもの）80g　大根1本　塩（大根の重量に対して2％）　おろし生姜適量　醤油少々

◎作り方
①わかめは筋を取り、熱湯を通し、せん切りにして、醤油少々をかけて混ぜておきます。
②大根は薄い輪切りにしてから細かく切ります。茎のところは小口に切り、両方を混ぜて、塩を加えてよくもんで水気を絞ります。
③わかめと大根を混ぜ合わせ、器に盛り、おろし生姜をのせ、醤油をほんの少しかけます。

のりとたこの刺身

▼材料　4人分
生のり160g　茹でだこの足⅓本　きゅうり2本　花穂じそ適量　わさび適量

◎作り方
①生のりは塩出ししておきます。
②たこの足の皮はていねいにそいでから、ごく薄く一人分7枚当てくらいに切ります。
③きゅうりはじゃばらに切って、さらに、食べやすい大きさに切ります。
④器に①～③を盛り、花穂じそ、わさびを添え、醤油を別添えにします。

◎覚え書き
◆のりは、干しのりでも使えます。干しのりは細かくむしって、水につけて戻して、ザルにとり水気をきって使います。一人分1.5枚が適量でしょう。

くき若布《わかめ》と鶏のごまよごし

▼材料　4人分
くきわかめ（戻したもの）300g　鶏もも肉1枚　生姜1かけ　a［白ごま½カップ　酒大さじ5　醤油大さじ3　みりん大さじ5　味噌小さじ2］

◎作り方
①くきわかめは食べやすい大きさに切ります。
②鶏もも肉は、脂をとっておきます。
③aの白ごまを煎り、手早くすり鉢で七割ほどすって、残りの調味料を混ぜます。このうちの半量に②の鶏もも肉を20分つけて、網焼きにします。
④①を茹でて熱いうちに③の残りの汁に入れてからめます。
⑤③の鶏肉をそぎ切りにして、くきわかめと盛り合わせ、せん切りにして水にさらした生姜を添えます。

茹で豚とすき昆布の二杯酢

▼材料　4人分
すき昆布½枚　豚もも肉200g　白うり½本　長ねぎ½本　生姜1かけ　塩適量　サラダ油適量　三杯酢［酢大さじ5　醤油大さじ1　だし汁大さじ1］

◎作り方
①すき昆布は戻して、サラダ油で炒めて、冷ましておきます。
②豚もも肉は、細長い塊のものを用意し、たこ糸で巻きます。鍋にたっぷりの水と、豚もも肉、みじん切りの長ねぎと薄切りの生姜を入れて火にかけます。塩で味をととのえながら、中火で中まで火が通るまでじっくりと煮ます。
③白うりは、天地を切って、皮をあらむきにして縦半分に切ります。種をかきだし、片端を切り離さないようにしながら薄く切って、さらに、食べやすい大きさに切ります。
④②の豚肉を細切りにし、すき昆布と混ぜて器に盛ります。二杯酢をかけて供します。

海藻サラダ

▼材料　4人分
赤とさか・青とさか・白とさか各100g　干しわかめ5g　いか½ぱい　玉ねぎ半個　オレンジ1個　a［サラダ油1カップ　酢大さじ3　水大さじ1.5　塩小さじ1　砂糖適量　おろし玉ねぎ大さじ1］　白ごま適量

◎作り方
①とさかのりは塩蔵品を用意し、たっぷりの水につけて塩抜きしてから岩に付いていた部分を取り除いて、食べやすい大きさに切ります。熱湯をかけ、手早く水にとり冷やします。
②わかめは、ぬるま湯で戻して、筋を取り、食べやすい大きさに切り、熱湯をかけ、水にとり冷やします。
③玉ねぎは、ごく薄く切り、水にさらします。
④オレンジは皮をむいて、身を取り出しておきます。
⑤いかは、胴の部分のみを用意して、皮と薄皮をむいて、縦三つに切ってから細く切り、サッと熱湯を通し冷ましておきます。
⑥全部の材料を器に盛り合わせ、煎りたての白ごまを散らし、aの材料を混ぜて作ったドレッシングを別添えにします。

肉・卵の料理

牛肉の料理

〝生〟の牛肉料理は、あっさりとして食がすすみ、特に夏場にお出ししたい料理です。また、ロースやヒレなどやわらかい部位を使いますので、大変贅沢な酒肴となります。赤身の部分が適度な赤い色を持ち、つやがあること、脂肪の色も真っ白に近く、赤身との境目がはっきりしていることが、良質の牛肉を選ぶポイントです。

牛挽き肉の料理

牛挽き肉は、ほかの素材と組み合わせたり、形の変化をつけやすく、扱いやすい素材です。〝そぼろ〟にしておくと日持ちもします。

なすと牛挽き肉の
博多揚げ

白菜の含め煮

牛挽き肉入りの変わりオランダ焼き

牛挽き肉と
椎茸のおろし酢

里芋となすの含め煮
牛そぼろあんかけ

牛肉入り味噌の
ふろふき大根

牛肉の四方蒸し

「牛肉の料理」の作り方

現在、牛肉を〝生〟で出すのは禁じられています。必ず加熱して下さい。牛肉は独特のクセはありますから、香味野菜と取り合わせたり、おろし生姜やにんにく、玉ねぎなどの辛みを添えて、食べやすくする工夫が必要です。牛肉で季節の野菜を巻いたり、挟んだりすると、少量の牛肉でも豪華に見せることもできます。

神戸牛や松阪牛といった銘柄牛のおいしさは格別ですが、大変高価なものです。手頃な輸入肉でも良質のものを選ぶといいでしょう。牛肉は塊《かたまり》のまま二日分くらいを仕入れます。空気に触れると黒ずんでしまいますから、ぬれ布巾に包んで冷蔵庫に保存します。

牛肉の刺身

▼材料　4人分
牛肩ロース肉240g　長ねぎ1本　大葉4枚　ライム½個　花穂じそ8本　酢醤油（酢と醤油を同割りにしたもの）適量

◎作り方

①牛肩ロース肉は、薄くスライスします。

②長ねぎは白い部分を4センチの長さのせん切りにし、水に放ってシャキッとさせます。

③器の奥に、水気を切った②の長ねぎをこんもりとおき、大葉を立てかけます。手前に①の牛肉を半分に折って盛り、花穂じそとくし形に切ったライムを添えます。酢醤油を別添えにして提供します。

牛肉のアスパラ巻き

▼材料　4人分
牛肩ロース肉240g　グリーンアスパラガス20本　玉ねぎのみじん切り1個分　塩適量　酢醤油（酢と醤油を同割りにしたもの）適量

◎作り方

①牛肩ロース肉は、薄くスライスします。

②グリーンアスパラガスは熱湯で色よく茹でて、すぐに冷水に取ります。水気を取ってから、根元のかたい部分を切り落とします。

③玉ねぎはごくみじんに切り、布巾に包んで汁気を絞ります。

④②のグリーンアスパラガスを①の上におき、端から巻き込みます。

⑤器に④の牛肉のアスパラ巻きを盛り、③の玉ねぎをかけ、酢醤油を別添えにしてお出しします。

牛肉のステーキ柚子風味

▼材料　4人分
牛肩ロース肉280g　玉ねぎ⅔個　貝割れ菜½束　青柚子2個　酢醤油（酢と醤油を同割りにしたもの）適量

◎作り方

①牛肉の肩ロースは薄くスライスします。

②玉ねぎはごくみじんに刻み、布巾に包んできつく絞ります。貝割れ菜は根の部分を切り落とします。

③器に①の牛肉を、片端は折り込み、もう一方は広げるようにして盛ります。中心に②の玉ねぎと貝割れ菜をのせ、二つに切った青柚子を添えます。酢醤油は別添えにします。

牛肉とレモンの博多ディップ添え

▼材料　4人分
牛肩ロース肉240g　サラダ菜8枚　花穂じそ12本　レモン1個　ディップ（覚え書きを参照のこと）適量

◎作り方

①牛肩ロース肉は、薄くスライスします。

②器にサラダ菜を敷き、輪切りにしたレモン、①の牛肉のスライス2枚、さらにレモン、牛肉のスライス2枚と交互に重ねるように盛ります。

③花穂じその先の部分を摘み取って②の上に飾り、ディップをかけます。

◎覚え書き

◆ディップはタルタルソース風のソースで、野菜スティックに添えたり、カナッペにしたりと、覚えておくと重宝します。ここでは、カッテージチーズをベースにしたディップの材料を紹介します。作り方は、材料をよく混ぜ合わせるだけといたって簡単です。

◆カッテージチーズのディップ／カッテージチーズ1パック　茹で卵の裏ごし3個分　玉ねぎのみじん切り½個分　にんにく1片　豆板醤小さじ1　塩・胡椒各少々　マヨネーズ適量　レモンの絞り汁½個分

牛肉のサラダ

▼材料　4人分
牛肩ロース肉240g　貝割れ菜1束　人参3～4cm長さ分　大根3～4cm長さ分　長ねぎ1本　ライム1個　酢醤油（酢と醤油を同割りにしたもの）適量

◎作り方

①牛肩ロース肉は、薄くスライスします。

②人参と大根は皮をむいてせん切りにし、水に放ってパリッとさせます。

③貝割れ菜は根の部分を切り落とし、長ねぎは白い部分のみを使い、3～4センチの長さのせん切りにします。

④①の牛肉、②の大根と人参、③の貝割れ菜をざっくりと合わせて器に盛り、くし形に切ったライムを添えます。酢醤油は別添えにします。

牛肉の揚げなすはさみ

▼材料　4人分
牛肩ロース肉（茹でたもの）240g　なす8個　大葉8枚　あさつき½把　もみじおろし適量　揚げ油適量　酢醤油（酢と醤油を同割りにしたもの）適量

◎作り方
①茹でた牛肉の肩ロースは薄くスライスします。
②なすはへたを切り落とし、縦二つに切り、皮面に5ミリ間隔で鹿の子庖丁を入れます。水気を拭いた後、中温に熱した揚げ油で素揚げにします。
③あさつきは小口切りにします。
④①の牛肉、③のあさつき、大葉を②の揚げなすで挟み込んで器に盛り、もみじおろしを添えます。酢醤油を別添えにします。

◎覚え書き
◆牛肉の茹で方／牛肉の肩ロースは700gくらいの塊を用意し、二つに切り分け、それぞれタコ糸で巻いてしばります。大きめの鍋に水5カップ、焼酎½カップ、醤油大さじ1、塩小さじ1、胡椒少々を入れ、ぶつ切りの長ねぎ2本、つぶした生姜2かけを加えます。
ここに牛肉の塊を入れて火にかけ、アクを丁寧に取りながら茹でます。竹串を通してスッと通るくらいやわらかくなったら火を止めます。茹で汁の中に入れた状態で冷まします。二日分くらいをまとめて作り、茹で汁につけた状態で冷蔵庫に保存するとよいでしょう。

牛肉と椎茸の酢醤油かけ

▼材料　4人分
牛肩ロース肉240g　生椎茸（小）20枚　あさつき½把　にんにく1片　サラダ油適量　酢醤油（酢と醤油を同割りにしたもの）適量

◎作り方
①牛肉の肩ロースを薄く切ります。
②生椎茸は、ぬれ布巾で汚れを落としてから、石づきを切り落とします。フライパンにサラダ油を熱し、椎茸の両面を軽く炒めます。
③あさつきは小口切りに、にんにくはみじん切りにします。
④器に①の牛肉と②の椎茸を盛り合わせ、③のあさつきを散らし、みじん切りにしたにんにくを添えます。酢醤油は別添えにします。

牛肉ときゅうりの生姜醤油

▼材料　4人分
牛肩ロース肉（茹でたもの）240g　きゅうり1½本　玉ねぎのみじん切り⅔個分　青梗菜1株　むら芽適量　おろし生姜適量　酢醤油（酢と醤油を同割りにしたもの）適量

◎作り方
①茹でた牛肩ロース肉は、薄くスライスします。
②きゅうり1本は斜め薄切りにし、水に放ったのち、水気を切ります。残りのきゅうりは、桔梗《ききょう》の花の形に飾り切りにします。
③青梗菜は茹でて食べよく切ります。
④器の奥に薄切りにしたきゅうりと青梗菜を置き、手前に①の牛肉を盛り、玉ねぎのみじん切りを散らします。
⑤②のきゅうりの花の台におろし生姜をのせ、④に盛り添え、むら芽を添えます。酢醤油は別添えにします。

「牛挽き肉の料理」の作り方

牛挽き肉は、塊の肉に比べて割安であり、扱いやすいのですが、傷《いた》みやすいという難があります。挽き肉の状態で仕入れる際は、肉全体に色ムラがなく、切り口が乾いてないものを選びます。また、あらかじめ余分な脂肪を取り除いて、二度挽きしてもらうといいでしょう。仕入れたらすぐに使いたい素材ですが、〝牛そぼろ〟にすると、保存もきき、いろいろな料理に応用できます。基本の材料は牛挽き肉三百グラムに対して、砂糖大さじ三、みりん大さじ四、醤油大さじ四となります。これを鍋に入れて火にかけ、混ぜながら炒り、牛挽き肉に火が通ってから、小さじ一杯の片栗粉を適量の水で溶いた水溶き片栗粉を加え、とろみをつけます。注文ごとに料理に合わせて調理したり、他の材料を混ぜて使います。

なすと牛挽き肉の博多揚げ

▼材料　4人分
牛挽き肉200g　米なす2個　玉ねぎ⅓個　おろし大根適量　おろし生姜適量　大葉8枚　卵½個　塩少々　胡椒少々　割り醤油（薄口醤油7、だし汁3の割合で合わせたもの）適量　揚げ油適量

◎作り方
①玉ねぎはみじん切りにして炒め、冷ましてから牛挽き肉と卵と混ぜ合わせ、塩、胡椒をします。
②米なすは上下を切り落とし、縦に1センチくらいの厚さに切ります。
③なすの切り口に小麦粉を薄くまぶし、間に①を挟んで、何段かに重ねます。
④③がくずれないように楊枝で止め、小麦粉をまぶし、揚げ油で揚げます。
⑤器に大葉を2枚敷き、楊枝を抜いた④を盛り、割り醤油をかけます。おろし大根、おろし生姜を添えます。

白菜の含め煮

▼材料　4人分
牛そぼろ大さじ4　白菜⅙株　おくら8本　おろし人参大さじ1　柚子適量
八方地［だし汁2カップ　みりん¼カップ　薄口醬油¼カップ　砂糖大さじ1弱の割合］

◎作り方
①白菜は株のまま八方地で煮て四つに切ります。
②おくらはがくのかたいところをそぎ落として、塩を加えた熱湯で茹でて冷まし、二つに切ります。
③牛そぼろを小鍋に入れて加熱し、火が通ったらおろし人参を混ぜます。
④器に③の牛そぼろと①の白菜、②のおくらを盛り合わせ、柚子の皮を細く切ってのせます。

牛挽き肉入りの変わりオランダ焼き

▼材料　4人分
牛挽き肉100g　玉ねぎ¼個　人参25g
卵5個　あさつき5～6本　サラダ油適量　マヨネーズ適量　溶き辛子適量
塩少々　胡椒少々　板谷楓8枚

◎作り方
①玉ねぎと人参はみじん切りにして、牛挽き肉と一緒に炒めて、塩、胡椒で味を調えて冷まします。
②あさつきは小口に切ります。
③卵を割りほぐし、①と②を加えて混ぜ、塩、胡椒で味を調えます。
④卵焼き器をよく熱して③を何度かに分けて流し込みながら、厚焼き玉子を焼く要領で焼き上げます。
⑤巻き簀《す》で④のオランダ焼きを巻き、輪ゴムで両端を止め、形を整えます。
⑥⑤の巻き簀をはずして切り分け、板谷楓を敷いた器に盛り、マヨネーズと溶き辛子を添えます。

牛挽き肉と椎茸のおろし酢

▼材料　4人分
牛挽き肉220g　生椎茸（小）12枚　玉ねぎ½個　小松菜½把　おろし大根適量　小麦粉適量　片栗粉適量　三杯酢［酢大さじ5　醬油大さじ5　みりん大さじ5］　塩少々　胡椒少々　コチュジャン適量　揚げ油適量

◎作り方
①玉ねぎはみじん切りにして炒め、冷めてから牛挽き肉と混ぜ合わせ、塩、胡椒で味を調えます。これを12個に分けて団子状にします。
②生椎茸は汚れを落とし、笠裏に小麦粉をつけ、①の団子を笠いっぱいに広げながらのせます。片栗粉を全体にまぶして、中温に熱した揚げ油で揚げます。
③小松菜は塩を加えた熱湯で色よく茹でて水に取り、冷めたら水気を絞り、食べよい大きさに切ります。
④調味料を合わせて一度煮立てて冷ました三杯酢に、汁気を軽く絞ったおろし大根を混ぜます。
⑤②の揚げた椎茸と④のおろし酢をざっくりと和え、器に盛り、コチュジャンをのせます。

里芋となすの含め煮牛そぼろあんかけ

▼材料　4人分
牛そぼろ大さじ4　里芋4個　なす4個　絹さや8個　柚子適量　八方地［だし汁2カップ　薄口醬油¼カップ　みりん¼カップ　砂糖大さじ1弱］
赤唐辛子1本　揚げ油適量

◎作り方
①なすはへたを切り落とし、縦半分に切って皮面に鹿の子庖丁を入れ、中温の揚げ油で素揚げにします。
②細かく切った赤唐辛子を加えた八方地を煮立て、①を煮含めます。
③里芋は皮をむき、大きめの乱切りにして面取りをします。2度ほど茹でこぼした後、水洗いをして、ぬめりを取り、八方地で煮含めます。
④器に②と③を盛り合わせ、牛そぼろをかけ、塩茹でした絹さやを添えます。柚子の皮をあしらいます。

牛肉入り味噌のふろふき大根

▼材料　4人分
牛挽き肉大さじ8　大根約16cm分　絹さや4枚　練り味噌（味噌、みりん、砂糖を同割りにしたもの）大さじ4
柚子適量　米のとぎ汁適量

◎作り方
①大根は4センチ厚さくらいの輪切りにして皮をむき、面取りをします。盛りつけて下になる側に十文字の切り目を入れ、米のとぎ汁で茹でます。
②絹さやは茹で、斜めに切ります。
③牛挽き肉と練り味噌を鍋に入れ、木杓子で混ぜながら火を通します。
④器に③を敷いて①のふろふき大根をのせ、②の絹さやを添え、すりおろした柚子の皮を散らします。

牛肉の四方蒸し

▼材料　4人分
牛挽き肉400g　卵4個　糸三つ葉1把　干し椎茸4枚　小玉ねぎ適量　煮汁a［だし汁1カップ　みりん¼カップ　醬油⅛カップ］　煮汁b［醬油小さじ1　塩小さじ1　胡椒少々］　溶き辛子適量　板谷楓4枚

◎作り方
①干し椎茸は水で戻し、煮汁aでやわらかく煮て、せん切りにします。
②糸三つ葉は葉を取り、茎の部分を茹でて、3センチ長さに切ります。
③卵3個を割りほぐして鍋に入れ、5～6本の箸でかき混ぜながら八分程度まで火を通し、炒り卵にします。
④牛挽き肉の半量（200グラム）を鍋に入れて火にかけ、八分程度火が通ったら煮汁bを加えます。汁気がなくなるまで炒って冷まします。
⑤残りの牛挽き肉と溶き卵1個分を④に加え、①と②、③を混ぜます。
⑥流し缶に⑤を流し入れて、蒸気の上がった蒸し器で約30分蒸します。
⑦流し缶から取り出して適当な大きさに切り、板谷楓を敷いた器に盛ります。水にさらした薄切りの小玉ねぎと溶き辛子を添えます。

豚肉の料理

洋風の料理で親しみのある豚肉ですが、味つけや盛りつけ次第で気の利いた酒肴となります。茹で豚は作り置きしておくと重宝します。

豚肉の辛味白菜

豚肉のにんにく焼き

和風ひと口ハンバーグ

豚挽き肉の磯辺揚げ

豚肉のへぎ焼き

豚団子の雑炊

茹で豚と菜の花の辛子和え

「豚肉の料理」の作り方

豚肉は、牛肉ほど部位によって肉の堅さや味に大きな差はなく、どんな料理にも合います。価格も比較的安定していますので、扱いやすい素材のひとつといえます。作り置きのできる茹で豚や手軽にできる焼き物は、ちょっとした工夫でメニューの幅も広がりますので、ぜひ取り入れてもらいたいものです。中でも茹で豚は、そのままスライスして〝刺身〟風に提供したり、季節の野菜と組み合わせて和え物、酢の物など、小鉢料理にアレンジすることができます。ある程度まとめて作って、茹で汁につけた状態で冷蔵庫に保存しておくとよいでしょう。

豚肉料理をおいしくするコツは、やわらかく調理することに尽きます。焼き物の場合は、肉の組織を肉叩《たた》きでよく叩きのばし、のばした肉の筋を数カ所庖丁で切っておきます。これを手でおさえて元の大きさに戻しておくと、加熱してもやわらかく、身が縮まることもありません。豚肉には寄生虫がいるので、決して生では食べられません。かといって加熱しすぎても、豚肉のおいしさを損ねることになりますから、八～九分通り火が通ったら、火からおろし、あとの一～二分は余熱で火を通すようにします。

ここで紹介している「豚肉のにんにく焼き」と「豚肉のへぎ焼き」は、どちらも醤油の香ばしさを豚肉にしみ込ませて焼いた料理です。炒め焼きにしたにんにく焼きは、染めおろしでさっぱりと食べさせ、へぎ焼きは野菜を使って、サラダ風に仕上げています。肉料理というとなにか重たいイメージがありますが、野菜と取り合わせることで軽く、さわやかなイメージが生まれます。堅い肉の場合は、挽き肉にして使うといいでしょう。「和風ひと口ハンバーグ」「豚挽き肉の磯辺揚げ」は、両方とも同じパティを使っていますが、まったく違う魅力を持った料理です。

豚肉の辛味白菜

▼材料　4人分
茹で豚200g　きゅうり½本　白菜の塩漬け¼株　生姜1かけ　赤唐辛子1本　サラダ油大さじ6　塩小さじ1　ラー油適量　砂糖大さじ2　醤油大さじ2　酢¾カップ

◎作り方

①茹で豚は食べやすい大きさに切り分けます。

②ボールに白菜の塩漬けを入れて塩を振り、熱したサラダ油を全体に回しかけます。

③鍋に砂糖、醤油、酢を合わせて火にかけ、煮立ったら②に加えます。さらにラー油、せん切りにした生姜、種を取って輪切りにした赤唐辛子を混ぜ合わせます。

④途中、白菜の上下を数回返し、しばらくそのままの状態で置き、味をなじませます。味がなじんだら、ざっくりと切り分けます。

⑤器に④の辛味白菜を置き、手前に①の茹で豚を盛ります。彩りに薄切りにしたきゅうりを添えます。

◎覚え書き

◆茹で豚の作り方／茹で豚は薄味で仕上げておくと、いろいろな料理に応用できます。また、茹で汁につけたまま冷蔵庫に入れておくと、日持ちがしますので重宝します。

豚もも肉の塊500グラムに塩、胡椒をすり込んで、たこ糸で巻いてしばります。これを圧力鍋に入れ、ぶつ切りにした生姜2かけ、半分に切った玉ねぎ1個、セロリの葉を加えます。肉がかぶるくらいの量の水を入れて塩、胡椒で味を調え、約20分ほど茹でます。

豚肉のにんにく焼き

▼材料　4人分
豚肉240g　ラディッシュ4個　サラダ菜4枚　おろし大根適量　醤油適量　タレ［おろしにんにく小さじ½　おろし玉ねぎ大さじ1　おろし生姜小さじ1　醤油大さじ3　酒大さじ3］　サラダ油適量

◎作り方

①豚肉は1切れ20グラム位の大きさに切り、筋の部分を2～3カ所、包丁の先で切っておきます。

②フライパンにサラダ油を熱し、①を八～九分通り焼き、［　］内の調味料を合わせて作ったタレを加えてからめます。

③器にサラダ菜を敷き、②の豚肉を盛り、花形に切り目を入れたラディッシュを飾ります。醤油を数滴落としたおろし大根を添えます。

和風ひと口ハンバーグ

▼材料　4人分
豚挽き肉300g　卵1個　おろしにんにく適量　醤油大さじ2　玉ねぎ½個　塩少々　胡椒少々　和風ソース［醤油大さじ4　水大さじ4　酒大さじ2　砂糖小さじ1］　サラダ油適量　玉ねぎ½個　人参適量

◎作り方
①豚挽き肉をあたり鉢に入れ、卵を加えてよくあたり、塩、胡椒で味を調えます。
②①におろしにんにく、醤油を加えて全体にむらなく混ぜ、みじん切りの玉ねぎを加えて混ぜ合わせます。
③よく混ざったら一人分70グラムくらいに取り分け、小判型に形を整えます。フライパンにサラダ油を熱し、最初はやや強火で片面を焼き、焼き色がついたら裏返し、中火でじっくり火を通します。焼き上がりに材料の調味料を混ぜ合わせた和風ソースをからめます。
④つけ合わせの玉ねぎは縦半分に切ってから薄切りに、人参はせん切りにし、それぞれ水にさらします。
⑤④の玉ねぎと人参の水気を切って器に盛り、この上に③のハンバーグをのせます。

豚挽き肉の磯辺揚げ

▼材料　4人分
豚挽き肉300g　卵1個　おろしにんにく適量　玉ねぎ⅕個　塩少々　胡椒少々　醤油大さじ2　海苔¼枚　グリーンアスパラガス4本　片栗粉適量　溶き卵適量　揚げ油適量

◎作り方
①豚挽き肉をあたり鉢に入れ、卵と塩、胡椒を加えてよくあたります。
②なめらかになったら、おろしにんにくと醤油、みじん切りにした玉ねぎを加えて混ぜ合わせます。
③②を一人分70グラムくらいに取り分け、小判型に形を整え、中央に3センチ角に切った海苔をつけます。
④③を溶き卵にくぐらせ、片栗粉をまぶします。余分な粉を落としてから、中温に熱した揚げ油で色よく揚げます。
⑤グリーンアスパラガスは袴《はかま》を取ってから二つに切り、素揚げにします。
⑥器に④の豚挽き肉の磯辺揚げと⑤のアスパラガスの素揚げを盛り合わせます。

豚肉のへぎ焼き

▼材料　4人分
豚肉240g　グリーンアスパラガス4本　セロリ½本　きゅうり½本　大根適量　赤ピーマン1個　つけ汁［酢½カップ　醤油大さじ2　一味唐辛子適量　おろし玉ねぎ適量］

◎作り方
①豚肉は1切れ20グラムくらいの大きさに切り、網焼きにします。
②つけ汁の材料を混ぜ合わせ、①の網焼きにした豚肉をつけ込みます。
③グリーンアスパラガスは塩茹でにします。セロリ、きゅうり、大根は薄い短冊に切って、水にさらします。赤ピーマンは薄い輪切りにして、水にさらします。
④器に水気を切ったセロリときゅうり、大根を敷き、その上に②の豚肉を重ねます。グリーンアスパラガスと赤ピーマンを彩りよく盛り添えます。

豚団子の雑炊

▼材料　4人分
豚挽き肉120g　塩少々　胡椒少々　スープ［固形スープの素½個　水3カップ　酒大さじ3　塩小さじ½強　胡椒小さじ½強］長ねぎの白い部分適量　生姜適量　菜の花適量　ご飯140g

◎作り方
①ボールに豚挽き肉、塩と胡椒を入れてよく練り、大さじ1杯くらいの量を取り、団子状にまとめます。
②スープの材料を鍋に合わせて煮立て、①の豚団子を入れて煮ます。
③ご飯は湯で洗ってから②のスープに加えて煮ます。
④長ねぎはせん切りにして水にさらし、生姜はせん切りにします。
⑤菜の花は塩少々を入れた熱湯で色よく茹でて、水に取ります。
⑥器に③の雑炊を盛り、④の長ねぎ、生姜を添え、⑤の菜の花をあしらいます。

◎覚え書き
◆雑炊とおじや／現在、雑炊と呼ばれるものは汁の多いものですが、これはもともと関西風の料理です。関東では、汁が少なくご飯の量がたっぷりの「おじや」が喜ばれていました。今日では関東においても関西風の雑炊が主流となっています。
　この雑炊をおいしくするコツは、ご飯に粘りを出さないようサラッと仕上げることです。そのためには、ご飯は目の細かいざるや漉《こ》し器に入れ、熱湯で手早く洗ってぬめりを取ることです。水洗いする場合は、ていねいにぬめりを取ります。

　また、ご飯をだし汁やスープに入れた後にグツグツ煮込んでしまうと、ご飯が水分を吸ってベタッとしたものになります。ご飯がふっくらとしたところで火を止めるようにします。

茹で豚と菜の花の辛子和え

▼材料　4人分
茹で豚（「豚肉の辛味白菜」の覚え書き参照のこと）200g　おろし大根適量　菜の花適量　溶き辛子適量　醤油適量

◎作り方
①茹で豚は細く切ります。
②菜の花は塩少々を入れた熱湯で色よく茹でます。
③①と②を合わせ、おろし大根と溶き辛子でざっくり和えます。最後に醤油を落として、味を調えて器に盛ります。

◎覚え書き
◆豚肉の部位／豚肉は部位によってあまり差はなく、牛肉のように細かく部位を分けません。大きくヒレ、ロース、もも、肩、バラといった分け方になります。ヒレは脂肪分がほとんどなく、きめ細かい肉質で煮込んだり、焼く調理に向いています。ロースとももは皮下脂肪に包まれていますが、この脂肪は適当な厚みに取り除かれています。肩肉やバラ肉は肉の間に脂肪が混ざっていて、特に煮込み料理に合います。

鶏肉の料理

〝唐揚げ〟や〝焼き鶏〟など、なじみの深い料理も盛りつけに工夫すると、華やかな宴会料理に仕上がります。大皿を使った多人数盛りは、宴席を盛り上げるばかりか、お店にとっては効率のいい盛りつけです。料理も〝竜田揚げ〟に骨付きのもも肉を使ったり、えびやほたてなどと一緒に飾り串に刺すと目先の変わった趣向となります。

鶏の磯辺焼き

鶏の磯辺揚げ

鶏の竜田揚げ

鶏のホワイトソース煮

鶏の変わり串

鶏の博多焼き

鶏の五目おろし和え

鶏肉の料理

酒の席では汁気の多い料理が喜ばれます。汁物や煮物椀風に仕立てた鶏料理は、品格も高く、お金の取れる一品です。

「鶏肉の料理」の作り方

現在、市場に出回っている鶏肉のほとんどは、短期間に大量に生産されているブロイラーです。ブロイラーは地鶏に比べ、水っぽく身に締まりもありませんから、この短所を補うような工夫が必要です。特に煮物の場合は、油で揚げたり炒めたりという下調理を施《ほどこ》すと、身が締まってコクのあるおいしさが生まれます。また、香辛料や調味料を効果的に使って、風味や旨みを補うようにします。皮と身の間にある皮下脂肪には、ブロイラー独特の臭みがありますから、庖丁できれいに取り除く処理をしてください。

ここでは椀物に仕立てた料理も数多く紹介していますが、椀物は格のある一品となります。そのまま椀種にするだけでなく、挽き肉やすり身を使った鶏しんじょを椀種にしたり、とろみをつけた鶏そぼろあんを煮物にかけたりすると、料理性が一層高まります。いずれにしても、鶏肉は淡泊な味わいですので、クセのない野菜と取り合わせ、お互いの旨さを引き立てるようにします。

鶏の磯辺焼き

▼材料　4人分
鶏の挽き肉200g　玉ねぎ¼個　なす4個　焼き海苔2枚　すだち2個　溶き卵¼個分　塩適量　胡椒適量　サラダ油適量　焼きダレ［みりん大さじ5　濃口醤油大さじ3　酒大さじ4］　揚げ油適量

◎作り方

①玉ねぎはみじん切りにして、布巾に包み、きつく絞ります。

②鶏挽き肉はあたり鉢に入れてよくあたり、溶き卵を加えて、さらにあたります。なめらかになったら塩、胡椒で味を調え、①の玉ねぎをざっくりと混ぜ合わせます。

③焼き海苔は半分に切ります。

④③の焼き海苔の上に、②の鶏挽き肉を1.5ミリくらいの厚さに平らにのばします。

⑤フライパンにサラダ油を熱し、④を肉の方から焼きます。軽く焦げ目がついたら裏に返します。七分程度火が通ったら、材料の調味料を混ぜた焼きダレを流し入れ、さらに焼きます。

⑥火が通ったらフライパンから⑤を取り出し、残った焼きダレを煮つめます。ここへ鶏肉を戻して、焼きダレを全体にからめながら、焼き上げます。

⑦なすはへたを切り落とし、縦半分に切り、皮面に5ミリ間隔の鹿の子庖丁を入れ、中温に熱した揚げ油で素揚げにします。

⑧器に⑥の鶏肉の磯辺焼きを3つに切って盛り、⑦のなすの素揚げを盛り合わせ、半分に切ったすだちを添えます。

◎覚え書き

◆鶏肉の仕入れ法／鶏肉は水分が多く、いたみが早いのであまり保存がききません。なるべくその日に仕入れたものは、その日のうちに使い切るようにします。

そのため、仕入れは部位ごとに仕入れた方がよく、必要な部位を必要な量だけ買うとむだがありません。ただし、パック入りのものは品質が見分けにくいので避けます。

鶏の磯辺揚げ

▼材料　4人分
鶏挽き肉360g　玉ねぎ⅓個　焼き海苔1枚　溶き卵⅓個分　レタス適量　トマト1個　片栗粉適量　塩・胡椒各少々　揚げ油適量

◎作り方

①玉ねぎはみじん切りにして、布巾に包んでよく絞っておきます。

②鶏挽き肉はあたり鉢に入れてよくあたり、溶き卵を加えてさらにあたります。塩、胡椒で味を調えてから、①を軽く混ぜ合わせます。これを1個30グラムくらいの団子にまとめ、中心をつぶして平らにします。

③焼き海苔は2センチ四方の大きさに切り揃えます。

④②の鶏肉の団子に片栗粉をつけ、溶き卵をくぐらせた後、両面に③の焼き海苔を貼ります。全体に片栗粉を薄くつけ、中温に熱した揚げ油で揚げます。

⑤器にレタスと④の磯辺揚げを盛り、くし形に切ったトマトを添えます。

鶏の竜田揚げ

▼材料　4人分
チキンウイング（チューリップ形に整形したもの、市販品）4本　グリーンアスパラガス4本　つけ汁（醤油7対酒3の割合で混ぜたもの）適量　片栗粉適量　溶き辛子適量　揚げ油適量

◎作り方

①チキンウイングはつけ汁に5分ほどつけておきます。

②①の汁気を拭き取り、肉の部分に片栗粉をつけて、中温に熱した揚げ油で火が通るまで揚げます。

③②の竜田揚げの骨のところを和紙で包み、紅白の水引で結びます。

④グリーンアスパラガスは根元のかたい部分を切り落とし、塩を少々加えた熱湯で色よく茹で、4～5センチ長さに切り揃えます。

⑤器に③の竜田揚げを盛り、茹でた

グリーンアスパラガスを前盛りにし、溶き辛子を添えます。

鶏のホワイトソース煮

▼材料　4人分
鶏手羽肉1本　えび12尾　しめじ½パック　人参適量　パセリのみじん切り適量　サラダ油・塩・胡椒各少々　ホワイトソース［小麦粉50g　バター25g　牛乳2カップ　固形のスープの素1個　湯1カップ　サラダ油少々　塩少々　胡椒少々］

◎作り方
①鶏手羽肉は骨と皮、脂身を取り除いてから、塩、胡椒をします。フライパンにサラダ油を熱し、塩、胡椒した手羽肉の両面を焼きます。
②えびは背わたを取り、塩を少々入れた熱湯で茹でてざるに上げ、冷ましてから殻をむきます。
③しめじは石づきを切り取り、1本ずつに切り離します。人参はシャトー切りにして茹でます。
④ホワイトソースを鍋に入れて火にかけ、②のえび、③のしめじと人参を加えて軽く混ぜ、煮立ったら火を止めます。
⑤焼いた鶏肉を大きく4つに切って器に盛り、④のホワイトソースをたっぷりかけ、彩りにパセリのみじん切りを振ります。

◎覚え書き
◆ホワイトソースの作り方は以下の通りです。鍋にサラダ油とバターを入れて火にかけ、溶けてきたら小麦粉を加え、焦がさないように炒めます。小麦粉の粉臭さがなくなったら、牛乳を少量ずつ何回かに分けて加え、ダマにならないように溶きのばします。湯で溶いた固形スープの素を加えて、さらにのばし、塩と胡椒で味を調えます。

鶏の変わり串

▼材料　4人分
鶏もも肉½枚　ほたての貝柱3個　えび3尾　きゅうり⅓本　人参適量　酒適量　醤油適量　塩・胡椒各少々　サラダ油適量

◎作り方
①鶏のもも肉は塩、胡椒をします。フライパンにサラダ油を熱し、鶏もも肉を入れて両面を焼き、焼き色がついたら酒と醤油を加え、蓋をして蒸し焼きにします。焼き上がったら、ひと口大に切ります。
②ほたての貝柱は酒を振りかけ、蒸気の上がった蒸し器で蒸します。
③えびは背わたを取り、塩を少々加えた熱湯で茹でてざるに上げ、冷ましてから殻をむきます。
④きゅうりは縦半分に切り、さらに3センチくらいの長さに切ります。角を切り落とし、皮のかたい部分を削り取ります。
⑤人参は5ミリ厚さの輪切りにし、花型の型抜きで抜いて茹でます。
⑥飾り串に②の貝柱、④のきゅうり、①の鶏肉の順に刺したものと、①の鶏肉、⑤の人参、③のえびの順に刺したもの、二種類を作り、彩りよく器に盛り合わせます。

鶏の博多焼き

▼材料　4人分
鶏もも肉2枚　パイナップル（缶詰）輪切り2枚　トマト適量　パセリ適量　醤油適量　酒適量　塩・胡椒各少々　サラダ油適量

◎作り方
①鶏のもも肉は余分な脂を取り除き、1センチくらいの厚みに斜めに切り、塩、胡椒をします。フライパンにサラダ油を熱し、両面を焼きます。
②パイナップルは缶から取り出し、サラダ油で焼き、半分に切ります。
③トマトは1センチ厚さの輪切りにし、さらに半分に切ります。
④①の鶏肉と②のパイナップルを交互に挟み、博多に作ります。同様に鶏肉と③のトマトを交互に挟みます。
⑤器に④の二種類の鶏の博多焼きを盛り合わせて、パセリを飾ります。

鶏の五目おろし和え

▼材料　4人分
鶏もも肉2枚　生椎茸5枚　ほうれん草1把　人参適量　醤油適量　酒適量　サラダ油　おろし大根1-½カップ　三杯酢（酢5、薄口醤油5、みりん3の割合で混ぜたもの）適量

◎作り方
①鶏のもも肉は塩、胡椒をして、サラダ油で両面をソテーし、酒と醤油を加えて蒸し焼きにします。
②生椎茸はかたく絞ったぬれ布巾で汚れを拭き取り、石づきを切り落とします。傘の表面に十字に切れ目を入れ、熱湯で茹でます。
③ほうれん草は塩茹でし、根元を切り落とし、食べやすい大きさに切り揃えます。
④人参はさいの目に切り、茹でます。
⑤おろし大根は振り洗いして、水気を絞り、三杯酢と合わせます。
⑥①～④を混ぜ合わせ、⑤の三杯酢でざっくりと和えてから、器に盛って供します。

◎覚え書き
◆三杯酢の作り方／鍋に酢大さじ5、薄口醤油大さじ5、みりん大さじ3を合わせて火にかけ、ひと煮立ちさせて火を止めます。これを冷ましてから使います。特に肉、野菜類に合う、酢の物の代表的な加減酢です。

鶏と白菜のひたし煮

▼材料　4人分
鶏もも肉1枚　白菜2枚　小麦粉適量　木の芽適量　揚げだし［だし汁1カップ　みりん¼カップ　薄口醤油⅙カップ］　揚げ油適量

◎作り方
①鶏のもも肉は皮と余分な脂を取って、そぎ切りにし、小麦粉を薄くまぶし、中温に熱した揚げ油でカラリと揚げます。
②鍋にだし汁と他の調味料を合わせて火にかけ、煮立たせて揚げだしを

作ります。熱いうちに①の鶏の唐揚げを入れます。
③白菜は食べやすい大きさに切って、さっと茹でておきます。
④器に③の白菜を置いた上に、②を重ねて揚げだしをかけ、木の芽を天盛りにします。

大根の鶏そぼろ煮

▼材料　4人分
鶏そぼろ［鶏手羽肉1枚　だし汁½カップ　醤油¼カップ　砂糖¼カップ］　大根10cm　人参4cm　えのき茸1把　三つ葉適量　だし汁適量　水溶き片栗粉適量

◎作り方
①大根は5センチ厚さの輪切りにして皮をむき、さらに半円に切って松形の型抜きで抜きます。
②薄いだし汁をたっぷり用意し、①の大根を入れ、中火でやわらかくなるまでゆっくり煮ます。
③人参は1センチ厚さの輪切りにしてから、梅型で抜いて茹でます。三つ葉はさっと茹でます。
④えのき茸は根元を切り落としてから、二つに切り、ほぐします。
⑤鶏そぼろを作ります。鶏手羽肉は皮と骨、余分な脂を取ってみじんに切ります。
⑥鍋に煮汁のだし汁と調味料、⑤を入れ、箸5〜6本でよくかき混ぜて、ほぐしてから火にかけます。
⑦箸でかき混ぜながら、鶏に火が通ってきたら、④を加えます。仕上げに水溶き片栗粉を加え、とろみをつけます。
⑧器に鶏そぼろを敷いて②の大根をのせ、③の人参と三つ葉を添えます。

鶏しんじょのみぞれ煮

▼材料　4人分
鶏挽き肉200g　大根4cm　人参⅓本　グリーンピース50g　スイートコーン50g　溶き卵½個分　胡椒適量　煮汁［だし汁4カップ　塩小さじ1強　酒大さじ2］　水溶き片栗粉適量

◎作り方
①鶏挽き肉は二度挽きしたものを用意し、溶き卵を加えてよく混ぜ、ひと口大の団子に丸めてから、茹でます。
②大根と人参は鬼おろしでおろして、それぞれ水洗いをします。
③だし汁と②を鍋に入れて火にかけ、やわらかくなったら①を入れて、煮汁の残りの調味料を加えます。
④茹でたグリーンピースとスイートコーンを③に加え、仕上げに水溶き片栗粉を入れてとろみをつけます。
⑤器に④を盛り、吸い口に胡椒を落とします。

鶏のっぺい

▼材料　4人分
鶏ささみ肉200g　生椎茸6枚　大根150g　里芋6個　人参50g　こんにゃく1枚　あさつき適量　煮汁［だし汁6カップ　塩小さじ2　酒⅓カップ］　水溶き片栗粉［片栗粉大さじ2　水大さじ4］

◎作り方
①大根と人参は皮をむいて、いちょうに切って下茹でします。
②こんにゃくは下茹でしてから、スプーンで一口大にかき取ります。
③里芋は皮を六面にむいて7ミリ厚さに切り、塩でもんでから水洗いして、ぬめりを取ります。
④鍋にだし汁とぶつ切りにした鶏ささみ肉を入れて火にかけます。煮立ったらアクを引いて①〜③を加え、調味料を加えて味を調えます。
⑤いちょうに切った生椎茸を加え、水溶き片栗粉でとろみをつけます。
⑥器に⑤を盛り、小口に切ったあさつきを散らします。

鶏の博多椀

▼材料　4人分
鶏もも肉1枚　大根4cm分　人参½本　なめこ1袋　せり適量　煮汁［水4カップ　酒¼カップ　塩小さじ1強］

◎作り方
①鶏もも肉は皮と脂を取り除き、ひと口大のぶつ切りにします。
②大根と人参はいちょう切り、または丸くくり抜いて下茹でします。
③鍋に材料の水を入れて火にかけ、①の鶏もも肉を入れます。アクを引きながら中火で煮て、酒、塩を加えて味を調えます。さらに②の大根と人参を入れ、やわらかくなるまで煮含めます。
④煮上がりに、熱湯をかけてぬめりを取ったなめこを加え、さっと煮て仕上げます。
⑤器に④を盛り、彩りにせりをあしらいます。

鶏の椎茸双見の煮おろし

▼材料　4人分
鶏挽き肉200g　生椎茸8枚　焼き豆腐1丁　絹さや12枚　片栗粉適量　溶き卵½個　煮おろし地［だし汁1カップ　醤油⅓カップ　みりん⅓カップ　おろし大根適量　赤唐辛子1本］　揚げ油適量

◎作り方
①鶏挽き肉は二度挽きしたものを用意し、溶き卵を加えてよく混ぜ合わせます。
②生椎茸はかたく絞ったぬれ布巾で汚れを拭き取り、石づきを切り落とします。
③②の笠裏に片栗粉を薄くつけ、①の鶏挽き肉をつけます。肉の面に片栗粉をつけて中温に熱した揚げ油で揚げます。
④焼き豆腐は1丁を四つに切ります。
⑤鍋に煮おろし地のだし汁と調味料を入れて火にかけ、④を入れ、ひと煮立ちしたら取り出します。
⑥⑤の煮汁に、種を抜いて小口に切った赤唐辛子と水洗いした大根おろしを加えます。
⑦器に③の椎茸の双見と取り出した焼き豆腐を盛り、⑤の煮おろし地をたっぷりかけ、色よく茹でた絹さやを添えます。

卵の料理

昔、料理屋ではお土産として卵焼きを折箱に詰めていたものです。今では、熱々の卵料理は十分お金の取れる一品料理となっています。魚介や野菜を巻き込んだりすると一層魅力が増します。

だし巻き卵

菜巻き卵

嵐山

きじ巻き卵

親子焼き

オランダ焼き

う巻き卵

「卵の料理」の作り方

卵焼きは、そば店の酒の肴として大変喜ばれていたものですが、今では、和食店や小料理店などどこにでもある一品です。それだけ卵料理の人気は高いのですが、どこも一様に似たり寄ったりの味のようです。そこで、厚焼き卵を基本に、野菜や肉、魚を混ぜ込んだり、芯にして巻き込むなど個性を出すといいでしょう。

ひと口に厚焼き卵といっても、関東ではだし汁を使わず、多少甘めの味ですが、関西ではだし汁を使っただし巻き卵が一般的です。どちらでも結構ですが、だし汁、調味料と合わせた卵液は漉《こ》し器あるいは、ぬれ布巾を通して漉しますと、なめらかな焼き上がりになります。厚焼き卵の基本的な合わせ方は、卵八個に対して、だし汁大さじ三、みりん大さじ六、砂糖大さじ一杯半、ここに塩と醤油を加えて味を調えます。

上手に焼き上げるためには、卵焼き鍋を煙が出るまで熱してから、必ずぬれ布巾にのせて粗熱を取ること、卵液は四～五回に分けて弱火でていねいに焼くことが大切です。また、巻き込んだ卵焼きの下にも卵液が回るようにしてムラなく焼き上げてください。卵焼き鍋は十八センチ四方のものが使い勝手がいいようです。

一品料理として卵焼きをお出しする場合は、盛りつけにも工夫が必要です。料理自体に形の面白さがありませんので、器は派手やかな、目で見て楽しめるものが合います。特に新春は、おめでたい文様や扇や鶴を模した器を使い、華やかさを出すといいでしょう。土っぽい器、民芸調の器では、卵焼きがやぼったく見えてしまいます。さらに、大葉や菊の葉、笹の葉を敷いた上に盛りつけると、色合いも豊かになります。「菜巻き卵」や「きじ巻き卵」のように切り口のきれいな料理は、切り口を上にして盛り、酢取り生姜、染めおろしなど付け合わせで食べ味に変化をつけます。

だし巻き卵

▼材料　4人分
卵5個　だし汁½カップ　みりん½カップ　薄口醤油少々　塩小さじ½
葉つききゅうり1本　染めおろし適量
サラダ油適量

◎作り方

①卵はよく溶きほぐして、だし汁と調味料を加えてよく混ぜ、漉し器で漉します。

②卵焼き鍋を熱してサラダ油を薄くひき、卵液の全体の四～五分の一量を流し入れて焼きます。半熟になったら手前の方に巻き込んで鍋の向こう側へ寄せます。同じ程度の量の卵液を流し入れて、はじめに焼いただし巻き卵の下にも箸を差し入れて卵液を流し込み、ムラなく焼き上げます。これを数回繰り返して焼き上げます。

③焼き上がったら、巻き簀《す》で巻いて形を整え、切り分けます。

④きゅうりの葉を器に敷き、だし巻き卵を盛り、板ずりしたきゅうりとおろし大根に醤油を落とした染めおろしを添えます。

菜巻き卵

▼材料　4人分
卵5個　ほうれん草½把　塩少々　胡椒少々　バター小さじ1　サラダ油適量　しし唐辛子2本

◎作り方

①卵はよく溶きほぐし、塩、胡椒で味を調え、漉し器で漉します。

②ほうれん草は塩を加えた熱湯で色よく茹でて水に取り、水気をきつく絞ります。サラダ油を熱したフライパンで軽く炒めて塩、胡椒をし、仕上げにバターをからめ、根元と葉先を切り整えます。

③卵焼き鍋を熱してサラダ油を引き、①の卵液四～五分の一量を流し込んで焼きます。半熟状になったら②のほうれん草を中心に横にのせ、両側からかぶせるように巻きます。鍋の向こうに押し寄せては、卵液を流し入れて焼き、中心にほうれん草がくるように焼き上げます。

④焼き上がったら、まな板の上に取り、薄刃庖丁で軽く押して角を整え、四つに切り分けます。

⑤しし唐辛子は、サラダ油で軽く炒めておきます。

⑥器にほうれん草の芯が見えるように切り口を上にして盛り、サラダ油で軽く炒めたしし唐辛子を添えます。

嵐山《らんざん》

▼材料　4人分
卵5個　かに肉150g　三つ葉1把　塩少々　胡椒少々　サラダ油適量　酢ばす2切れ

◎作り方

①卵はよく溶きほぐして、塩、胡椒で味を調えて、漉し器で漉します。

②かに肉は軟骨を取って細かくほぐします。

③三つ葉は葉を取り、茎の部分を3

センチ長さに切り揃えます、
④①の卵液に②のかに肉と③の三つ葉を混ぜます。サラダ油を引いた卵焼き鍋に全体の四～五分の一量を流し入れて焼き、半熟状になったら手前に巻き込んで鍋の向こうに寄せます。同様にして卵液を三～四回に分けて焼き上げます。
⑤焼き上がったら、まな板の上に取り、形を整えて四等分します。切り口を上に向けて器に盛り、酢ばすを添えます。

きじ巻き卵

▼材料　4人分
鶏もも肉150g　焼きダレ［みりん大さじ4　醤油大さじ2］　卵液［卵5個　だし汁大さじ2　みりん大さじ4　砂糖小さじ1　塩少々　薄口醤油少々］　サラダ油適量　杵生姜1本　柚子適量　染めおろし適量　菊の葉1枚

◎作り方
①鶏もも肉は、皮と脂を取り除いて大きめのそぎ切りにします。
②焼きダレをつくります。みりんと醤油を鍋に合わせて火にかけ、全体の三割量になるまで煮つめます。
③①の鶏もも肉に②の焼きダレを二～三回つけながら、網焼きにしてきじ焼きにします。焼き上がったら、1センチ幅くらいに切り分けておきます。
④卵液の材料のだし汁と調味料は、鍋に合わせて一度煮立てて冷ましておきます。これを溶きほぐした卵に混ぜ、漉し器で漉します。
⑤卵焼き鍋を熱してサラダ油を引き、④の卵液の四～五分の一量を流し込み、半熟状になったら、③のきじ焼きを中心に横に並べ、これを芯にして巻き込みます。同様にして残りの卵液を数回に分けて焼き、厚焼き卵の要領で焼き上げます。
⑥焼き上がったら、形を整えて四等分し、菊の葉を敷いた器に切り口を上にして盛ります。半分に切った柚子、杵生姜、染めおろしを添えます。

親子焼き

▼材料　4人分
鶏もも肉100g　生椎茸3枚　筍50g　人参適量　みりん大さじ1　醤油小さじ1　卵液［卵5個　みりん大さじ4　醤油大さじ2　酒大さじ1］　三つ葉少々　サラダ油適量　オクラ2本　大葉2枚

◎作り方
①鶏もも肉は皮と脂を取って、あられ切りにします。
②生椎茸は、固く絞ったぬれ布巾で汚れを取り、石づきを切り落としてせん切りにします。
③筍、人参は、それぞれ2センチ長さのせん切りにします。
④①～③の材料を鍋に合わせ、みりんと醤油を加えて汁気がなくなるまで煮て味を含ませます。
⑤三つ葉は葉を取り除き、茎の部分を2センチ長さに切り揃えます。
⑥卵を溶きほぐし、みりん、醤油、酒を加えて漉し器で漉し、味を含めた④の材料と⑤の三つ葉を混ぜ合わせます。
⑦卵焼き鍋を熱してサラダ油を薄く引き、⑥の四～五分の一量を流し入れて焼き、半熟状になったら手前に巻き込みます。これを鍋の向こうへ寄せ、残りの卵液を三～四回に分けて厚焼き卵を焼く要領で焼き上げます。
⑧焼き上がったらまな板の上に取り、熱いうちに薄刃庖丁で形を整え、四等分します。
⑨器に大葉を敷いて、⑧の切り口が手前になるように盛り、塩少々を入れた熱湯で茹でて色を出したオクラを盛り添えます。

オランダ焼き

▼材料　4人分
鶏挽き肉150g　あさつき½把　卵5個　塩少々　胡椒少々　サラダ油適量　杵生姜1本　酢取り人参適量

◎作り方
①鶏挽き肉は、サラダ油を引いたフライパンで炒めて塩、胡椒で味を調え、冷ましておきます。
②あさつきは小口切りにします。
③卵は溶きほぐし、塩、胡椒で味を調え、漉し器で漉してなめらかにします。ここに①の炒めた鶏挽き肉と②のあさつきを混ぜます。
④卵焼き鍋を熱してサラダ油を薄く引き、③の四～五分の一量を流し入れて焼きます。半熟状になったら手前に巻き込んで鍋の向こうへ寄せ、同様にして残りの③を流し入れては焼き、厚焼き卵の要領で焼き上げます。
⑤焼き上がったら四等分し、器に盛って杵生姜と酢取り人参を盛り添えます。

う巻き卵

▼材料　4人分
卵液［卵5個　だし汁大さじ2　みりん大さじ4　砂糖小さじ1　塩少々　薄口醤油少々］　うなぎの蒲焼き1串　サラダ油適量　生椎茸2枚　染めおろし適量　笹の葉適量

◎作り方
①卵液のだし汁と調味料は、鍋に入れて合わせて火にかけ、煮立ったら火をとめて冷まします。これを溶きほぐした卵と混ぜ、なめらかになるよう漉し器で漉します。
②うなぎの蒲焼きは、さっと火であぶってから串を抜き、3センチ幅に切ります。
③卵焼き鍋を熱してサラダ油を薄く引き、①の四～五分の一量を流し入れて焼きます。半熟状になったら②のうなぎの蒲焼きを中心にのせ、芯にして巻き込みます。残りの卵液を何回かに分けて流し入れ、同様に焼きます。
④焼き上がったら、まな板の上に取り、薄刃庖丁で軽く押さえて形を整え、四等分します。
⑤器に笹の葉を敷き、切り口を上にして④を盛り、軽く網焼きにした生椎茸と染めおろしを添えます。

茶わん蒸しの料理

ソース焼き鶏茶わん蒸し

嶺岡蒸し

力蒸し

若狭蒸し

かにたま蒸し

菜取り蒸し

温かいものが恋しい季節に、喜ばれる茶わん蒸し。卵地に牛乳やスープを加えると洋風感覚のメニューが生まれます。

卵豆腐の料理

なめらかな卵豆腐は喉《のど》ごしもよく、
酒の合間に最適の一品です。夏は
冷たくしておすすめします。

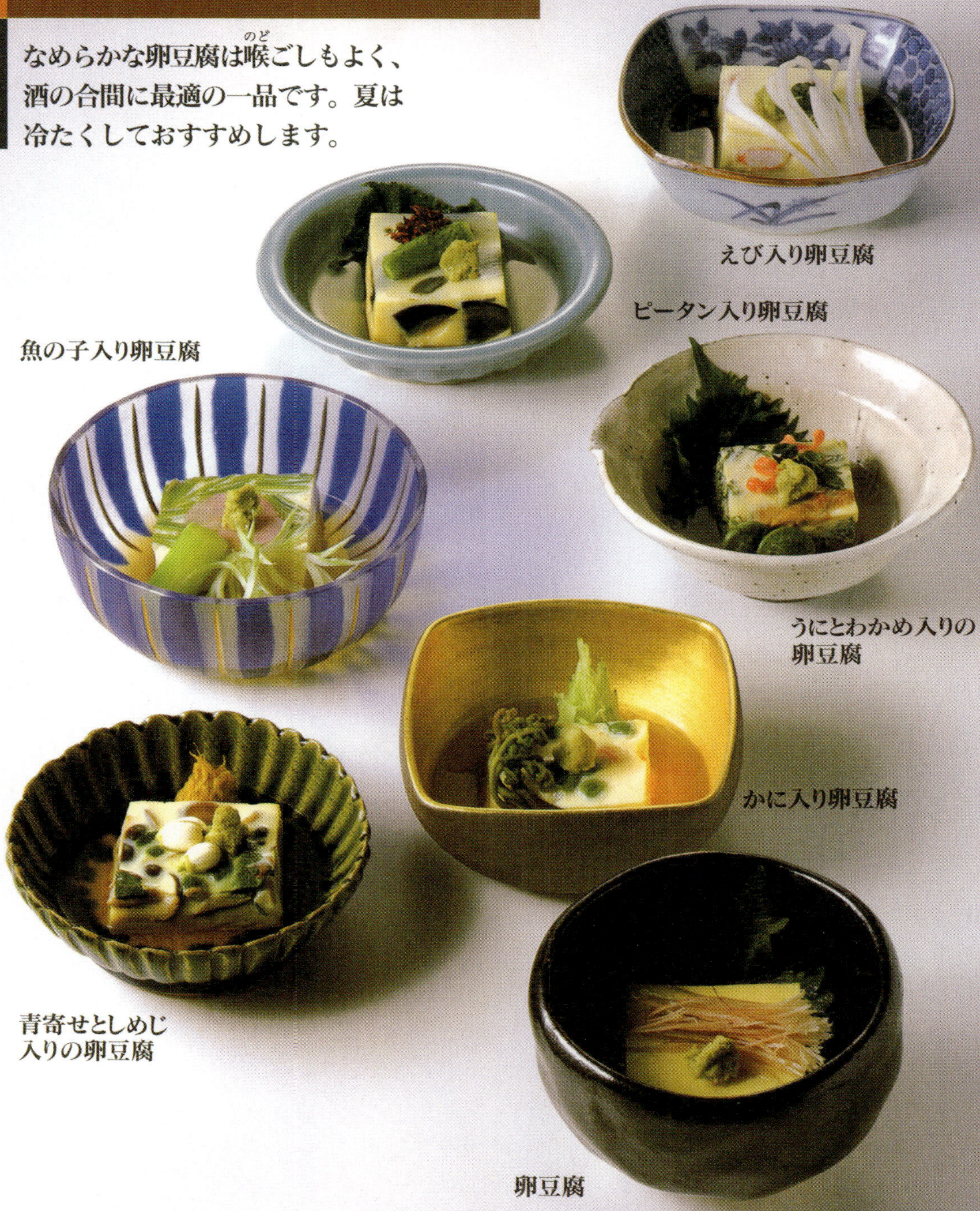

えび入り卵豆腐

ピータン入り卵豆腐

魚の子入り卵豆腐

うにとわかめ入りの
卵豆腐

かに入り卵豆腐

青寄せとしめじ
入りの卵豆腐

卵豆腐

「茶わん蒸しの料理」の作り方

宴会のコース料理などでも重宝する茶わん蒸しですが、残念なことに蒲鉾と椎茸、三つ葉を具にしたものをお出しする店が多いようです。茶わん蒸しの起源は洋風のココットを真似たものと思われます。現代でも、具をたっぷり使って蒸し焼きにするココット風の料理は充分魅力があり、茶わん蒸しの人気も高まります。また、うどんや餅を加えてボリュームを出しますと、お茶漬けや雑炊と同様に、軽食感覚の一品となります。

ソース焼き鶏茶わん蒸し

▼材料　4人分
鶏もも肉240g　芽キャベツ8個　茹で筍120g　小松菜½把　ウスターソース適量　卵地［卵3個　だし汁2カップ　酒小さじ1　薄口醤油小さじ1　塩小さじ⅓　砂糖小さじ⅔］　吉野あん［だし汁1カップ　みりん¼カップ　薄口醤油小さじ1　片栗粉大さじ½］　わさび適量　柚子の皮少々

◎作り方
①鶏もも肉は食べやすい大きさに切り、ウスターソースをつけながら二度焼きにします。
②芽キャベツと小松菜は、塩少々を入れた熱湯で茹でます。小松菜は水に取って冷まし、食べやすい大きさに切ります。
③茹で筍は薄切りにします。
④卵地をつくります。卵を溶きほぐし、だし汁と他の調味料を入れて混ぜ、かたく絞ったぬれ布巾で漉してなめらかにします。
⑤器に①～③の材料を入れて④の卵地を注ぎ、蒸気の上がった蒸し器に入れ、布巾をかませて蓋をして蒸します。
⑥吉野あんをつくります。鍋に吉野あんの材料を溶き合わせ、絶えず木杓子でかき混ぜながら弱火で練り、とろみをつけます。
⑦蒸し上がった⑤に熱々の吉野あんをかけ、わさびと柚子の皮を添え、蓋をしてすすめます。

◎覚え書き
◆なめらかな茶碗蒸しを作るコツ／卵地は、必ず、卵とだし汁、調味料を合わせたら必ずきつく絞ったぬれ布巾で漉し取ります。こうすると、卵のダマができず、なめらかに仕上がります。また、蒸し器は布巾をかませて蓋をして、湯気が茶碗蒸しに落ちないようにします。

力蒸し

▼材料　4人分
茹でうどん1玉　切り餅4個　生椎茸4枚　えび4尾　塩少々　卵地［卵3個　だし汁2カップ　酒小さじ1　薄口醤油小さじ1　塩小さじ⅓］　バター適量

◎作り方
①茹でうどんは食べやすい大きさに切ります。切り餅は網で焼いてから、熱湯に通します。
②えびは背わたを取って殻をむき、塩少々を入れた熱湯で茹でます。
③器に①～②の材料を入れ、布巾で漉してなめらかにした卵地を注ぎ入れ、蒸気の上がった蒸し器で蒸します。蒸し上がりにバターをのせ、蓋をしてすすめます。

嶺岡《みねおか》蒸し

▼材料　4人分
鶏もも肉120g　えび4尾　ブロッコリー4房　生椎茸4枚　茹で筍120g　醤油適量　塩少々　卵地［卵3個　牛乳2カップ　生クリーム大さじ1　酒小さじ1　塩小さじ½　醤油適量］　木の芽適量

◎作り方
①鶏もも肉は食べやすい大きさに切り、醤油でさっと洗います。
②えびは背わたを取って殻をむき、塩少々を入れた熱湯で下茹でします。
③ブロッコリーは塩少々を入れた熱湯で茹でます。
④生椎茸は汚れを取って石づきを切り落とします。茹で筍は薄切りにします。
⑤卵地をつくります。卵を溶きほぐし、［　］内の残りの材料を入れて混ぜ、ぬれ布巾で一度漉します。
⑥器に①～④の材料を入れ、⑤の卵地を注いで蒸し器で蒸します。仕上がりに木の芽を添え、蓋をしてすすめます。

若狭蒸し

▼材料　4人分
白身魚の切り身240g　小松菜½把　人参適量　銀杏12個　オクラ4本　塩適量　卵地［卵3個　だし汁2カップ　酒小さじ1　薄口醤油小さじ1　塩小さじ⅓］　木の芽適量

◎作り方
①白身魚は塩少々を振り、串を打って焦がさないよう両面を焼きます。
②小松菜は塩少々を入れた熱湯で茹でて食べやすい大きさに切ります。
③人参は輪切りにして飾り庖丁を入れ、オクラはがくの固い部分を取り除き、それぞれ下茹でします。
④銀杏は殻から取り出し、茹でながら薄皮を取り除きます。
⑤器に①～④の材料を入れ、一度漉してなめらかにした卵地を注ぎ、蒸気の上がった蒸し器に入れ、布巾をかけて蓋をして蒸します。

⑥仕上がりに木の芽をのせ、蓋をして提供します。

かにたま蒸し

▼材料　4人分
かにの身200g　茹で筍120g　干し椎茸12枚　わけぎ1把　卵4個　酒大さじ2　塩小さじ½　胡椒少々　吉野あん［だし汁1カップ　みりん¼カップ　薄口醤油小さじ1　片栗粉大さじ½］溶き辛子適量

◎作り方
①かにの身は軟骨を取り除き、粗めにほぐします。
②わけぎは斜め薄切りにし、茹で筍はせん切りにします。
③干し椎茸はぬるま湯でやわらかく戻して軸を除き、せん切りにします。
④鍋に溶きほぐした卵と①〜③の材料、酒、塩、胡椒を入れて混ぜます。これを弱火にかけ、箸でかき混ぜながら炒ります。
⑤4分通りかたまってきたら器に移し入れ、蒸し器で蒸します。
⑥［　］内の材料を火にかけて作った吉野あんをかけ、辛子を添えます。

◎覚え書き
◆筍の茹で方／筍2本に対し、米ぬか1カップ、赤唐辛子1、2本を用意します。筍は皮つきのまま穂先を斜めに切り落とし、縦に庖丁目を入れ、米ぬかと赤唐辛子を入れたたっぷりの水で茹でます。竹串がすっと通るまで茹でたら、茹で汁につけた状態で冷まします。

菜取り蒸し

▼材料　4人分
鶏もも肉120g　小松菜½把　バター適量　塩少々　胡椒少々　卵地［卵3個　だし汁2カップ　酒小さじ1　薄口醤油小さじ1　塩小さじ⅓］　柚子適量

◎作り方
①鶏肉は、食べやすい大きさに切ります。小松菜は塩少々を入れた熱湯で茹でて、同様に切ります。
②フライパンにバターを熱し、①の鶏肉と小松菜を入れて炒め、塩、胡椒をして味を調えます。
③器に②の炒めた鶏肉と小松菜を入れ、漉してなめらかにした卵地を注ぎ入れ、蒸気の上がった蒸し器で蒸します。
④蒸し上がったら薄くへいだ柚子の皮を添え、蓋をして熱いうちにすすめます。

「卵豆腐の料理」の作り方

卵豆腐をなめらかにつくるコツは、まず、卵とだし汁の温度を同じくらいにすることです。だし汁を熱いまま使ったのでは、卵のダマができてしまいます。また、だし汁と調味料を混ぜ合わせた卵豆腐の地は、かたく絞ったぬれ布巾で漉《こ》してから使います。こうすると、地の中の空気が抜けて〝す〟がたちません。

えび入り卵豆腐

▼材料　4人分
車えび10尾（1尾25g程度のもの）　卵豆腐の地［卵9個　だし汁510cc　薄口醤油小さじ1½　酒大さじ4弱　みりん小さじ1弱　塩小さじ⅔］　かけ醤油（だし汁7対醤油3の割合で混ぜたもの）適量　青芽・わさび・うど各適量

◎作り方
①車えびは背わたを取ってサッと茹で、殻をむいて尾を取り除きます。
②卵豆腐の地をつくります。ボールに卵を割りほぐし、だし汁と他の調味料を入れて混ぜ合わせ、なめらかになるようかたく絞ったぬれ布巾で漉します。
③流し缶に②の卵豆腐の地を流し込み、①のえびを入れ、表面の泡を丁寧に取り除きます。
④蒸気の上がった蒸し器に③の流し缶を入れ、布巾をかけて蓋をして強火で約3分、中火で約13分蒸します。
⑤蒸し上がった卵豆腐は冷ましてから流し缶から出し、四つに切ります。
⑥器に⑤を盛り、ひと煮立ちさせて冷ましたかけ醤油をかけ、青芽とわさびを天盛りにし、飾り切りしたうどを添えます。

ピータン入り卵豆腐

▼材料　4人分
ピータン2個　卵豆腐の地（前項参照のこと）　かけ醤油（前項参照のこと）　葉付ききゅうり4本　赤芽・わさび各適量

◎作り方
①ピータンは泥を落としてから水で洗い、殻をむいて縦6つに切ります。
②流し缶に卵豆腐の地を流し入れ、①のピータンを加えて蒸します。
③蒸し上がったら冷ましてから流し缶から取り出し、4つに切ります。
④器にきゅうりの葉を敷き、③を盛ってかけ醤油をかけ、きゅうり、赤芽、わさびを添えます。

うにとわかめ入りの卵豆腐

▼材料　4人分
生うに50g　わかめ（水に戻したもの）50g　人参適量　卵豆腐の地［卵9個　だし汁510cc　薄口醤油小さじ1½　酒大さじ6　みりん小さじ1½　塩小さじ1½］　かけ醤油（「えび入り卵豆腐」の項参照のこと）　こごみ（茹でたもの）8本　大葉4枚　木の芽・わさび各適量

◎作り方

①わかめは水に戻したものを用意して、細かく刻んでおきます。

②人参は皮をむき、5センチ幅の桂むきにして、これを1センチ幅程度の斜め切りにして水に放ち、より人参をつくります。

③溶き卵とだし汁、他の調味料を合わせ、きつく絞ったぬれ布巾で漉して卵豆腐の地をつくり、①のわかめを加えます。これを流し缶に流し入れて表面の泡を丁寧に取り除きます。

④蒸気の上がった蒸し器に③を入れ、ぬれ布巾をかけて蓋をして蒸します。

⑤少しかたまってきたら生うにをのせ、さらに蒸し上げます。

⑥蒸し上がったら冷ましてから、4つに切り、大葉を敷いた器に盛ってかけ醤油をかけます。②のより人参、木の芽、わさびをのせてこごみを添えます。

魚の子入り卵豆腐

▼材料　4人分
魚の子2腹分　糸三つ葉1把　大根の葉適量　ちしゃとう適量　八方地（だし汁8、みりん1、醤油1の割合で合わせたもの）適量　卵豆腐の地［卵9個　だし汁510cc　薄口醤油小さじ1/2　酒大さじ6　みりん小さじ1/2　塩小さじ1/2］　かけ醤油（だし汁7に対し醤油3の割合で合わせたもの）適量　うどの梅酢漬け適量　わさび適量

◎作り方

①魚の子は八方地で煮てから薄皮をむき、パラパラにほぐしておきます。

糸三つ葉は2センチ長さに切ります。

②ちしゃとうは3センチ長さに切って茹でておきます。

③大根の葉は葉の部分を取り除き、茎に5ミリ間隔で斜めに切り込みを入れて水に放ち、矢車大根にします。

④溶き卵にだし汁と他の調味料を加えて混ぜ、かたく絞った布巾で漉して卵豆腐の地をつくります。ここに①の魚の子と糸三つ葉を加えて混ぜ、流し缶に入れて、表面の泡を丁寧に取り除きます。

⑤蒸気の上がった蒸し器に④の流し缶を入れて蒸します。冷ましてから四つに切り分けます。

⑥器に⑤の卵豆腐を盛り、かけ醤油をかけ、梅酢に漬けたうどとわさびをのせ、②のちしゃとうと③の矢車大根を盛り添えます。

かに入り卵豆腐

▼材料　4人分
かにの身（茹でたもの）150g　グリーンピース大さじ4　きゅうり1/2本　塩適量　卵豆腐の地［卵9個　だし汁510cc　薄口醤油小さじ1/2　酒大さじ6　みりん小さじ1/2　塩小さじ1/2］　かけ醤油（だし汁7に対し醤油3の割合で合わせたもの）適量　わさび適量　茹でわらび8本

◎作り方

①かにの身は茹でたものを用意し、殻からはずして骨を抜き、粗めにほぐしておきます。

②グリーンピースはさやから出し、手のひらにのせて転がすようにしながら塩をすりこみ、熱湯に入れて色よく茹で、冷水にとります。

③きゅうりは3～4センチ幅の桂むきにしてせん切りにし、水にさらします。

④卵豆腐の地の中に①のかにの身と②のグリーンピースを混ぜ、流し缶に流し込んで泡を丁寧に取ります。蒸気の上がった蒸し器に入れて、ぬれ布巾をかけ、蓋をして蒸します。

⑤蒸し上がったら冷ましてから四つに切り、器に盛ってかけ醤油をかけます。わさびをのせ、水気を絞った③とわらびを盛り添えます。

青寄せとしめじ入りの卵豆腐

▼材料　4人分
しめじ200g　ほうれん草の青寄せ45ページ参照適量　黄菊4個　卵豆腐の地［卵9個　だし汁510cc　薄口醤油小さじ1/2　酒大さじ6　みりん小さじ1/2　塩小さじ1/2］　かけ醤油（だし汁7に対し醤油3の割合で合わせたもの）適量　花柚子8個　わさび適量

◎作り方

①しめじは石づきを切り取り、ばらばらにほぐしておきます。

②黄菊の花は酢を加えた熱湯で茹でて水にとり、水気を絞ります。

③卵豆腐の地をつくります。卵を溶きほぐし、だし汁と他の調味料と混ぜ合わせ、かたく絞ったぬれ布巾で漉してなめらかにします。このうちごく少量を取り分け、青寄せを混ぜてやわらかくのばしておきます。

④残りの卵豆腐の地の中に①のしめじを混ぜ合わせ、流し缶の中に流し込んで表面の泡を丁寧に取り除きます。この上に③の青寄せを混ぜた卵豆腐の地をたらします。

⑤蒸気の上がった蒸し器に④の流し缶を入れて蒸します。

⑥蒸し上がった卵豆腐は4つに切り分けて器に盛り、かけ醤油をかけ、②の菊の花を添えます。わさびと花柚子を天盛りにしておすすめします。

卵豆腐

▼材料　4人分
卵豆腐の地［卵9個　だし汁510cc　薄口醤油小さじ1/2　酒大さじ6　みりん小さじ1/2　塩小さじ1/2］　かけ醤油（だし汁7に対し醤油3の割合で合わせたもの）適量　みょうが2個　大葉4枚　わさび適量

◎作り方

①卵豆腐の地をつくります。卵を溶きほぐし、［　］内の残りの材料を混ぜたら、きつく絞ったぬれ布巾で漉してから流し缶に流し込み、表面の泡を丁寧に取り除きます。

②蒸気の上がった蒸し器に①を入れ蒸します。

③みょうがは1枚1枚はずしてせん切りにし、水にさらします。

④②の卵豆腐は冷ましてから取り出して4つに切り、大葉を敷いた器に盛り、かけ醤油をかけます。わさびと③のみょうがを添えます。

野菜の料理

筍の料理

春の味覚の代表格といわれる筍。その野趣に富んだ味わいと春の香りとを待ちかねている酒客も多く〝走り〟の頃にこそ、使いたい素材です。旬の時期は種類によって違いますが、市場に多く出回っている孟宗竹は三月から四月の頃。

どんな調理法にも合う材料ですが、必ず下茹でしてアクを抜くことが基本となります。

筍の料理

筍は、部位によって使い分けると無駄がありません。やわらかい穂先は椀種、真ん中は煮物や焼き物、固い根元は揚げ物に適しています。

筍の含め煮

筍と揚げえびの煮物

筍ごはん

筍の笠焼き

筍の揚げ衣和え

筍の寄せ物

筍の小串焼き

「筍の料理」の作り方

春の香りを真先に伝えてくれる筍は、江戸時代には『筍百珍』という料理本があらわれたほど、どんな料理にしてもおいしい素材です。この筍の調理の基本は、下茹でとアク抜きにあります。筍四本を下茹でする場合は、米ぬかと赤唐辛子五本、そしてたっぷりの水を入れて五十分ほど茹で、そのまま四、五時間湯止めをします。茹で汁が完全に冷えてから流水で洗い、皮をむきます。

良質の筍の選び方は、手に持って重いもの、皮がしっとりとして全体にうぶ毛がビロード状にはえているものを選ぶことです。また、太くて短く、曲がりのないものを選びます。筍には皮が白いものと黒いものがありますが、白いものの方がおいしく、肉質もやわらかです。掘り立ての〝朝掘り〟を使うのが何よりですが、掘ってから一日以上たったものはえぐみがでてきますので、下茹でしてアクを抜くことが必要になります。

筍の落とし揚げ

▼材料　4人分
茹で筍200g　生椎茸5～6枚　鶏ささ身肉2本　酒大さじ1　塩少々　揚げ衣［卵2個　小麦粉¾カップ　酒少々　塩少々］　ちしゃ適量　揚げ油適量

◎作り方
①筍は根のかたい部分を用意して、みじん切りにしてから、水気を絞っておきます。
②生椎茸は汚れを拭いて石づきを取り、さいの目に切ります。
③鶏ささ身肉は筋をとり、粗みじんに切ります。
④鍋に③の鶏ささ身肉を入れ、酒と塩を加えてさっと炒ります。
⑤ボールに、卵と小麦粉、調味料を入れて混ぜ、かための揚げ衣を作り、筍と④の鶏肉を入れ、最後に②の生椎茸を加えてざっくり混ぜます。
⑥揚げ油を中温に熱し、⑤をひと口大の大きさにまとめて静かに落とし入れて揚げます。箸で持ってみて軽くなったら取り出して、油を切ります。
⑦器にちしゃを敷き、⑥の落とし揚げを盛ります。

筍とたいの子の煮物

▼材料　4人分
茹で筍1本　たいの子2腹　生椎茸8枚　木の芽適量　煮汁［だし汁2カップ　みりん½カップ強　醤油⅓カップ］

◎作り方
①筍は皮をむき、根のかたい部分は1センチ厚さの半月に切り、やわらかい部分は縦四つ割りにします。
②たいの子は一腹分ずつを切り離し、上下を切り落として縦に庖丁目を入れます。
③生椎茸は石づきを取って茹でます。
④鍋にだし汁と他の調味料を入れて火にかけ、①～③の材料を入れます。紙蓋をして弱火で煮含めます。
⑤器に筍とたいの子の煮物を盛り、木の芽をあしらいます。

筍の木の芽田楽

▼材料　4人分
茹で筍（中）1本　杵生姜2本　醤油適宜　木の芽味噌［西京味噌300g　木の芽40枚　青寄せ適量　酒少々］

◎作り方
①茹で筍は根元のかたい部分を切り落として8枚の輪切りにし、醤油で洗います。
②木の芽味噌を作ります。西京味噌と叩いた木の芽をあたり鉢に入れてよくあたり、青寄せと酒を加えてさらにあたってなめらかにします。みりんを加えて火で練り上げると、いっそうなめらかになります。
③①の筍を串に刺し、中火の近火で一度あぶってから、木の芽味噌をたっぷりぬって再び弱火であぶります。
④焼き上がったら串を抜き、器に盛って、杵生姜を添えます。

◎覚え書き
◆青寄せの作り方／ほうれん草の葉½把分と水5カップを用意します。ほうれん草の葉を庖丁で細かく刻んでからあたり鉢に入れ、よくあたって分量の水を加えて混ぜます。これをぬれ布巾に通して鍋に漉し取り、火にかけます。煮立ってくると、中央に青寄せが寄ってくるので、網杓子ですくって水に取ってアクを抜き、布巾に包んできつく絞ります。この青寄せは、密封して冷蔵しておくと7～10日間持ちます。

筍のサラダ

▼材料　4人分
茹で筍200g　ラディッシュ4個　うど1本　すき昆布½枚　紫玉ねぎ（または玉ねぎ）小1個　ドレッシング［サラダ油1カップ　酢⅓カップ　塩少々　胡椒少々］

◎作り方
①筍は穂先のやわらかいところを使い、薄切りにして水につけます。
②すき昆布は水洗いして、一晩水につけて戻し、さっと茹でて水に取り、食べよい長さに切ります。
③ラディッシュは輪切りにし、玉ねぎは縦半分にしてから横に薄切りにし、それぞれ水に放します。

④うどは皮をむき、乱切りにして酢水につけます。
⑤ボールに①〜④の材料を水気を切って入れ、ざっくり混ぜます。
⑥器に⑤を盛り、材料の調味料をよく混ぜ合わせたドレッシングをかけます。

筍とたにしの粉山椒和え

▼材料　4人分
茹で筍150g　たにし200g　酒少々　サラダ油少々　山椒味噌［田舎味噌大さじ7　砂糖大さじ4　みりん大さじ4　粉山椒少々］　嫁菜適量

◎作り方
①筍はさいの目に切ります。
②山椒味噌を作ります。鍋に、味噌と砂糖を入れてすり合わせ、みりんを混ぜます。これを弱火でゆっくりと練り、最後に粉山椒を振ります。
③鍋にサラダ油を熱し、筍とたにしを入れて強火でさっと炒め、酒少々を振りかけます。
④③の粗熱が取れたら山椒味噌でざっくり和え、茹でた嫁菜を添えます。

筍とあなごのくちなし揚げ

▼材料　4人分
茹で筍1本　あなご1本　小麦粉適量　くちなしの実2〜6個　湯大さじ2　揚げ衣［卵1個　水¼カップ　小麦粉½カップ強　酒大さじ1　塩小さじ½］

◎作り方
①筍は根元のかたい部分を切り落とし、1センチ厚さの半月に切ります。あなごは開いて人数分に切り分け、それぞれ小麦粉を薄くまぶします。
②くちなしの実は殻を割って熱湯につけ、色を出します。
③揚げ衣をつくります。卵を溶きほぐし、水と②のつけ汁、酒、塩を混ぜ、小麦粉をさっくり混ぜます。
④①の筍とあなごに揚げ衣をつけ、それぞれ中温の油で揚げます。

筍の梅肉和え

▼材料　4人分
茹で筍200g　梅肉大さじ4　醤油少々

◎作り方
①筍は根元のかたい部分をごく細いせん切りにし、醤油少々で練った梅肉で和えます。

筍の忍び焼き

▼材料　4人分
茹で筍(中)1本　鶏ささ身8本　焼きダレ［みりん大さじ6　醤油大さじ3］

◎作り方
①筍は根元のかたい部分を切り取り、縦八つ割りにします。
②鶏ささ身肉は筋を取って観音開きにします。
③筍を②の鶏肉で巻いて端を楊枝で止め、金串を打ち、強火の遠火で焼き、焼きダレをぬって仕上げ、串を抜いて器に盛ります。

寄せ筍

▼材料　4人分
茹で筍200g　芝えび15尾　寒天⅔本　板ゼラチン2枚　だし汁½カップ強　酒少々　塩少々　みりん少々　わさび適量　大葉適量

◎作り方
①寒天は細かくちぎって水で洗って2時間程水につけ、板ゼラチンは30分程水につけて、それぞれ戻します。
②筍は根の方を使い、薄く切ってからせん切りにします。
③芝えびは背わたを取って殻をむき、塩を少々入れた熱湯でさっと茹でてざるに上げ、冷まします。
④鍋にだし汁と水気を絞った寒天、酒、塩、みりんを加えて火にかけます。寒天が溶けたら、筍を入れます。
⑤煮立ってきたら戻したゼラチンと③の芝えびを加えます。ゼラチンが溶けたら流し缶に入れて冷やしかためます。食べよい大きさに切り、大葉を敷いた器に盛り、わさびを添えます。

筍とそら豆の茜揚げ

▼材料　4人分
茹で筍1本　そら豆20個　小麦粉適量　うに衣［卵黄2個　練りうに大さじ2　小麦粉大さじ½強　水大さじ2］

◎作り方
①筍は横半分に切り、縦7〜8ミリ厚さに切って小麦粉をまぶします。
②そら豆はさやからはずし皮をむき、薄く小麦粉をまぶします。
③うに衣をつくります。卵黄と練りうにを混ぜて水を加え、小麦粉をさっくりと混ぜます。
④筍とそら豆の片側にうに衣をつけ、中温の油で色よく揚げます。

筍の含め煮

▼材料　4人分
茹で筍300g　鶏肉½枚　生椎茸4枚　青梗菜½把　塩少々　煮汁［だし汁2½カップ　みりん½カップ　薄口醤油¼カップ］　木の芽適量

◎作り方
①茹で筍は乱切りにします。
②鶏肉は脂肪の部分をていねいに取り除き、食べよい大きさに切ります。
③生椎茸は汚れを拭き取り、軸を切り落とします。
④青梗菜は塩少々を加えた熱湯で茹でてざっくりと切ります。
⑤鍋にだし汁と調味料を合わせて火にかけ、①〜④の材料を入れて煮ます。
⑥器に⑤を盛り、木の芽を添えます。

筍と揚げえびの煮物

▼材料　4人分
茹で筍300g　えび8尾　グリーンアスパラガス8本　厚揚げ½枚　煮汁［だし汁2½カップ　みりん½カップ　薄口醤油¼カップ］　塩少々　揚げ油適量　溶き辛子適量

◎作り方
①茹で筍は乱切りにします。

②えびは背わたを取り、尾ひと節を残して殻をむき、身の三分の一の深さまで庖丁で背に切り込みを入れ、揚げ油で揚げます。
③厚揚げは食べやすい大きさに切り、揚げ油でさっと揚げます。
④グリーンアスパラガスは根元のかたい部分を切り取り、塩を加えた熱湯で茹でてざるに上げます。
⑤鍋に材料の煮汁の調味料を合わせ、①〜④の材料を入れ、紙蓋をして煮含めます。
⑥器に⑤を彩りよく盛り合わせ、溶き辛子を添えます。

筍ごはん

▼材料　4人分
茹で筍300g　油揚げ3枚　煮汁［だし汁2カップ　みりん大さじ2　砂糖大さじ1.5　薄口醤油大さじ3］　ごはん［米4カップ　だし汁4½カップ　酒大さじ4　薄口醤油小さじ1　塩小さじ1］　木の芽適量

◎作り方
①筍は縦半分に切ったものをさらに縦三つに切り、薄切りにします。
②油揚げは湯通しをしてから縦三つに切り、さらに1センチ幅くらいに切ります。
③煮汁の調味料で①と②を汁気がなくなるまで煮ます。
④米は炊く30分〜1時間前にとぎ、ざるに上げ水気を切っておきます。
⑤厚手の鍋に④の米、だし汁、他の調味料を入れて③をのせて火にかけます。
⑥煮立ったら火を弱めて12〜13分炊き、火を止めて10分程むらします。ごはんがむれてから具を均一になるようにかき混ぜます。
⑦器に⑥の筍ごはんを盛り、庖丁で叩いた木の芽を散らします。

筍の笠焼き

▼材料　4人分
茹で筍75g　生椎茸8枚　鶏しんじょ［鶏挽き肉150g　生椎茸4枚　人参20g　卵½個　砂糖大さじ½　薄口醤油大さじ½］　小麦粉・サラダ油各適量　祐庵地［薄口醤油大さじ3　みりん大さじ5　酒大さじ2］　木の芽・染めおろし各適量　レタス4枚

◎作り方
①茹で筍はみじん切りにして水気を絞ります。
②鶏しんじょを作ります。鶏肉は脂肪のないところを二度挽きにしたものを用意し、さらにあたり鉢でよくあたり、卵と他の調味料を混ぜます。
③生椎茸は汚れを落とし、4枚分をみじん切りにします。人参は皮をむいて、みじん切りにします。
④③の生椎茸と人参を②に混ぜ、8個分に取り分け団子状にします。
⑤生椎茸8枚の傘の裏側に小麦粉をつけ、④の団子1個分を傘の裏に詰めて形を整え、フライパンにサラダ油を熱して焼きます。
⑥火が通ったら祐庵地の調味料を合わせて注ぎ入れ、全体にからめながら汁を煮つめます。
⑦器にレタスを敷き、⑥を盛って木の芽と染めおろしを添えます。

筍の揚げ衣和え

▼材料　4人分
茹で筍300g　そら豆30個　揚げ衣［油揚げ5枚　白ごま大さじ2　砂糖大さじ4　薄口醤油大さじ3　酒小さじ1　みりん小さじ1　あたりごま大さじ2］　木の芽適量

◎作り方
①茹で筍は薄切りにします。そら豆は塩茹でにします。
②揚げ衣を作ります。油揚げは湯通しをし、網にのせて焦がさないように焼いてごくみじんに切り、さらにあたり鉢であたります。ここに白ごまと他の調味料を加えて混ぜます。
③①の筍とそら豆を②の揚げ衣でざっくりと和え、器に盛って木の芽を添えます。

筍の寄せ物

▼材料　4人分
茹で筍300g　寒天1本弱　煮汁［だし汁2½カップ　みりん½カップ　薄口醤油¼カップ］　練り味噌［味噌・醤油・薄口醤油・各大さじ½］　サラダ菜4枚　溶き辛子適量

◎作り方
①茹で筍はせん切りにします。
②寒天は細かくちぎって水洗いをしてから2時間程水につけます。
③鍋に煮汁の調味料と、水気をきつく絞った寒天を入れて火にかけます。
④寒天が溶けたら①の筍を入れ、さっと煮立てて火からおろし、流し缶に流し入れます。
⑤④が固まったら切り分けて器に盛り、練り味噌の調味料と溶き辛子を練り合わせたものを上からかけます。

筍の小串焼き

▼材料　4人分
茹で筍75g　鶏挽き肉150g　生椎茸2枚　人参20g　卵½個　砂糖大さじ½　薄口醤油大さじ½　焼きダレ［みりん½カップ　醤油½カップ］　卵黄1個　サラダ油適量

◎作り方
①茹で筍はみじん切りにして水気を絞ります。
②鶏挽き肉は脂肪の少ないところを二度挽きにしたものを用意し、さらにあたり鉢でよくあたります。
③生椎茸は汚れを落としてからみじん切りにします。人参は皮をむいてみじん切りにします。
④①〜③をよく混ぜ合わせ、卵と砂糖、薄口醤油を加えてさらに混ぜ、ひと口大の団子を16個作ります。
⑤フライパンにサラダ油を熱し、④の団子を焼き、全体の半量まで煮つめた焼きダレをからめます。
⑥⑤を金串にさし、卵黄を刷毛でぬりながら遠火の強火で焼きます。
⑦焼き上がったら金串を抜き、竹串にさし直して器に盛ります。

春の山菜料理

早春、自然の恵みを受けた山菜が出回り始めます。何といっても山菜の魅力は、そのほろ苦さにありますので、あくやえぐみを取り過ぎずに料理したいものです。炒め物、揚げ物、和え物、この三種類の調理法は山菜の持ち味を活かすには恰好です。

浜防風とみる貝のごま衣かけ

えびとこごみの錦糸和え

山菜のもろみ添え

山菜の淡煮

えびとかたくりの木の芽味噌

わらびのおひたし

わさびの花のおひたし

山菜のうに衣揚げ

「春の山菜料理」の作り方

雛《ひな》祭りの節句や端午の節句に行なわれた〝薬狩《くすりがり》〟（野山で山菜を摘《つ》む行事）が知られるように、山菜は古くからその効能が薬として利用されていました。今でも自然の恵みを感じさせる数少ない素材の一つとして親しまれています。野菜に比べると、確かに個性が強いのですが、アクやえぐみなど山菜の持ち味を活かした料理は、格好の酒肴になります。特に「油で炒める」「和え物にする」「油で揚げる」、この三つの料理法は覚えておくとたいへん重宝します。それぞれの山菜に合わせた下処理もポイントです。

浜防風とみる貝のごま衣かけ

▼材料　4人分
浜防風100g　みる貝1個　塩少々　浸し地［だし汁½カップ　酒大さじ1　薄口醤油大さじ2］　ごま衣［田舎味噌大さじ3　砂糖大さじ3　みりん大さじ3　あたりごま大さじ3］

◎作り方

①みる貝は殻からはずして皮をむき、わたを取って半分にそいで、さらに一口大のそぎ切りにします。

②みる貝はさっと湯ぶりにして水に取り、布巾で水気を取っておきます。

③浜防風は汚れや砂をていねいに洗い流します。塩を少々入れた熱湯でさっと茹でてから水に取ってしばらくおいてアク抜きをします。

④鍋に浸し地のだし汁と調味料を合わせて火にかけます。ひと煮立ちしたら火からおろして冷まし、③の浜防風を浸して味を含ませます。

⑤ごま衣を作ります。別の鍋に味噌、砂糖を入れてすり合わせてからみりんを少しずつ加えながら溶きのばします。よく混ざったら弱火で、てりが出るまで練り上げ、粗熱を取ってあたりごまを加えて仕上げます。

⑥器に汁気をきった浜防風を揃えて盛り、その手前にみる貝をおきます。上からごま衣をかけます。

◎覚え書き

◆山菜の茹で方／青菜類と同様に、茎のかたい部分から先に熱湯に入れ、葉のやわらかい部分はあとに入れ、茹で上がりを均一にします。また、全体にやわらかいものは、香りを逃がさないようさっと茹でて、冷たい水に取り、さらしておきます。アクやえぐみの強いものは時間をかけて茹で、しばらく流水にさらすようにします。

えびとこごみの錦糸和え

▼材料　4人分
こごみ200g　芝えび200g　卵地［卵2個　水溶き片栗粉適量　塩少々］　サラダ油適量　甘酢ドレッシング［酢½カップ　みりん½カップ　塩少々　サラダ油大さじ2］　白ごま適量

◎作り方

①こごみは塩少々を入れた熱湯でさっと茹で、すぐに水に取ってアクを抜きます。

②芝えびは背わたを取って殻をむき、フライパンにサラダ油を熱して炒めます。

③卵は溶きほぐし、水溶き片栗粉と塩を加えて裏漉しします。卵焼き鍋にサラダ油を薄くひいて熱し、卵地を流し入れて焼き、薄焼き卵をつくります。これを細く切って錦糸卵にします。

④ボールに水気を切った①のこごみ、②の芝えび、③の錦糸卵を入れて混ぜます。

⑤甘酢ドレッシングを作ります。ボールに、酢、みりん、塩を入れてよく混ぜ、サラダ油を少量ずつ加えてさらに混ぜます。

⑥器に④を盛り、甘酢ドレッシングをかけ、仕上げに白ごまを振りかけます。

山菜のもろみ添え

▼材料　4人分
山うど4本　いたどり1束　ラディッシュ4個　室きゅうり12本　もろ味噌適量　都忘れ8本　酢水適量

◎作り方

①山うどは根元のかたい部分を切り落とします。茎の部分は5センチの長さに切って、皮をむき、切り違いに切って、薄い酢水につけておきます。

②いたどりは根のかたい部分を切り落とし、水洗いします。

③ラディッシュは葉の大きな所を取り除いて、株に切り込みを入れて飾り切りにします。室きゅうりは塩でもんで、成り口をけずります。

④山うど、いたどり、ラディッシュ、室きゅうりを形よく器に盛って、もろ味噌を添えて、都忘れの花を飾ります。

◎覚え書き

◆山うどのアクどめ／生でも食べられるうどのような山菜は、酢水につけてアクどめをします。こうすると黒ずむことがなく、白くきれいに仕上がります。

山菜の淡煮

▼材料　4人分
つくし40本　うこぎ100g　かぼちゃ½個　鶏もも肉1枚　煮汁［だし汁3カップ　みりん½カップ　醤油⅓カップ弱］　重曹少々　塩少々　木の芽適量

◎作り方
①かぼちゃは縦二つに切った半分を横にして、くし形に四つに切り分け、皮を粗むきにします。
②鍋に煮汁のだし汁と調味料を合わせ、①を入れ、紙蓋をして煮含めます。
③よく煮えたかぼちゃを1個ずつ布巾に包んで、茶巾型に絞り、丸く形を整えます。
④鶏もも肉は皮と脂をていねいに取り、一口大にそぎ切りにし、②の残りの煮汁で煮ます。
⑤つくしは根と袴《はかま》を取り、重曹を少々入れた熱湯で茹でてざるに上げておきます。
⑥うこぎは根元を取り、塩少々を加えた熱湯で茹でて水に取ります。
⑦⑤のつくしと水気を絞ったうこぎを④の煮汁につけて、味を含ませておきます。
⑧器にかぼちゃ、鶏もも肉、つくし、うこぎを盛り合わせて、木の芽を上にのせます。

えびとかたくりの木の芽味噌

▼材料　4人分
かたくりの花150g　芝えび150g　青寄せ［ほうれん草1把　水適量］　木の芽味噌［木の芽20枚　味噌大さじ3　砂糖大さじ3　みりん大さじ3］　酒適量　塩少々

◎作り方
①ほうれん草は葉の部分を摘み取ってみじん切りにし、あたり鉢であたります。水を加えてよく混ぜ、かたく絞ったぬれ布巾で裏漉しし、漉した汁を鍋に入れ火にかけます。浮いてきた青寄せを水に取り、これを布巾で漉し、青寄せを作ります。
②木の芽味噌を作ります。木の芽は飾る分を別にして、残りを庖丁で叩いておきます。鍋に味噌と砂糖を入れてよく混ぜ、みりんを少しずつ入れて練ります。弱火でじっくり練り上げ、冷まします。冷めたら叩いた木の芽と①の青寄せを加えます。
③芝えびは頭と殻を取って鍋に入れ、酒を振り入れて酒蒸しにします。
④かたくりの花は汚れをていねいに洗って、塩を少々入れた熱湯でさっと茹でてしばらく水につけます。
⑤④のかたくりの水気をきつく絞り、5センチぐらいに切り揃えます。
⑥提供直前に汁気を切った③の芝えびを木の芽味噌で和えます。器にかたくりを盛り、木の芽味噌で和えた芝えびをのせ、木の芽を添えます。

わらびのおひたし

▼材料　4人分
わらび1束　だし汁大さじ2　醤油大さじ3　糸がつお適量　わら灰適量

◎作り方
①わらびは根元の固いところを切り落とし、ボールに入れます。わら灰を少しかけて熱湯をたっぷり注ぎ、冷めるまでおいておきます。
②冷めたら流水で洗って灰を落とし、さっと茹でて3センチ長さに切り揃えます。
③だし汁と醤油を合わせてわらびを浸し、味を含ませます。提供時に汁気を切ってから、から炒りした糸がつおをまぶします。

◎覚え書き
◆山菜のアク抜き／わらびやぜんまいのように、特にアクの強い山菜は、木灰、わら灰、重曹を使ってアクを抜きます。山菜にたっぷりと灰をかけて熱湯をひたひたになるくらい注ぎ、そのまま一晩おきます。これを湯どめといいます。重曹を使う場合は、多すぎると山菜の形がくずれてしまうので、灰と併用して用いるといいでしょう。

わさびの花のおひたし

▼材料　4人分
わさびの花2束　酒1カップ　醤油大さじ6　だし汁大さじ2

◎作り方
①口のせまい小さめの壺にわさびの花を入れて、熱湯と酒を同量注いでラップなどできっちり蓋をします。さらにゴムで口をとめて四時間程度そのままの状態でおいてアクを抜きます。
②わさびの花のアクが抜けたら、水気をきつく絞って切り揃え、だし汁と醤油を合わせた中に浸します。

◎覚え書き
◆わさびのアク抜き／わさびは、他の山菜と方法が異なるので注意が必要です。壺や樽など口のせまい容器に入れ、熱湯を注いで密封して半日おきます。こうすると、辛みと香りが出て苦みが取れます。

山菜のうに衣揚げ

▼材料　4人分
筍（小）2本　たらの芽8個　こごみ12個　うに衣［練りうに大さじ3　卵黄2個　小麦粉大さじ3　冷水大さじ3］　揚げ油適量　杵生姜8本

◎作り方
①筍は茹でて穂先のやわらかい部分を一人分二個に切り分けます。たらの芽は根元のかたい部分を切り落とします。こごみは先のやわらかい部分を摘んで使います。
②練りうにを卵黄で溶きのばし、小麦粉を加えてよく混ぜ、最後に冷水を加えてうに衣をつくります。
③筍、たらの芽、こごみに②のうに衣をつけます。中温よりやや低めの油で、焦がさないように揚げます。
④器に盛り、杵生姜を添えます。

◎覚え書き
◆筍の茹で方は次の通りです。筍4本を茹でる場合、米ぬか2カップ、赤唐辛子5本、たっぷりの水を用意します。まず、筍の穂先と根元を切り落とし、皮に切り目を入れます。米ぬか、赤唐辛子、水とともに火にかけ、約50分くらい茹でます。そのまま4～5時間茹で汁が冷めるまでおき、アクを抜きます。よく水洗いして皮をむき、水につけて保存します。

茄子《なす》の料理

幅広い用途を持つなすですが、なす紺ともいわれる皮の色を損なわないよう調理します。

じゃが芋の料理

大衆的なじゃが芋も、ボリュームを抑えて小鉢に仕立てますと、年輩客にも喜ばれます。

「茄子《なす》の料理」の作り方

なすの種類は大きく分けると、次の四つになります。京都の加茂なすを代表とする〝丸なす〟系、仙台の長なす、長崎の長なすなど〝長なす〟系、卵型の〝漬けなす〟系、小なすともいう〝一口なす〟系です。それぞれの形を生かした料理をここでは紹介していますので、参考にしてください。なすの料理には、味噌と油を使った料理が多いのですが、なすの淡泊な味を、濃厚な味噌や油のコクで補うことができ、たいへん理に適《かな》ったものといえます。

なすのぶどう煮

▼材料　4人分
小なす8個　せいごの切り身4切れ（一切れ50g）　絹さや10枚　煮汁［だし汁2カップ　みりん1/3カップ　醤油1/4カップ］　片栗粉少々　重曹少々

◎作り方

①小なすはへたを丸く切り、皮をむいて重曹を入れた熱湯で茹でます。

②せいごの切り身は身の方に5ミリ間隔で皮近くまで切り込みを入れ、片栗粉を薄くつけます。

③煮汁のだし汁と調味料を合わせ、煮立ったら小なすを入れ、落とし蓋をして含め煮にします。小なすを取り出し、②のせいごを入れて煮ます。

④絹さやはごく細いせん切りにして、さっと茹でて種を取り除きます。

⑤器に③のせいごを盛り、手前に小なすを盛り、④の絹さやを天盛りにします。

なすの忍び揚げ

▼材料　4人分
小なす8個　小えび100g　卵白1/2個　塩・胡椒各少々　ぶぶあられ適量　揚げ油適量　大葉8枚　もみじおろし・酢醤油各適量

◎作り方

①小なすはへたを丸く切り、皮を斜めに回しむきにしたら、縦中央に切り目を入れます。

②小えびは背わたを取って殻をむき、庖丁で叩いてからあたり鉢であたり、なめらかになったら、卵白、塩、胡椒を混ぜ合わせます。

③小なすに②のえびのすり身を挟み、卵白（分量外）を薄くつけてからぶぶあられをまぶし、中温に熱した油で揚げます。

④器に大葉を敷いて③を盛り、もみじおろしを添え、酢醤油を別に添えて提供します。

なすの二色田楽

▼材料　4人分
加茂なす2個　サラダ油少々　練り味噌a［赤味噌大さじ3　砂糖大さじ3　みりん大さじ3］　練り味噌b［白田舎味噌大さじ3　砂糖大さじ3　みりん大さじ3］　木の芽16枚　杵生姜4本

◎作り方

①加茂なすはへたを切り取り、縦二つに切り、切り口を上にして下になる部分を座りよくするため少し切ります。切り口を菜箸でつついて穴をあけ、金串を二本打ちます。

②なすの切り口にサラダ油を塗り、遠火で焼きます。

③練り味噌を二種類作ります。aの赤味噌と調味料、bの白田舎味噌と調味料をそれぞれ合わせ、別々の鍋でとろみがつくまで練り上げます。

④器に②の加茂なすを盛り、③の赤味噌の練り味噌、白味噌の練り味噌を半分ずつのせ、中央に木の芽を天盛りにし、杵生姜を添えます。

揚げなすの鶏そぼろかけ

▼材料　4人分
丸なす4個　鶏そぼろ［鶏挽き肉150g　田舎味噌大さじ4　砂糖大さじ4　みりん大さじ4］　木の芽適量　揚げ油適量

◎作り方

①丸なすはへたを切り落とし、縦半分に切って皮面に鹿の子庖丁を入れて、中温の油で揚げます。

②鶏挽き肉は皮と脂を除いて二度挽きしたものを用意し、［　］内の調味料を合わせた鍋に入れ、箸5～6本でかき混ぜながら炒ります。

③器に①のなすを盛り、鶏そぼろをかけ、木の芽を天盛りにします。

揚げなすの煮おろし

▼材料　4人分
なす4個　えび4尾　小麦粉少々　煮おろし地［だし汁1カップ　醤油1/3カップ　みりん1/3カップ］　赤唐辛子1本　大根おろし1/2カップ　そら豆8個　揚げ油適量

◎作り方

①なすはへたを切り落として縦四つに切り、水につけてアクを抜きます。水気を拭き取って皮側に鹿の子庖丁を入れ、高温の油で揚げます。

②えびは大きめのものを用意し、背わたを取って尾一節を残して殻をむいたら、小麦粉をまぶして揚げ油で揚げます。

③そら豆はさやからはずし、塩水につけてから、網焼きにします。

④煮おろし地の材料のだし汁と調味料を煮立てて、種を取って小口に切った赤唐辛子を入れて火からおろします。ここに水洗いしてきつく汁気を絞った大根おろしを加えます。

⑤器に揚げなすとえびを盛り、④をかけ、③の焼いたそら豆を添えて供します。

◎覚え書き

◆なすの皮の色を残して揚げ物にするコツを紹介します。なすを揚げる時皮目を下にして高温で揚げると、色がきれいに仕上がります。炒めたり、煮たり、焼いたりする下調理としても有効な方法です。

なすのおひたし

▼材料　4人分
加茂なす1個　糸がつお少々　大根おろし少々　あさつき少々　割り醤油［醤油大さじ3　だし汁大さじ1］　揚げ油適量

◎作り方

①加茂なすは天地を切り、四つに輪切りにして皮をむきます。高温の油で素揚げにし、熱湯をかけて油抜きをします。

②器に①の加茂なすを盛り、空炒りした糸がつおと大根おろし、小口切りにしたあさつきを上にのせ、割り醤油を縁から注ぎ入れます。

なすの酢の物

▼材料　4人分
なす6個　あおやぎ12個　室きゅうり8個　おろし生姜少々　酢少々　焼みょうばん適量

◎作り方

①なすは焼みょうばんをつけて、軽く手でもんで色を出し、落とし蓋をして茹でます。茹で上がったら、蓋をしたまま流水をかけ、焼みょうばんを流します。

②①のなすの水気をきり、縦半分に切って、さらに皮面に庖丁目を縦に入れます。

③あおやぎは塩水でさっと洗ってざるに上げます。

④室きゅうりは天地を切り、軽く塩でもんで熱湯に通し、すぐに水に取って水気を拭き取り、縦半分に切ります。

⑤器に②のなすを盛り、③のあおやぎと室きゅうりをちらし、酢少々を全体にかけ、おろし生姜を天盛りにします。

「じゃが芋の料理」の作り方

じゃが芋は、一般的にでんぷん質が多いほど美味しいとされます。寒冷地のじゃが芋ほどでんぷん質が多く含まれているため、日本では、北海道産のものが美味しいようです。よく使われているじゃが芋の品種は「男爵」と「メイクィーン」で、男爵の方がでんぷん質が多く含まれています。ほくほくとした食感が魅力で、丸ごと蒸したり、粉ふきいも、マッシュポテトによく合います。メイクィーンは、でんぷん質は男爵に比べて少ないのですが、きめが細かく、煮物、炒め物、フライドポテトなどに向きます。良質のじゃが芋の選び方のコツは、芽の出るへこみが深くて少なく、皮が青や緑がかってないものを選ぶことです。皮が青や緑のものは日光に直接あたっているのでかたく苦みがあります。

じゃが芋とかぼちゃの炊き合わせ

▼材料　4人分
じゃが芋4個　豚ばら肉240g　かぼちゃ½個　たらの芽4個　八方地［だし汁4カップ　みりん½カップ　醤油½カップ弱　砂糖大さじ1］

◎作り方

①じゃが芋は皮をむいて一口大の乱切りにし、水にさらしてアクを抜き、ややかために茹でておきます。

②かぼちゃは縦半分に切ってから、さらに縦四つに切り、上下を切り落とし種を取ります。皮をまだらにむき、角を削り取るようにして面取りをします。

③豚肉は塊のものを用意し、煮くずれしないようたこ糸でしばり、圧力鍋で茹でます。冷めてから30グラムくらいに切り分けます。

④たらの芽は茹でます。

⑤八方地のだし汁と調味料を合わせて甘めの八方地をつくり、①〜③の材料をやわらかくなるまで煮含めます。途中浮いてくるアクはていねいに取り除きます。

⑥器にじゃが芋、かぼちゃ、豚肉を彩りよく盛り、たらの芽を添えます。

じゃが芋の木の芽田楽

▼材料　4人分
じゃが芋4個　木の芽8〜12枚　練り味噌［味噌大さじ6　砂糖大さじ6　みりん大さじ6］

◎作り方

①じゃが芋は皮をむいて一口大の乱切りにし、水にさらしてアクを抜いてから茹でます。

②茹でたじゃが芋をざるに取り、水気をきります。くずさないよう金串を打ち、強火の遠火でうっすらと焦げめがつくまで焼きます。

③練り味噌を作ります。鍋に、味噌と砂糖を入れ、よくすり合わせてからみりんを加えて溶き混ぜます。これを弱火にかけて練り上げます。

④焼いたじゃが芋は熱いうちに串を抜き、器に盛り、練り味噌をかけ、庖丁で細かく叩いた木の芽を振りかけます。

じゃが芋のバスケット

▼材料　4人分
じゃが芋8個　鶏挽き肉150g　豚挽き肉30g　卵¼個　焼きダレ［みりん大さじ2½　醤油大さじ1½　酒大さじ1　レモンの薄切り適量］　グリーンアスパラガス4本　ちしゃとう適量　トマト1個　黒ごま適量　防風4本　揚げ油適量

◎作り方
①じゃが芋は皮をむいて細切りにし、水にさらしてアクを抜き、水気をよく拭き取ります。
②バードネストフライヤーの間にせん切りにしたじゃが芋を敷きつめて、そのまま揚げ油の中に入れ、きつね色になるまで揚げます。（バードネストフライヤーがない場合は、二つの金ざるの間にじゃが芋を敷きつめ、上からおさえつけるようにして揚げます。）揚げ立てを冷めないうちに形をくずさないようはずし、鳥の巣の形のバスケットに整えます。
③あたり鉢に鶏挽き肉と豚挽き肉を混ぜ、卵を加えてよくあたります。これを4個の団子に丸めてから、表面を平らにつぶして小判型にします。
④ボールに焼きダレの調味料を合わせ、レモンの薄切りを加えます。
⑤フライパンにサラダ油を熱し、③の両面に焦げめがつくまで焼きます。さらに、④を流し入れて汁気が少なくなるまで焼き、鶏挽き肉の橘焼きを作ります。
⑥グリーンアスパラガスとちしゃとうは、塩少々を入れた熱湯で茹でてざるに上げます。トマトはくし形に切り、皮を飾りむきにします。
⑦じゃが芋でつくったバスケットを器に盛り、この中に鶏挽き肉の橘焼き、⑥の野菜を入れます。仕上がりに鶏挽き肉の橘焼きの上に黒ごまをふり、防風を添えます。

◎覚え書き
◆バードネストフライヤーというのは鳥の巣の形の揚げもの器です。

じゃが芋とあさりの五色炒り

▼材料　4人分
じゃが芋4個　かぼちゃ¼個　人参適量　セロリ1本　きゅうり1本　あさり（むき身）40g　塩・胡椒各適量　酒少々　サラダ油適量

◎作り方
①じゃが芋は皮をむいて細いせん切りにし、水にさらしてアクを抜きます。アクが抜けたら水気をきっておきます。
②かぼちゃは上下を切り落とし種を取り除いて、皮をまだらにむき、細いせん切りにします。
③人参は皮をむいて細いせん切りに、セロリ、きゅうりはそのまません切りにします。
④あさりはむき身を用意し、流水でていねいに洗ってから、酒少々を振りかけて蒸しておきます。
⑤フライパンにサラダ油を熱して、せん切りにしたじゃが芋、かぼちゃ、人参、セロリ、きゅうりとあさりを入れて炒め、塩、胡椒で味を調え、器に盛ります。

じゃが芋のごまよごし

▼材料　4人分
じゃが芋4個　鶏手羽肉1枚　わけぎ8本　酒適量　ごま和え衣［黒ごま大さじ7　味噌小さじ2　醤油大さじ½　砂糖大さじ1　みりん大さじ2］　板谷楓適量

◎作り方
①じゃが芋は皮をむいて一口大の乱切りにし、水にさらしてからややかために茹でます。
②鶏手羽肉は皮つきのまま脂肪を取り除き、酒蒸しにしてから、じゃが芋の大きさに合わせて切ります。
③わけぎは茹でてから3センチ長さに切り揃えます。
④ごま和え衣を作ります。あたり鉢に黒ごまを入れてあたり、香りが出てきたら他の調味料を加えて、よくすり混ぜます。
⑤①～③をごま和え衣で和え、板谷楓を敷いた器に盛ります。

◎覚え書き
◆ごま和え衣のポイント／ごま和え衣は白ごまを使って作ることもできます。いずれの場合も、ごまはあらかじめ鍋でよく煎っておきます。これを粗熱を取ってから香りと油が出るまでよくあたります。また、味噌をあぶって使うと、香ばしくなり、風味が増します。

じゃが芋の明太子和え

▼材料　4人分
じゃが芋4個　セロリ1本　きゅうり1本　人参適量　明太子2腹

◎作り方
①じゃが芋は皮をむいて細いせん切りにします。これを水にさらしてアクを抜き、水気を切ります。
②セロリときゅうりは細いせん切りにします。人参は皮をむいてから、細いせん切りにします。
③明太子は薄皮を取り除き、身をほぐします。
④提供直前に①～②の材料をほぐした明太子で和え、器に盛ります。

じゃが芋と鶏のバター煮

▼材料　4人分
じゃが芋6個　鶏もも肉½枚　ブロッコリー1個　バター適量　塩・胡椒各適量

◎作り方
①じゃが芋は皮をむいて乱切りにし、水にさらしてアクを抜きます。
②鶏もも肉は一口大に切り、塩、胡椒をしてバターで炒めます。
③ブロッコリーは小房に分け、塩を加えた熱湯で茹でておきます。
④鍋に多めの水を入れ、じゃが芋と②を入れ、塩、胡椒で味を調え、やわらかく煮込みます。
⑤器に煮込んだじゃが芋と鶏肉を盛り、ブロッコリーを散らし、仕上げに溶かしバターを上からかけます。

夏野菜の煮物料理

滋味たっぷりの夏野菜を取り合わせて煮物にします。涼感あふれるガラス器に盛り、冷やしてお出しすると新鮮な驚きが生まれます。

「夏野菜の煮物料理」の作り方

安く豊富に出回る盛りの夏野菜を使って、涼味あふれる夏向きの煮物を紹介します。煮物というと惣菜のイメージが強いのですが、風味や色合いなど持ち味が異なる野菜を組み合わせ、冷たく冷やして提供すると、現代風の洒落《しゃれ》た一品に仕上がります。器もガラス器を使って涼感を演出します。煮物の手法を大きく分けると、数種類の材料をそれぞれ煮て盛り合わせる〝炊き合わせ〟、材料をひとつの鍋で一度に煮る〝煮合わせ〟があります。いずれにしてもそれぞれの野菜の持ち味を生かし、さらに全体が調和の取れた味に仕上げる必要があります。ここでは、八方地を煮汁の基本としていますが、地域の味やお客様の好みを考えて調味してください。また、キリリと冷えたところに冷やし煮物のおいしさがあるので、半日から一日冷蔵庫に入れるようにします。

親子煮

▼材料　4人分
鶏もも肉350g　生椎茸6枚　茹で筍100g　玉ねぎ1個　三つ葉1把　すだちの皮適量　煮汁［だし汁2カップ　みりん½カップ強　砂糖½カップ強　醤油½カップ強］　卵5個

◎作り方
①鶏もも肉は脂と皮を取り、2センチ幅程度のそぎ切りにします。
②生椎茸はかたく絞ったぬれ布巾で汚れを拭き、石づきを切り落として薄切りにします。
③玉ねぎは縦二つに切ってから、ごく薄いくし形に切ります。
④三つ葉は、3センチ長さに切り揃えます。
⑤鍋に煮汁のだし汁と調味料を入れて火にかけ、煮立ったら鶏もも肉、生椎茸、茹で筍を入れます。浮いてくるアクを取りながら煮て、やわらかくなってきたら玉ねぎを加え、さらに煮ます。
⑥材料に火が通ったら、卵を溶きほぐして全体に回し入れ、すぐに火を止めます。三つ葉を散らし、蓋をしてむらします。
⑦⑥を冷やしてから器に盛り、すだちの皮を天盛りにします。

じゃが芋と玉ねぎのスープ煮

▼材料　4人分
牛もも肉60g　じゃが芋4個　小玉ねぎ4個　人参(小)1本　セロリの葉適量　スープ［固形スープの素3個　水6カップ　塩小さじ1強　胡椒適量］

◎作り方
①牛もも肉はごく薄く切り、表面が白っぽく変わるまで熱湯で茹でて冷まします。
②じゃが芋は皮をむいて四つに切り、水にさらしてアクを抜きます。
③人参は皮をむいて乱切りにします。小玉ねぎは皮をむきます。
④セロリの葉は塩を少々入れた熱湯で茹でてざるに上げて冷まします。
⑤鍋にスープの材料を入れて火にかけ、煮立ったらじゃが芋、人参、小玉ねぎを加え、やわらかくなるまで煮ます。粗熱を取ってから冷蔵庫で冷やします。
⑥器に⑤のスープと野菜を盛り、①の牛肉とセロリの葉を添えます。

肉じゃが

▼材料　4人分
豚肉の薄切り200g　じゃが芋600g　玉ねぎ2個　グリーンアスパラガス8本　塩少々　煮汁［だし汁2カップ　醤油⅓カップ　みりん大さじ2　砂糖大さじ3］

◎作り方
①豚肉の薄切りは食べやすい大きさに切ります。
②じゃが芋は皮をむいて乱切りにし、水にさらします。
③玉ねぎは縦半分に切ってから1センチ幅のくし形に切り、バラバラにほぐしておきます。
④グリーンアスパラガスは根元のかたい部分を切り取ります。塩を少々加えた熱湯に根の方から入れて茹で、ざるに取り、二つに切ります。
⑤鍋に煮汁のだし汁と調味料を煮立てて、①の豚肉とじゃが芋を入れて煮ます。浮いてくるアクをていねいに取りながら味を含ませます。
⑥煮汁の量が半分くらいになったら、③の玉ねぎを加えて鍋の中の材料を返します。さらに煮汁が少なくなるまで、ほっくりと煮つけます。
⑦粗熱を取ってから冷蔵庫に入れ、半日～一日おいて冷やします。提供時に器に盛り、④のグリーンアスパラガスを添えます。

なすとかぼちゃの冷やし煮

▼材料　4人分
なす4個　かぼちゃ(小)½個　ブロッコリー8房　小かぶ8個　八方地［だし汁4カップ　みりん½カップ　醤油½カップ］　甘八方地［だし汁1カップ　みりん¼カップ　醤油⅛カップ］　すだち適量　揚げ油適量

◎作り方
①なすはへたを取り、縦半分に切ってから約10分程水につけてアクを抜

きます。

②なすの水気を拭いて、皮面に鹿の子庖丁を入れ、高温に熱した揚げ油に皮面を下にして入れ、素揚げにします。

③鍋にだし汁と調味料を合わせて火にかけ、ひと煮立ちさせて八方地を作ります。冷めてからなすの素揚げを浸し、そのまま冷蔵庫に入れて味を含ませます。

④かぼちゃは縦四つに切って種を取り、皮をまだらにむきます。さらに半分に切って角を庖丁で削って面取りをします。

⑤鍋に甘八方地のだし汁と調味料を入れて火にかけ、煮立ったら④のかぼちゃを入れ、紙蓋をして煮汁が少なくなるまで煮含めます。煮汁につけた状態で冷蔵庫に入れ、半日～一日冷やします。

⑥ブロッコリーは小さな房に分け、塩を加えた熱湯で色よく茹でて、ざるに取って冷まします。

⑦小かぶは茎を2～3センチ残して葉を切り取り、茎のつけ根のところをよく洗い、皮をむいて水から茹でます。下茹で後、なすと同様の八方地でやわらかくなるまで煮て、冷やします。

⑧それぞれの野菜を十分に冷やしてから、器に彩りよく盛り合わせ、すだちの皮を添えます。

◎覚え書き

◆八方地とは、どんな料理にも〝八方〟に使える便利な合わせ調味料です。煮物の煮汁としても基本になるものです。だし汁八に対し、みりん一、醤油一の割合で合わせていますが、これは関西風のやや薄味になっています。煮物は地域によって好まれる味が違いますので、あくまでも目安として覚えておいてください。

ほかに薄口醤油を使った薄口八方、やや甘めの甘八方、酒を加えた酒八方などがあり、材料に合わせて使い分けます。

◆野菜の面取りの方法／かぼちゃ、里芋、じゃが芋など煮くずれしやすい野菜は、切りわけた時にできた切り角を削ってなめらかにします。これを面取りといい、煮ている間に材料がぶつかり合って煮くずれることもなくなります。また見た目にも品よく、形が揃ってきれいに仕上がります。

キャベツと里芋の煮物

▼材料　4人分
豚肉の薄切り80g　キャベツ6枚　里芋12個　八方地［だし汁4カップ　みりん½カップ　醤油½カップ］

◎作り方

①豚肉の薄切りは食べやすい大きさに切ります。

②キャベツは葉芯のかたい部分をそぎ取り、大きくざっくりと切ります。

③里芋はよく洗って天地を切り落とし、角がつくように縦に六面に皮をむいて下茹でします。

④鍋に八方地の材料のだし汁と調味料を入れて火にかけ、煮立ったら①～③を入れ、浮いてくるアクを丹念に取りながら、やわらかくなるまで煮ます。

⑤煮上がったら半日～一日程冷蔵庫に入れて冷やし、器に盛ります。

◎覚え書き

◆里芋の茹で方／ぬめりのある里芋は、二、三度茹でこぼしてぬめりを取ります。塩や酢を加えて茹でこぼしてもよく、これをさらに水洗いをしてから、煮汁で煮含めます。

新じゃがとオクラの煮物

▼材料　4人分
新じゃが20個　人参½本　オクラ4本　鶏団子［鶏の挽き肉100g　玉ねぎ½個　卵⅓個　塩・胡椒各適量］　八方地［だし汁4カップ　みりん½カップ　醤油½カップ］

◎作り方

①新じゃがは皮をむいて水にさらします。

②人参は皮をむいて斜めに切り、さらに一センチ幅くらいの短冊に切り、下茹でします。

③オクラはがくのかたい部分をそぎ取り、熱湯で茹でて水に取ります。

④鶏団子を作ります。玉ねぎをごくみじんに切って汁気をきつく絞り、鶏挽き肉と混ぜ、卵と塩、胡椒を加えてよくこねます。これを大さじ1くらいの量に取り分け、団子状に丸めます。

⑤鍋に八方地の材料のだし汁と調味料を入れて火にかけ、煮立ったら①～③の野菜と④の鶏団子を加えて煮て、味を含ませます。

⑥⑤を冷たく冷やしてから、器に盛って提供します。

たくあんと椎茸の煮物

▼材料　4人分
たくあん8切れ　生椎茸4枚　人参½本　鶏団子［鶏の挽き肉100g　玉ねぎ½個　卵⅓個　塩・胡椒各適量］　八方地［だし汁4カップ　みりん½カップ　醤油½カップ］

◎作り方

①たくあんは輪切りにし、水にしばらくつけて塩出しをします。

②生椎茸はかたく絞ったぬれ布巾で汚れを拭き、石づきを切り落としておきます。

③人参は皮をむいて輪切りにし、茹でておきます。

④鶏団子を作ります。玉ねぎをごくみじんに切って汁気をきつく絞り、鶏挽き肉と混ぜます。ここに卵と塩、胡椒を加えてよくこねます。これを大さじ1くらいの量に取り分け、団子状に丸めていきます。

⑤鍋に八方地の材料を入れて火にかけ、煮立ったら①～③の材料と鶏団子を入れます。浮いてくるアクを取りながらやわらかくなるまで煮含めていきます。

⑥⑤を半日～一日程冷蔵庫で冷たく冷やし、器に盛って提供します。

大根の料理

大根は強い個性を持たないかわりに、組み合わせる材料次第でいろいろな旨さが生まれます。特に相性がいいのは、脂肪の多い肉類や魚介類で、これらのコクが大根にしみ込んで美味しく食べられます。反対に、かにやえびなど淡泊な材料と合わせる場合は、薄い味つけであっさりと上品に仕立てます。

大根の料理

大根を煮物にする場合は、下茹でが必要です。この時、米のとぎ汁を使うと大根に甘みが増します。

「大根の料理」の作り方

大根は一年を通じて栽培されていますが、収穫期から春大根、夏大根、秋大根、時無し大根に分けられます。春大根は四月から六月、夏大根は七月から十月頃に収穫されます。最も栽培量が多いのは十月から十二月に収穫される秋大根です。ちょうどふろふき大根が恋しくなる季節に収穫される秋大根は、甘みが強く一年中で最も美味しいといわれています。この種類には、三浦大根、練馬大根、青くび大根などがあります。ふろふき大根のほか、肉類と合わせてコクのある煮物にしたり、逆にかにやえびなど淡泊な素材と合わせたりと、個性の少ない大根はどんな素材にも調理法にも合います。また、大根に含まれるアミラーゼという成分には、消化を助ける作用があり、料理をさっぱり仕上げます。

大根と鶏と椎茸の炊き合わせ

▼材料　4人分
大根24cm分　鶏もも肉250g　生椎茸8枚　八方地［だし汁3カップ　みりん⅓カップ　薄口醤油⅓カップ］　鶏と椎茸の煮汁［だし汁1カップ　醤油大さじ3弱　みりん大さじ3½］　小メロン2個　柚子適量

◎作り方
①大根は3センチ厚さの半月に切ってから、筒むきにします。米のとぎ汁で下茹でしてから、八方地で紙蓋をしてゆっくり煮含めます。
②鶏もも肉は脂を取ってそぎ切りにします。椎茸は汚れを拭いて石づきを取ります。鍋に煮汁の材料を煮立たせて鶏肉と椎茸を入れ、煮含めます。
③小メロンは薄く切って茹でます。
④器に①の大根、②の鶏肉と椎茸を盛り、大根の煮汁をかけます。③の小メロンとせん切りにした柚子の皮を添えます。

切り干し大根の信田煮

▼材料　4人分
切り干し大根30g　厚揚げ2枚　八方地［だし汁3カップ　醤油⅓カップ　みりん⅓カップ］　車えび16尾　炒り卵3個分　三つ葉適量

◎作り方
①切り干し大根は洗い、たっぷりの水につけて戻してから茹でます。水気を絞って、端を揃えておきます。
②厚揚げは熱湯をかけて油抜きをし、厚みの真ん中に横から庖丁を入れて開きます。開いた厚揚げを巻き簀《す》の上にひろげ、①の切り干し大根を厚揚げの幅に切り揃えて並べます。
③切り干し大根を芯にして巻き簀で巻き込み、巻き簀の両端をたこ糸で巻き止めます。これを蒸気の上がった蒸し器に入れて20分程蒸します。
④蒸し上がったら巻き簀をはずし、八方地の中に入れ、紙蓋をして煮含めます。
⑤車えびは背わたを取って殻をむき、塩を少々入れた熱湯で茹でます。三つ葉は茎の部分だけを茹でます。
⑥器に④を二つに切って盛り、⑤の車えび、茹でた三つ葉、炒り卵を添えます。

大根の片倉煮

▼材料　4人分
大根12cm分　豚挽き肉150g　えび（むき身）150g　八方地［だし汁3カップ　醤油⅓カップ　みりん⅓カップ強］　貝割れ菜適量

◎作り方
①大根は3センチ厚さの輪切りにし、中央に直径2～3センチの筒で穴を開けます。皮をむいて米のとぎ汁でやわらかくなるまで下茹でします。
②えびは、庖丁で叩いてから、豚挽き肉と合わせ、半量を鍋で炒り、冷めてから残りの半量を混ぜます。
③①の大根の穴の中に②を詰め、八方地で煮ます。
④器に③の大根を盛り、茹でて③の煮汁に浸した貝割れ菜を添えます。

きぬた巻きの黄身酢かけ

▼材料　4人分
大根の桂むき（25cm×16cm）4枚　塩適量　ひらめ（上身）400g　きゅうり2本　人参少々　大葉8枚　黄身酢［卵黄3個分　酢⅓カップ　みりん⅓カップ］

◎作り方
①大根の桂むきにしたものは、塩水につけてしんなりさせます。
②上身にしたひらめをひろげて、薄く塩を振っておきます。
③きゅうりも桂むきにして、塩水につけてしんなりさせます。
④巻き簀《す》の皮面（凸面）を上にして、水気を拭いた①の大根の桂むき2枚を縦に20センチ幅にひろげ、ひらめを同じ幅にひろげてのせます。さらに③のきゅうりを手前から15～16センチの長さにひろげます。手前から巻き簀ごとしっかりと巻き込み、しばらくおいて形を整えます。
⑤鍋に卵黄、みりん、酢を合わせて火にかけ、木杓子で返しながら弱火で練って黄身酢を作ります。とろみがついてきたら火からおろして冷まします。
⑥人参はせん切りにして色よく茹で

て、みじん切りにします。

⑦器に大葉を敷き、巻き簀をはずして2センチ幅に切った④を盛り、黄身酢を上からかけ、水気を切った⑥を天盛りにします。

大根の鶏味噌

▼材料　8人分
大根（4cmの輪切り）8個　鶏味噌［鶏挽き肉200g　赤味噌大さじ5　みりん大さじ5　砂糖大さじ4　水少々　片栗粉少々］　青柚子適量

◎作り方

①大根は皮をむいて面取りをして形を整えます。盛りつけて下になる側に十文字に切り込みを入れ、米のとぎ汁でやわらかくなるまで茹でます。

②鶏味噌を作ります。鍋に味噌、みりん、砂糖を入れて練り、鶏挽き肉を加えて箸4～5本でよく混ぜます。これを弱火でとろりとなるまで練り合わせ、仕上げに水溶き片栗粉でとろみをつけます。

③器に鶏味噌を敷いて①の大根をのせ、青柚子の輪切りを添えます。

絹衣《きぬがけ》大根の煮物

▼材料　8人分
大根（5cmの輪切り）8個　うなぎの蒲焼き1串　車えび8尾　茹で卵2個　煮汁［だし汁2カップ　みりん½カップ　薄口醤油⅓カップ弱］　水溶き片栗粉［片栗粉大さじ1½　水大さじ3］　卵白1個分　青菜・柚子各適量

◎作り方

①大根は皮をむき、米のとぎ汁でやわらかくなるまで茹でます。

②鍋に材料の煮汁のだし汁と調味料を合わせて、①の大根を入れて中火でゆっくり煮含めます。

③②の大根を冷ましてから汁気をきり、ガーゼに包んでつぶし、丸く薄くのばします。

④うなぎの蒲焼きと茹で卵をざく切りにし、卵白と混ぜて八等分し、③の大根の上にのせます。ガーゼの端を持って中央でまとめ、ガーゼの口をねじって輪ゴムで止めておきます。これを蒸し器で5分程蒸します。

⑤②の煮汁を再び煮立てて水溶き片栗粉を加え、薄くとろみをつけます。

⑥車えびは背わたを取って殻をむき、塩を少々加えた熱湯で茹でます。青菜も塩茹でします。

⑦器にガーゼをはずした④を盛り、⑤のあんをかけ、車えびと青菜を添え、せん切りの柚子の皮をのせます。

大根と貝の和え物

▼材料　8人分
大根400g　三つ葉1把　あおやぎ320g　ごま大さじ3　二杯酢［酢大さじ5　醤油大さじ1　だし汁大さじ1］　赤芽適量　生姜汁適量

◎作り方

①大根はごく細くせんに切り、たっぷりの水にさらしてシャキッとさせます。三つ葉はさっと茹でて5センチ長さに切ります。あおやぎは根元をきれいに切り整えて、塩水で洗います。

②二杯酢を作ります。鍋に調味料とだし汁を合わせてひと煮立ちさせ、冷まします。

③①の材料の水気を切ってから軽く混ぜ合わせ、ごまを振り入れ、器に盛ります。赤芽を散らし、生姜汁を落とし、別に二杯酢を添えます。

◎覚え書き

◆二杯酢と三杯酢／合わせ酢の代表的なものに二杯酢と三杯酢があります。酢と醤油、だし汁を合わせた二杯酢は、魚介類など生臭みのある材料に合い、酢と醤油、みりんを合わせる三杯酢は肉や野菜などに合います。

大根の五目あんかけ

▼材料　4人分
大根8cm分　豚肉70g　人参20g　本しめじ20g　銀杏20個　煮汁［だし汁1カップ　みりん大さじ1　醤油大さじ1　酒大さじ1］　水溶き片栗粉［片栗粉小さじ1　水小さじ2］　松の実適量

◎作り方

①大根は皮をむいて5ミリくらいの厚さのいちょう切りにし、たっぷりの米のとぎ汁で下茹でします。

②豚肉は細切りにします。

③人参は皮をむいてせん切りにし、下茹でします。本しめじは石づきを切り落とし、一本一本切り離します。銀杏は殻を取り、茹でながら薄皮をむきます。

④煮汁の材料のだし汁、調味料を合わせて煮立て、①～③の材料を入れて味を含めます。仕上げに水溶き片栗粉を加え入れてとろみをつけます。

⑤器に④の大根の五目あんかけを盛り、松の実を散らします。

◎覚え書き

◆大根の下茹での方法／大根は、たっぷりの米のとぎ汁で竹串がすっと通るまで茹でます。さらにそのまま茹で汁につけておくと、甘みや旨みが増します。これを水でさっと洗ってから料理に使います。

蒸し合挽きのおろしかけ

▼材料　4人分
合挽き肉440g　人参50g　玉ねぎ¼個　生姜1かけ　卵1個　塩・胡椒各少々　おろしあん［大根150g　だし汁1カップ　酒大さじ3　みりん大さじ1弱　片栗粉大さじ½］　人参（紅葉型に抜いたもの）4枚　柚子適量

◎作り方

①人参と玉ねぎはみじん切りにして汁気を絞ります。生姜はおろします。

②合挽き肉に①と卵、塩、胡椒を加えてよくこねます。

③流し缶に②を平らに詰めて、蒸気の上がった蒸し器に入れ、布巾をかけて蓋をして蒸します。

④おろしあんを作ります。大根は鬼おろしでおろして軽く洗い、水気を絞ります。だし汁と調味料を合わせて煮立て、おろした大根を加えて火

を通します。⑤③が蒸し上がったら人数分に切り分けて器に盛り、おろしあんをかけます。型抜きした人参の茹でたものとへいだ柚子の皮を添えます。

大根の木の実味噌

▼材料　4人分
大根20cm分　木の実味噌［味噌½カップ　みりん½カップ　砂糖½カップ　アーモンド・カシューナッツ・マカデミアナッツなど木の実は調味料の約⅓量］　レモンの輪切り4枚

◎作り方
①大根は約4センチの輪切りにし、皮をむいてから、桂むきの要領でむいていきます。これをもう一度元の形に巻き戻し、二〜三カ所を竹皮でしばります。残りの大根も同様にします。
②①の大根をたっぷりの米のとぎ汁でやわらかくなるまで茹でます。やわらかくなったら半分に切って竹皮をほどきます。
③木の実味噌を作ります。材料の味噌と砂糖を鍋に入れてよくすり混ぜ、みりんを少量ずつ入れて溶き混ぜます。これを弱火にかけ、木杓子で鍋底から混ぜながらとろみがつくまで練ります。木の実は庖丁で細かく刻んで、練り味噌が冷めてから混ぜ合わせます。
④器に木の実味噌をたっぷりと敷き、その上に②の大根をのせ、レモンを添えます。

大根の関東炊き

▼材料　4人分
大根6cm分　牛すじ肉100g　焼き豆腐1丁　こんにゃく1枚　人参1本　塩・胡椒・薄口醤油各適量　あさつき適量

◎作り方
①大根は皮をむき、1.5センチ位の厚さの輪切りにし、半分に切って面取りをして、米のとぎ汁で茹でます。
②焼き豆腐は1丁を四つに切り、こんにゃくも1枚を四つに切って下茹でします。
③人参は乱切りにし、茹でます。
④牛すじ肉は適当な大きさに切り、熱湯をかけてから、水をたっぷり入れた圧力鍋の中に入れて沸騰してから約30分煮込みます。冷めたらボールに移して、上に浮いている白い脂を取り除きます。
⑤鍋に④の牛すじ肉と煮汁、こんにゃく、焼き豆腐、人参を入れ、中火で約30分煮込み、塩、胡椒、薄口醤油で味を調えます。
⑥器に⑤を盛り、小口に切ったあさつきを散らします。

ふろふき大根と酒蒸し豚の柚子味噌かけ

▼材料　4人分
大根16cm分　豚ばら肉70g　酒蒸し地［酒½カップ　塩小さじ1　旨味調味料適量］　柚子味噌［味噌・砂糖・みりん各大さじ4　柚子適量］　オクラ8本

◎作り方
①大根は皮をむいて4センチ厚さの輪切りにし、面取りをして片面に十文字に切り込みを入れ、たっぷりの米のとぎ汁で茹でます。
②豚ばら肉は薄く切り、酒蒸し地の調味料を振りかけて蒸します。
③柚子味噌を作ります。材料の調味料を鍋に合わせ、弱火でとろりとするまで練り、冷ましてからおろした柚子を混ぜ合わせます。
④器に①を盛り、②をのせ、柚子味噌をかけ、茹でたオクラを添えます。

◎覚え書き
◆ふろふき大根のコツ／ふろふき大根のように、長時間煮る場合は、切り口の角を削り、角を丸く面取りします。また、盛りつけて裏側になる方に十文字に深めの切り込みを入れると、味が染み込みやすくなります。

揚げ大根のえびあんかけ

▼材料　4人分
大根8cm分　えび12尾　銀杏8個　ピスタチオ適量　八方地［だし汁2カップ　みりん¼カップ　醤油¼カップ］　片栗粉適量　酒大さじ3　塩小さじ⅔　吉野あん［だし汁1カップ　みりん¼カップ　薄口醤油⅙カップ　片栗粉大さじ½］　揚げ油適量

◎作り方
①大根は4センチ厚さの輪切りにし、これを半分に切り、四隅の角を丸く切り取って棒状に整えます。
②八方地の材料を合わせた鍋に①を入れ、やわらかくなるまで下煮します。冷ましてから水気を切って片栗粉をまぶし、揚げ油で揚げます。
③えびは背わたを取って殻をむき、酒と塩を加えて蒸し煮にします。
④銀杏は殻から取り出し、茹でて薄皮を取ります。ピスタチオは殻から取り出し、細かく刻みます。
⑤鍋に吉野あんの材料のだし汁と調味料を入れて火にかけ、②の大根と③のえびを入れて煮含め、煮上がりに片栗粉を加えてとろみをつけます。
⑥器に⑤の大根とえびを盛り、④の銀杏を添え、⑤の吉野あんをかけ、刻んだピスタチオを散らします。

大根とかにの炊き合わせ

▼材料　4人分
大根5〜6cm分　かに(缶詰)30g　ズッキーニ4〜5cm分　おろし生姜適量　八方地［だし汁3カップ　薄口醤油⅓カップ　みりん⅓カップ］　サラダ油適量

◎作り方
①大根は皮をむいて1センチ厚さの輪切りにし、さらに四つに切り、たっぷりの米のとぎ汁で茹でます。やわらかくなったら、八方地で煮ます。
②缶詰のかに身は細かくほぐし、①の煮汁でさっと煮ます。
③ズッキーニは薄い輪切りにして、サラダ油で両面を焼きます。
④器に大根、かに、ズッキーニを盛り合わせて、おろし生姜をのせます。

白菜の料理

一年を通じて栽培されていますが、本来は霜が降りたらおいしい、といわれるように代表的な冬の野菜です。

シャキッとした歯ごたえとやわらかな甘みが身上ですので、塩を基調にしてあっさりと仕上げます。

「白菜の料理」の作り方

大根やほうれん草などとともに、日本の生活になじみの深い白菜ですが、明治の初めに中国から伝えられたという、比較的新しい野菜です。くせがなく慈味の深い味わい、しゃきっとした歯応えがその人気の理由のようです。さすがに本場の中国では、白菜の使い方がうまく、ねぎと白菜があれば良いというくらいに炒め物に使われていますし、クリーム煮や辛味漬けなど魅力のある料理があります。また、お隣の韓国でも白菜のキムチは欠かせません。日本では漬け物や煮物、鍋物などに使われていますが、ここでは和洋折衷の味つけで変化をつけています。固形スープの素を使ったスープ煮やハムやサラミなど洋風の素材を使ったサラダ風の料理など、酒の肴にも最適です。白菜は、一年中使われていますが、やはり冬から春先の甘みが出て、繊維もやわらかくなる時季にこそ、魅力的な白菜の料理をお出ししたいところです。

白菜のつづみ煮

▼材料　4人分
白菜8枚　豚挽き肉300g　玉ねぎ½個
卵1個　スープ［固形スープの素2個
薄口醤油大さじ1½　水3カップ
塩・胡椒各少々］　サラダ油適量

◎作り方

①白菜は一枚一枚はがし、茹でてから冷ましておきます。

②玉ねぎはみじんに切り、サラダ油を熱したフライパンで炒め、塩、胡椒で味を調えます。

③豚挽き肉は脂の少ないものを用意します。卵を加えてよく混ぜ、塩、胡椒で味を調えてから、②の玉ねぎを混ぜて八等分します。

④①の白菜を一枚ずつ広げて、③の挽き肉を根元の方に置いて、根元から葉先の方へ巻いていき、左右の端を中へ入れ込みます。

⑤［］内のスープの材料のうち、まず水を火にかけ、沸いてきたら、固形スープの素を入れます。ここへ④の白菜を入れて煮て、薄口醤油と塩、胡椒で味を調えます。

⑥器に⑤の白菜のつづみ煮を盛り、スープを縁から注ぎます。

◎覚え書き

◆白菜の保存法／二つ切り、四つ切りにして売っているものは、味が落ちていますので、少量を使う場合でも一株で求めるようにします。葉を一枚ずつはがして使っていきますが、残るようでしたら、新聞紙に包み、冷暗所において保存します。

白菜とかにの吉野煮

▼材料　4人分
白菜800g　かにの身150g　水½カップ
吉野あん［だし汁1カップ　酒大さじ
4　塩小さじ1弱　胡椒適量　水溶き
片栗粉適量］　あさつき適量

◎作り方

①白菜は内側の葉を使い、縦に八つ割りにします。鍋に水を入れて白菜を加え、蓋をしてごく弱火にかけてしんなりするまで蒸し煮にします。

②かにの身は、軟骨を取って細かくほぐします。

③①の鍋の中に、片栗粉以外の吉野あんの材料を加え、②のかにの身を入れて煮ます。仕上げに水溶き片栗粉を加えてとろみをつけます。

④器に③を盛り、小口に切ったあさつきを散らします。

◎覚え書き

◆白菜の上手な使い方／白菜の外側の葉は炒め物に、中側の葉は煮物やサラダに使います。また、いちばん外側の緑の濃い葉も捨てずに、きざんで漬物に混ぜ込んだり、茹でてドレッシングや和え衣で和えると簡単で洒落たお通しになります。

菜取り鍋

▼材料　4人分
白菜8枚　鶏もも肉300g　焼き豆腐1
丁　わけぎ10本　白滝1個　銀杏16個
しめじ適量　八方地［だし汁6カップ
醤油¾カップ　みりん¾カップ］

◎作り方

①白菜は一枚一枚にはがしてざく切りにします。

②鶏もも肉は余分な脂を取り除き、ぶつ切りにします。

③焼き豆腐は四つに切り、わけぎは5～6センチ長さに切り分けます。

④白滝は下茹でしてから食べよい大きさに切ります。

⑤銀杏は殻から取り出し、茹でて皮をむきます。

⑥しめじは一本一本切り離してからさっと茹でます。

⑦土鍋に①～⑥の材料を彩りよく並べ、八方地を注ぎ入れます。

⑧客席で火にかけ、煮ながら食べて頂きます。

白菜のハム博多

▼材料　4人分
白菜5枚　ハム6枚　赤唐辛子2本
生姜1かけ　スープ［固形スープの素
½個　水1カップ　塩小さじ⅓　胡椒
少々］

◎作り方

①白菜は一枚一枚はがして茹でて、

流し缶の大きさに合わせて切ります。ハムも同様に切っておきます。
②赤唐辛子は種を除いて小口に切ります。生姜はせん切りにして水にさらします。
③流し缶に白菜、ハム、白菜と三層に重ね、間に生姜と赤唐辛子を挟みます。形を整えるため、重石をのせます。
④スープの材料の水を鍋に入れて火にかけ、固形スープの素を入れ、塩、胡椒で味を調えます。熱いうちに③の流し缶に注ぎ入れます。
⑤味がしみ込んだら、流し缶からくずさないよう取り出し、人数分に切り分け、器に盛ります。

白菜とベーコンのごま和え

▼材料　4人分
白菜5枚　ベーコン150g　長ねぎ2本　ごま和え衣［黒ごま大さじ7　味噌大さじ1・½　醤油大さじ1　砂糖大さじ2　みりん大さじ2］　生姜1かけ

◎作り方
①白菜は一枚一枚はがし、茹でてからざく切りにします。
②ベーコンはざく切りにしてから茹でます。
③長ねぎは斜め薄切りにして、熱湯でさっと茹でます。
④ごま和え衣を作ります。黒ごまは乾いた鍋に入れて、鍋を動かしながらよく炒ります。これを紙の上に広げて冷ましてから、あたり鉢に入れ、香りと油が出てくるまであたります。油が出てきたら味噌を入れてすり混ぜ、次に砂糖を入れてすり混ぜます。さらに他の調味料を加えて溶きのばします。
⑤①～③の材料の水気をよく切ってから、提供直前に④のごま和え衣で和え、器に盛って、きざんだ生姜を天盛りにします。

◎覚え書き
◆和え物のコツ／和え物は、和えてから時間が経つと材料から水分が出てきて、せっかくの和え衣の味が台なしになってしまいます。できるだけ提供直前に和え、素材のシャキッとした歯応えを楽しんでもらうようにします。そのためには、材料の水気をきっちり絞っておくことも大切です。

白菜とソフトサラミのドレッシング和え

▼材料　4人分
白菜3枚　ソフ、サラミソーセージ3枚　玉ねぎ1個　フレンチドレッシング（酢1に対し、サラダ油2の割合で合わせ、塩、胡椒で味を調えたもの）½カップ　にんにく1片　塩適量

◎作り方
①白菜は一枚一枚はがしてざく切りにし、白菜の量の2％の塩でもみ、きつく絞ります。
②玉ねぎは薄切りにして、水にさらして辛みを抜き、水気をきつく絞ります。
③ソフトサラミソーセージは大型のものを用意して、いちょう形に切ります。
④にんにくはおろして、フレンチドレッシングに混ぜます。
⑤提供直前に①～③の材料をざっくりと混ぜ、④のドレッシングで和えます。

◎覚え書き
◆フレンチドレッシングの作り方／ドレッシングの基本となるフレンチドレッシングの作り方を紹介します。酢1に対し、サラダ油2の割合で用意します。ボウルに酢、サラダ油、塩、胡椒を入れ、泡立て器を使ってよく混ぜます。酢の割合は料理によって加減し、さらに好みによっておろしにんにくやおろし玉ねぎ、溶き辛子、砂糖などを混ぜます。

白菜とクラゲのごま和え

▼材料　4人分
白菜5枚　クラゲ150g　大根300g　人参適量　ごま和え衣［ごま大さじ5　味噌大さじ1　砂糖大さじ2　みりん大さじ3　薄口醤油大さじ2　酒大さじ1］　塩適量

◎作り方
①白菜は一枚一枚はがしてからせん切りにします。大根と人参も皮をむいてせん切りにします。白菜、大根、人参を合わせ、野菜の重量の2％の塩でもんで、汁気をきっちり絞っておきます。
②クラゲは水で戻してから、熱めの湯をかけて細く切り、水気を切っておきます。
③ごま和え衣を作ります。ごまは乾いた鍋に入れ、鍋底を火から少し離して動かしながらよく炒ります。これを紙の上に広げて冷まします。味噌は鍋蓋の裏にぬって、遠火であぶります。あたり鉢に炒ったごまを入れ、油が出てくるまであたります。油が出てきたら、あぶった味噌を入れてすり混ぜます。さらに砂糖、煮切ったみりんと酒、薄口醤油を加えてすり混ぜます。
④提供直前に、汁気を絞った①の野菜と、②のクラゲをざっくりと混ぜ、器に盛って③のごま和え衣をかけます。

◎覚え書き
◆白菜の塩もみ／白菜の塩もみは、塩もみしたきゅうりと合わせて簡単な即席漬けにしても爽やかな一品となります。塩でもむ時には、あらかじめ白菜と塩が全体に混ざるよう、指先でかき混ぜてからもむようにします。だんだん白菜がしんなりとしてきます。この状態になったら、手のひら全体を使ってもむようにします。塩もみした後に調味する場合が多いので、塩の量は白菜の2％くらいにします。
◆ごま和え衣の味噌／ごま和え衣に使う味噌は、そのままでもいいのですが、あぶると味噌特有の臭みが抜けます。また、香ばしさも加わるのでごま和え衣の味が一層引き立ちます。

冬野菜の料理

旬の感覚が薄れてきたとはいえ、京野菜をはじめ、この季節だけの野菜が数多く残っています。華やかな色彩を活かした煮物やぬたで温かみを演出します。

焼きえび芋

えび芋と京人参の禿《かむろ》菊柚子味噌添え

たこと里芋の炊き合わせ

天王寺かぶの鶏射込み

いとよりのかぶら蒸し

ひと文字

葉物野菜の料理

葉物野菜の瑞々《みずみず》しさは、他の素材にはない魅力です。相性のいい魚介と和えるなど旨さが引き立つよう料理します。和え物は時間をおくと水っぽくなるので、供する直前に和えるようにします。

菊菜とえびの生姜醤油和え

小松菜の白酢和え

菜の花とうにの辛子醤油和え

豚肉と白菜の巻き蒸し

まぐろと小かぶのわさび醤油和え

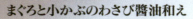

「冬野菜の料理」の作り方

現代では、材料の旬の感覚が失われていますが、季節感を感じさせる料理はそれだけで魅力的なものです。特に初春を迎えてからはおめでたい雰囲気のある料理をお出しします。煮物でも飾り切りを施すだけで、いつもと違った印象に変わります。寒い季節ですので、練り味噌や吉野あんを使って温かみも演出します。

焼きえび芋

▼材料　4人分
えび芋6個　塩適量　菊の葉8枚

◎作り方
①えび芋はよく洗って泥を落とし、蒸気の上がった蒸し器に入れ、強火でやわらかくなるまで蒸します。蒸し上がったら縦半分に切り、焼き網で焼いて焼き色をつけます。
②焼き上がりに塩を振り、菊の葉を敷いた器に盛ります。

えび芋と京人参の禿菊《かむろ》柚子味噌添え

▼材料　4人分
えび芋4個　京人参4個　煮汁［だし汁4カップ　みりん½カップ　白醤油大さじ3½］　柚子味噌適量

◎作り方
①えび芋と京人参は太めのものを用意し、皮を丸くむきます。表面に放射状に切り込みを5か所入れ、花弁を作り、さらにその間に切り込みを入れて禿菊に作ります。
②えび芋と京人参の禿菊はそれぞれ下茹でし、等分に分けた煮汁で紙蓋をして含め煮にします。
③器に柚子味噌を敷き、②のえび芋と京人参を盛ります。

たこと里芋の炊き合わせ

▼材料　4人分
たこの足（茹でたもの）8本　下煮用［水5カップ　酒⅓カップ］　たこの煮汁［砂糖大さじ3½　赤酒大さじ3½　薄口醤油大さじ3½］　里芋8個　酢少々　里芋の煮汁［だし汁1½カップ　水1½カップ　白醤油大さじ2¼　みりん大さじ5］　生姜適量

◎作り方
①茹でだこは足先を切り落とし、下煮用の水と酒を合わせた鍋に入れ、やわらかくなるまで弱火で煮ます。
②①の鍋に煮汁の材料の調味料を加え、ひと煮立ちさせて火を止めます。
③里芋はよく洗って泥を落とし、天地を切り落として皮を六面にむきます。たっぷりの水に酢少々と里芋を入れて火にかけ、二度ほど茹でこぼし、水で洗ってぬめりを除きます。
④鍋に里芋の煮汁の材料を合わせて火にかけ、③の里芋を煮含めます。
⑤器に②のたこの足と④の里芋を盛り、④の煮汁を少量かけます。

天王寺かぶの鶏射込み

▼材料　4人分
天王寺かぶ4個　米ひとつまみ　鶏しんじょ［鶏挽き肉120g　干し椎茸2枚　卵⅓個　醤油小さじ1　砂糖小さじ1］　八方地［だし汁4カップ　みりん½カップ　薄口醤油½カップ］　水溶き片栗粉適量

◎作り方
①天王寺かぶは皮を丸くむいて形を整え、切り込みを入れて禿菊に作り、盛りつけて下になる側の中心をくり抜きます。たっぷりの水と米ひとつまみを入れた鍋に入れ、茹でます。
②鶏しんじょを作ります。鶏挽き肉は、材料の三分の二量を鍋に入れて七分通り炒ります。残りの鶏挽き肉と合わせてあたり鉢であたり、卵と調味料を加えてすり混ぜ、戻してみじんに切った干し椎茸を混ぜます。
③①の天王寺かぶのくり抜いた部分に②の鶏しんじょを射込み、八方地で煮て味を含めます。
④器に③を盛り、水溶き片栗粉でとろみをつけた③の煮汁をかけます。

いとよりのかぶら蒸し

▼材料　4人分
いとより（上身）200g　天王寺かぶ¼個　しめじ½パック　銀杏12個　酒塩［酒大さじ3　塩小さじ⅓］　卵白少々　吉野あん適量　三つ葉適量　わさび適量

◎作り方
①いとよりは上身を用意して食べよい大きさに切り分け、酒塩に5分ほどつけ、蒸し器で7～8分蒸します。
②しめじは一本ずつ切り離して茹でます。銀杏は茹でて薄皮をむきます。
③天王寺かぶは皮を厚めにむいておろし、さっと水洗いしてきつく絞り、卵白と混ぜ合わせます。
④①の上に②のしめじと銀杏をのせ、③をかぶせるように置き、さらに4～5分ほど蒸します。
⑤蒸し上がったら、熱々の吉野あんをかけ、茹でた三つ葉の茎とわさびを天盛りにします。

ひと文字

▼材料　4人分
わけぎ12本　辛子酢味噌適量

◎作り方
①わけぎは傷をつけないよう軽く手で絞って空気を抜き、たっぷりの熱湯で茹でてざるに上げ、冷まします。冷めたら一本ずつ根元の白い部分を縦結びにし、残りの青い部分をぐるぐると巻きつけます。
②器に盛り、辛子酢味噌を添えます。

「葉物野菜の料理」の作り方

野菜の中でも、特に青菜はカロチンやビタミンCがたっぷり含まれ、栄養価に優れています。サラダが欠かせないメニューとなっているように、野菜を取ることが少ない現代では、野菜の料理がたいへん喜ばれます。ここでは、瑞々《みずみず》しい葉物の野菜を使い、魚介類や肉類と合わせてより魅力を高めた野菜の料理を紹介します。生姜醤油やわさび醤油など、簡単にできる和え衣で和えていますが、うにやえびなど彩りのよい材料を使うと、高級なイメージも生まれます。和え物を美味しくするコツは、必ず提供する直前に和え、水っぽくならないようにすることです。加減醤油は、別添えで供し、お好みの加減で食べて頂いてもいいでしょう。

菊菜とえびの生姜醤油和え

▼材料　4人分
菊菜½把　車えび（小）12尾　生姜醤油［おろし生姜の絞り汁適量　醤油適量］　炒りごま適量　塩少々

◎作り方
①菊菜は塩を少々入れた熱湯で茹でて水に取り、水気をきつく絞ってから3～4センチ長さに切り揃えます。
②車えびは背わたを取り、塩を少々入れた熱湯で茹でてざるに上げ、尾ひと節を残して殻をむきます。
③①の菊菜と②の車えびを生姜醤油でざっくりと和え、器に盛って炒りごまを振ります。

小松菜の白酢和え

▼材料　4人分
小松菜½把　白酢［豆腐⅓丁　あたりごま¾カップ　砂糖大さじ3　みりん大さじ4　薄口醤油少々　酒大さじ2　酢大さじ3］

◎作り方
①小松菜は塩少々を入れた熱湯で茹でて水に取り、水気を絞ってから3～4センチ長さに切り揃えます。
②白酢を作ります。豆腐は重量の半分まで水を切り、裏漉しします。あたり鉢にあたりごま、裏漉しした豆腐の順に入れてあたり、砂糖、みりん、醤油を入れてすり混ぜます。最後に酒と酢を加えて仕上げます。
③①の小松菜を②の白酢でざっくり和え、器に盛ります。

◎覚え書き
◆白酢の調味料の合わせ方／白酢はあらかじめ作り置きすることができますが、酢と酒だけは材料を和える直前に混ぜるようにします。酢と酒を入れてしまうと、持ちが悪くなるだけでなく、酢や酒の風味がとんでしまうからです。また、好みによって豆腐の量は増やしてもよく、調味料で味を加減してください。

菜の花とうにの辛子醤油和え

▼材料　4人分
菜の花2把　うに⅔箱　辛子醤油［溶き辛子大さじ1　醤油大さじ8］　塩少々

◎作り方
①菜の花は穂先を摘み、塩を少々入れた熱湯でさっと茹でて冷水に取り、水気をきつく絞ります。
②ボールに①の菜の花とうにを入れてざっくり和え、器に盛って縁から辛子醤油を回し入れます。

豚肉と白菜の巻き蒸し

▼材料　4人分
白菜4枚　豚挽き肉250g　ねぎ⅓本　卵⅓個　塩・胡椒少々　辛子味噌適量　柚子適量

◎作り方
①白菜は一枚ずつはがし、茹でてざるに取って冷まします。
②豚挽き肉はあたり鉢に入れ、卵、塩、胡椒を加えてあたり、みじんに切ったねぎを混ぜます。
③巻き簀《す》の上にラップを広げて、①の白菜を並べます。手前に白菜の幅に合わせてのばした②をのせて巻き、形を整えます。これを蒸気の上がった蒸し器に入れて、20分ほど蒸します。
④蒸し上がったら巻き簀をはずし、ラップごと切り分けます。器に温めた辛子味噌をたっぷりと敷き、白菜の巻き蒸しを盛って柚子の皮を細く切ったものを添えます。

まぐろと小かぶのわさび醤油和え

▼材料　4人分
まぐろ½サク　小かぶ1把　わさび醤油［わさび大さじ½　醤油⅓カップ］　塩少々　わさび適量

◎作り方
①まぐろはガーゼで一重にくるみ、湯につけて色が変わったらすぐに引き上げ、氷水に取って冷まします。水気を切ってから食べよい大きさの引き造りにします。
②小かぶは塩を少々入れた熱湯で茹でてざるに上げて冷まし、4～5センチ長さに切り揃えます。
③①のまぐろと②の小かぶをざっくりと和えて器に盛り、わさび醤油を縁から回し入れ、わさびを天盛りにします。

変わりきんぴら

きんぴらは醤油と酒、油で調理する素朴な料理ですが、誰もが懐かしく思う味わい深いものです。ごぼうや蓮根《れんこん》以外にも、魚介と野菜を組合わせたり、アイデア次第でいろいろな材料が使えます。

乾燥野菜の料理

野菜や魚介を干しますと生とは違った旨みが生まれます。家庭でも親しまれている素材ですが、お店では惣菜から一歩離れ、お金の取れる工夫が必要です。

ひじきとあさりの煮物

ずいきとにしんの炊き合わせ

ぜんまいとたらこの炊き合わせ

ずいきとかきの煮物

はりはり漬け

切り干し大根の白和え

切り干し大根とほたての煮物

「変わりきんぴら」の作り方

きんぴらは、もともと野菜の皮や切れ端の利用から生まれた料理です。ごぼうや蓮根《れんこん》のきんぴらが一般的ですが、うどの皮や大根の皮、こんにゃくや沢庵《たくあん》など手近な材料でいろいろなきんぴらが作れます。その上、原価も手間もかからず、酒の肴にぴったりの料理といえそうです。シャキッとした野菜の歯応えを残すためには、火加減に十分注意し、中華鍋あるいは雪平鍋を使って強火で手早く炒め上げます。味つけの基本は醤油ですが、好みで七味唐辛子や粒山椒でピリッとした辛味を加えると、いっそう酒をすすめます。彩りが乏《こぼ》しくなりがちなので、仕上げに煎りごまやけしの実などを振《ふ》って変化をつけてください。また、縁高の小鉢に少なめの量をこんもりと盛ると上品に仕上がります。

うどのきんぴら

▼材料　4人分
うど500g　醤油大さじ5　酒大さじ3
サラダ油大さじ2　七味唐辛子少々
煎りごま適量

◎作り方
①うどは皮とわき枝を使います。4～5センチ長さの太めのせん切りにして、水にさらします。
②鍋にサラダ油を熱し、水気を拭いた①を入れて強火で炒め、醤油と酒を加えます。汁気が少なくなったら、仕上げに七味唐辛子を振って混ぜ合わせます。
③器に②を盛り、煎りごまを散らします。

蓮根のきんぴら

▼材料　4人分
蓮根300g　鶏皮200g　生姜1かけ　醤油大さじ4　酒大さじ2　サラダ油大さじ4　七味唐辛子少々

◎作り方
①蓮根は薄い輪切りにして水にさらします。生姜はごく細いせん切りにして水にさらします。
②鶏皮はよく茹でて脂をきれいに取り、せん切りにします。
③鍋にサラダ油を熱し、水気を切った①の蓮根と生姜を入れ、強火で炒めます。蓮根に火が通ったら、鶏皮を加え、醤油、酒を入れ、汁気がなくなるまで炒め、仕上げに七味唐辛子を振って混ぜます。
④器に③をこんもりと盛ります。

こんにゃくと川えびのきんぴら

▼材料　4人分
こんにゃく500g　川えび100g　醤油大さじ5　酒大さじ1½　サラダ油大さじ4　粒山椒大さじ1

◎作り方
①こんにゃくはたっぷりの水で茹でて水に取り、水気を拭き取ってから短冊に切ります。
②川えびは小さめのものを用意して殻のままさっと茹でます。
③粒山椒は庖丁できざみます。
④鍋にサラダ油を熱し、こんにゃくを強火で炒め、醤油、酒を入れ、②の川えびを加えて炒めます。
⑤汁気が少なくなったら、③を加えて炒め、火を止めて器に盛ります。

アスパラガスとこぶしのきんぴら

▼材料　4人分
グリーンアスパラガス250g　とこぶし（殻付き）500g　醤油大さじ5　酒大さじ2　サラダ油大さじ2　七味唐辛子少々

◎作り方
①アスパラガスは根元の固い部分の皮をむき、細いささがきにします。
②とこぶしは殻をはずし、わたを取って水洗いし、細く切ります。
③鍋にサラダ油を熱し、①を入れ、強火で炒め、醤油、酒を加え、味が染み込んだらとこぶしを入れます。
④とこぶしに火が通ったら、アスパラガスととこぶしを引き上げ、汁を煮つめてから戻し入れ、汁をからめ、仕上げに七味唐辛子を振ります。
⑤器に④をこんもりと盛ります。

五三竹と川えびのきんぴら

▼材料　4人分
五三竹（姫竹）の水煮300g　川えび100g　醤油大さじ5　酒大さじ2　サラダ油大さじ2　粒山椒大さじ1½

◎作り方
①五三竹の水煮は、5センチくらいの短冊に切ります。
②川えびは小さめのものを用意し、塩茹でにして頭を取ります。
③鍋にサラダ油を熱して五三竹を入れ、強火で炒め、醤油、酒を加えて炒め、②の川えびを加えます。
④さらにきざんだ粒山椒を入れ、汁気がなくなるまで炒めて火を止め、器に盛ります。

ふきのきんぴら

▼材料　4人分
ふき400g　醤油大さじ5　酒大さじ2
サラダ油大さじ2　七味唐辛子少々
けしの実適量

◎作り方
①ふきは皮をむいて、薄い斜め切り

にして水にさらします。
②サラダ油を熱し、水気を切った①を入れて炒め、醤油、酒を加えます。
③七味唐辛子を振って火を止め、器に盛り、けしの実を散らします。

沢庵《たくあん》とぜんまいのきんぴら

▼材料　4人分
たくあん300g　ぜんまい（水煮）300g　醤油大さじ7　酒大さじ4　サラダ油大さじ3　七味唐辛子少々　炒りごま適量

◎作り方
①なるべく甘味の少ないたくあんを用意し、薄い輪切りにして水に一晩つけて、塩抜きをします。
②ぜんまいの水煮は根元の固い部分を取り、4センチ長さに切ります。
③鍋にサラダ油を熱し、①を入れて炒め、ぜんまいを加え、醤油、酒を加えてさらに炒めます。
④汁気がなくなったら、仕上げに七味唐辛子をふって火を止め、器に盛って炒りごまを散らします。

ごぼうのきんぴら

▼材料　4人分
ごぼう300g　醤油大さじ5　酒大さじ2　砂糖大さじ½　七味唐辛子少々　サラダ油大さじ2½

◎作り方
①ごぼうは縦半分に切り目を入れてからささがきにし、水にさらします。
②鍋にサラダ油を熱し、水気を切った①を入れて強火で炒め、火が通ったら醤油、酒、砂糖を加え、鍋を返しながら炒めます。
③仕上げに七味唐辛子を多めにふって火を止め、器に盛ります。

セロリとしめじのきんぴら

▼材料　4人分
セロリ350g　しめじ350g　醤油大さじ8　酒大さじ4　サラダ油大さじ2　七味唐辛子少々

◎作り方
①セロリは皮をむいて5センチ長さのせん切りにして水に放します。
②しめじは根元を切り離してほぐし、さっと茹でてざるに上げます。
③鍋にサラダ油を熱し、水気を切った①を入れて炒め、しんなりしてきたら醤油、酒を加えます。汁気が少なくなったらセロリを取り出します。
④しめじを③の鍋に入れて炒め、セロリと同じくらいの色になったらセロリを鍋に戻し、七味唐辛子を振って火を止めます。器に盛ります。

割干し大根のきんぴら

▼材料　4人分
割干し大根250g　醤油¾カップ　酒大さじ5　砂糖大さじ1　サラダ油大さじ5　生姜1かけ　七味唐辛子適量　炒りごま適量

◎作り方
①割干し大根は水に一晩つけて戻し、長さ4センチ、幅7〜8ミリくらいに切ってたっぷりの水で茹でます。
②生姜は皮をむいてごく細いせん切りにし、水にさらします。
③鍋にサラダ油を熱し、水気を切った割干し大根を入れて強火で炒め、醤油、酒、砂糖を加えます。
④汁気が少なくなったら、②の生姜を入れて炒め、七味唐辛子を振って仕上げ、器に盛り、炒りごまを散らします。

◎覚え書き
◆きんぴらは、砂糖を使わない方が上品な味に仕上がりますが、ごぼうと割干し大根のきんぴらは例外です。ごぼうと割干し大根には味に深みがあまりないので、砂糖を入れてコクと味に慣れを出します。

「乾燥野菜の料理」の作り方

乾燥野菜や乾物には、生とは違った滋味の深い味わいと食感があり、上手に活用したい素材です。ただし、家庭の常備菜のようにひじきや切り干し大根を油揚げと煮るだけでは、お金の取れる料理とはなりません。魚介類と取り合わせたり、炊き合わせにしたりと惣菜とは違った、ひと手間かけた料理をご紹介します。

ひじきとあさりの煮物

▼材料　4人分
ひじき80g　あさり（むき身）80g　しめじ2パック　塩適量　煮汁［だし汁1カップ　みりん大さじ3　醤油大さじ4　酒大さじ3］　サラダ油適量

◎作り方
①ひじきはざるに入れて汚れを洗い流し、水につけて戻します。
②あさりのむき身は塩を少々入れた熱湯でさっと茹でて、ざるに上げて冷まします。
③しめじは一本ずつ切り離して茹でておきます。
④鍋にサラダ油を熱して①のひじきを炒め、だし汁と調味料を加えて煮ます。煮汁の量が半分くらいになったら②のあさりと③のしめじを加えます。
⑤汁気がなくなるまで煮含めたら、器に盛ってお出しします。

ぜんまいとたらこの炊き合わせ

▼材料　4人分
ぜんまいの水煮2袋　人参5cm分　かんぴょう適量　生たらこ4腹　塩適量　煮汁［だし汁2½カップ　みりん½カップ　薄口醤油⅓カップ］　溶き辛子適量

◎作り方
①ぜんまいは水煮を用意します。これを熱湯でもう一度茹でて、水に取って冷まし、かたい部分を切り落とし、5センチ長さに切り揃えます。
②人参は皮をむいて5ミリ角の拍子木切りにします。
③かんぴょうは水で洗って塩でもみ、塩を洗い流しておきます。
④①のぜんまいと②の人参を揃えて③のかんぴょうで結んで小原木に作ります。
⑤生たらこは水を張ったボールに入れ、竹串で血筋を取り除きます。水気を拭いて塩をきつめに振り、30～40分程おき、塩を洗い流します。さらに水につけ、二、三度水を替えながら一時間ほど塩抜きをして、熱湯で茹でます。
⑥だし汁と調味料を合わせて等分に分け、別々の鍋に入れて火にかけ、それぞれ④と⑤を入れ、紙蓋をして煮ます。たらこは六、七分程度まで煮て火をとめ、そのまま味を含ませます。
⑦器に⑥のぜんまいの小原木とたらこを盛り、溶き辛子を添えます。

ずいきとにしんの炊き合わせ

▼材料　4人分
芋がら250g　身欠きにしん（生干し）4本　煮汁［だし汁1¼カップ　赤酒大さじ5　砂糖大さじ2¼　醤油大さじ1½］　絹さや5枚

◎作り方
①芋がら（ずいき）は水で戻し、熱湯で茹でてから水に取ります。水気を絞り、4センチ長さに切り揃えます。
②生干しの身欠きにしんは、骨抜きで小骨をすくい抜き、焼き網で白焼きにします。冷めてから一本を四つに切り、熱湯をかけて油抜きします。
③鍋に②のにしんを入れてだし汁を加え、にしんがふっくらとするまで煮ます。調味料を加えてさらに煮て煮汁が半量になったら①を加え、紙蓋をして煮含めます。
④器に③のにしんと芋がらを盛り、塩茹でした絹さやを天盛りにします。

ずいきとかきの煮物

▼材料　4人分
芋がら250g　生がき8個　塩適量　煮汁［だし汁2カップ　みりん⅓カップ　醤油⅓カップ　砂糖⅓カップ］

◎作り方
①芋がら（ずいき）は水で戻し、熱湯で茹でてから水に取ります。水気を絞り、4センチ長さに切り揃えます。
②生がきは薄い塩水でよく洗い、さっと茹でてざるに上げます。
③鍋に材料のだし汁と調味料を合わせて火にかけ、①の芋がらを加えます。煮汁が半量になるまで煮含め、②を加え、鍋返しをして煮上げます。

はりはり漬け

▼材料　4人分
花丸大根250g　赤唐辛子1～2本　漬け汁［酢大さじ7½　みりん大さじ4½　薄口醤油大さじ7］

◎作り方
①花丸大根はたっぷりの水につけて戻し、もみながら水で洗い、きつく絞ります。これを二度繰り返します。
②赤唐辛子は種を取って小口に切り、漬け汁の材料とともに鍋に入れ、火にかけます。煮立ったら火を止め、冷めてから①の花丸大根を加え、二日程漬け込みます。

切り干し大根の白和え

▼材料　4人分
切り干し大根40g　煮汁［だし汁½カップ　みりん大さじ4　薄口醤油大さじ2　酒大さじ2］　ほうれん草の茎1把分　白和え衣［木綿豆腐1丁　味噌大さじ1　あたりごま50g　砂糖大さじ6　みりん大さじ1　薄口醤油大さじ1　塩小さじ½弱］

◎作り方
①切り干し大根は水につけて戻し、茹でて水に取り、きつく絞ります。
②鍋にだし汁と調味料を入れて煮立て、①の切り干し大根を加え、煮汁が少なくなるまで煮て味を含めます。
③ほうれん草の茎は、塩を少々入れた熱湯で茹でて切り揃えます。
④白和え衣を作ります。豆腐は元の重さの半分まで水切りをし、裏漉ししてからあたり鉢に入れてあたります。ここに味噌、あたりごま、他の調味料を順に加え、なめらかになるまですり混ぜます。
⑤水気を絞った②と③を白和え衣でざっくりと和え、器に盛ります。

切り干し大根とほたての煮物

▼材料　4人分
切り干し大根80g　人参適量　ほたて貝（小）1パック　煮汁［だし汁1カップ　みりん½カップ　薄口醤油⅓カップ　酒大さじ3］　サラダ油・七味唐辛子各適量

◎作り方
①切り干し大根は水につけて戻し、茹でて水に取り、きつく絞ります。
②人参は皮をむいて3センチ長さの太めのせん切りにします。
③ほたて貝は茹でたものを用意し、筋の部分を取り除きます。
④鍋にサラダ油を熱して①の切り干し大根を炒め、だし汁と調味料を加えます。煮立ってきたら②の人参を加え、さらに煮汁が半分になったら③を加え、汁気がなくなるまで煮含めます。
⑤煮上がりに七味唐辛子を振って混ぜ、器に盛ります。

即席漬けの料理

漬け物は酒の肴としても恰好のものですが、市販の漬け物をそのままお出ししたのでは魅力は半減してしまいます。ひと手間をかけた即席漬けなら、十分楽しんでもらえます。

きゅうりの朝鮮漬け

たくあんの糸漬け

五色もみ漬け

白うりの印籠漬け

ぬか漬けかぶの梅肉和え

きゅうりと人参のしそ巻き

うどの梅酢漬け

「即席漬けの料理」の作り方

漬け物は、酒の場でも食事の場でも常に脇役的な存在ですが、なければ物足りなく感じる、欠かせない一品です。もともと保存食として発生した漬け物は、すでに平安時代の『延喜式』に塩漬けの名が記されています。時代が降《くだっ》て、野菜の生産量や種類が増えてくると、一夜漬けや当座漬け、即席漬けなど素材の持ち味を活かした漬け物が工夫されるようになりました。これらの漬け物のさわやかな風味と歯応えは、酒にも合う上、食をすすめます。

添加物や着色料を使わない自家製のものをお出しできればいちばんいいのですが、市販品を使っても味を直したり、数種類を組み合わせて即席漬け風に仕立てると、他店と違う個性的なものが提供できます。ここでは、酒の肴となる一品料理風の即席漬けを紹介しています。保存漬けや古漬けを梅酢や醤油で味を整えたり、生姜や大葉を加えてフレッシュな一品にアレンジしています。

きゅうりの朝鮮漬け

▼材料　4人分
きゅうり8本　大根300g　りんご1個　桜えび5g　生姜1かけ　にんにく1片　塩適量　漬け汁［大根おろしの汁1カップ　水1カップ　塩大さじ1　砂糖大さじ2　豆板醤適量］　レモン汁適量

◎作り方
①きゅうりは両端を切って縦に十文字の切り目を入れ、塩でもんでしんなりするまで圧しをかけます。
②大根とりんごは皮をむいてせん切りにし、重さの0.1%の塩を加えます。全体に塩が回るよう軽く混ぜてから、手のひらを使ってもみ込んでいきます。
③②の大根とりんごがしんなりとしたら、生姜、にんにく、桜えびをそれぞれみじん切りにしたものを加えます。
④③の汁をボールに取って、漬け汁の材料の大根おろしの汁、水、調味料を加えます。
⑤①のきゅうりの切り目に③をつめて、即席漬け器などに並べ、④の漬け汁を注ぎ入れ、半日ほど圧しをかけます。
⑥提供時に食べよい大きさに⑤を切って器に盛り、レモン汁をかけてお出しします。

◎覚え書き
◆漬け物に使う塩／漬け物では、塩の成分〝にがり〟が重要な役割をしています。にがりは塩をゆっくりと溶かし、塩辛さをやわらげるとともに、野菜の歯切れをよくしています。また、乳酸菌の働きも助けています。

本漬けの漬け物はもちろん、即席漬けであっても漬け物の風味をよくするためには、にがりの入った塩を使います。食塩と呼ばれるものは純度が高く、にがりが含まれていませんので、並塩や粗塩など、自然塩を選びます。

◆本場の韓国や朝鮮の漬け物（キムチ）には、たくさんの梨が使われています。ここでもりんごのかわりに梨を使ってもよいでしょう。

たくあんの糸漬け

▼材料　4人分
たくあん300g　人参適量　生姜1かけ　赤唐辛子1本　塩適量　醤油1/3カップ　梅酢または酢大さじ2

◎作り方
①たくあんは少し甘みのあるものを用意し、細く切ってから、半日ほど水につけて塩抜きします。
②人参は皮をむいてごく細いせん切りにし、塩でもみます。
③生姜は、皮をむいてせん切りにします。
④ボールにたくあん、人参、生姜を混ぜて、醤油と梅酢（または酢）、種を取って小口に切った赤唐辛子を加えて混ぜ、2〜3時間おきます。
⑤提供時に器に盛ってお出しします。

◎覚え書き
◆漬け物の塩抜き／既成の漬け物や古漬けを使って、即席漬けを作る場合は、塩抜きをしてから使うと、後で調味をしても塩気が影響しません。方法は、塩加減を確認しながら、水で洗うか、水の中につけて塩を抜きます。

五色もみ漬け

▼材料　4人分
きゅうり2本　なす4個　セロリ1本　人参1/2本　塩適量　焼きみょうばん適量

◎作り方
①きゅうりは塩をまぶして、即席漬け器に入れてきつく圧します。
②なすは塩と焼きみょうばんでもんだ後、へたを切って、縦半分に切り、塩をまぶして即席漬け器に入れて圧します。
③セロリは皮をむいて4センチ長さの拍子木切りにし、塩水につけます。
④人参は太めのせん切りにし、濃い塩水につけます。
⑤きゅうりとなすがしんなりしたら、きっちり絞ってから小口に切り、セロリと人参を絞って混ぜ、器に盛ります。

◎覚え書き

◆家庭用の即席漬け器を使う／もみ漬けは最も手軽にできる即席漬けの一つです。このような塩漬けは家庭用の即席漬け器を使うと、簡単にできます。圧しの力の調整も自由にできますのでたいへん便利です。

◆〝料理屋風やたら漬け〟／関西の料理屋では、酒の肴やおかずのなくなった頃を見計らって、大どんぶりにいろいろな野菜を漬けこんだ即席漬けを出してくれるところがあります。やたらと幾種類もの野菜を漬けこんでいるところから〝料理屋風やたら漬け〟と呼ばれています。簡単なので、覚えておくと重宝します。

材料の野菜には、大根、人参、ラディッシュ、セロリ、きゅうり、なす、生姜、きくらげなど。ラディッシュは輪切りにして、水1カップに対し、塩小さじ1杯を溶かした塩水につけます。なすは焼きみょうばんでもんでから圧しをかけ、小口から切ります。

その他の野菜ときくらげはすべて同じ大きさのせん切りに揃え、大さじ2杯くらいの塩を振って、全体が混ざり合うよう軽く手で混ぜてから、ぎゅっともんでいきます。

野菜がしんなりとしてきたら、ラディッシュとなすを加えて混ぜ、さらに軽くもんでできあがりです。

盛りつけは大胆に、どんぶりや鉢を使ってたっぷりと盛ります。必ず水気を絞ってから盛り、風味に白ごまなどを振ります。

ぬか漬けかぶの梅肉和え

▼材料　4人分
ぬか漬けかぶ4個　梅肉大さじ1　醤油大さじ½

◎作り方

①ぬか漬けのかぶは、あまり漬かりすぎていないものを用意し、縦半分に切ってから薄切りにします。

②梅肉は醤油で溶きのばします。

③①のぬか漬けを②の梅肉で和え、器に盛ります。

◎覚え書き

◆ぬか床の作り方／ぬか床ができあがるまでには、多少手間と時間がかかりますが、一度作ってしまうと、常に食べ頃のぬか漬けをお出しすることができます。

ぬか床用に吸水性のある容器（樽など）を用意し、水をいっぱいに張って水もれがないか確認してから、水でよく洗っておきます。ここに、ぬか2キログラムと生姜のぶつ切り（6～7かけ位）、赤唐辛子10本、適量のなすの葉、あれば渋柿の皮10個分を入れ、塩300～400グラムを水13カップで煮溶かして冷ましたものを注いで混ぜます。よく手でこねて味噌くらいのやわらかさになるよう仕上げます。

作りたてのぬか床は使えないので、大根の葉やキャベツの外葉を捨て漬けにし、布巾か和紙を表面にかぶせ、夏場なら5日、冬場は一週間冷暗所において発酵させます。この間、捨て漬けの野菜は2～3日に一度替え、毎日2回かき混ぜます。ぬか床が慣れてきてからも、かき混ぜて空気に触れさせるようにすると、ぬか床が長持ちします。

白うりの印籠漬け

▼材料　4人分
ぬか漬け白うり6本　塩漬けきゅうり9本　塩漬け人参12本　塩漬けなす3個　生姜2かけ　大葉15枚

◎作り方

①白うりは両端を切って種を抜き、ぬか漬けにしたものを用意します。

②生姜は皮をむいてせん切りにします。大葉はせん切りにして一時間ほど水にさらします。

③①の白うりを水洗いして水気を拭き、3本に、塩漬けのきゅうりと塩漬けの人参を詰めます。残りの3本に、塩漬けなすと②の生姜と大葉を詰めます。

④即席漬け器に③を入れて圧しをかけ、2～3時間漬け込みます。

⑤提供時に輪切りにし、器に盛ってお出しします。

◎覚え書き

◆香の物、香々／漬け物は鎌倉時代以降、〝香の物〟〝香々〟とも呼ばれるようになりました。もともと香の字には味噌の意味があり、香の物というと味噌漬けを指していたようです。しかし、どんな漬け物にも香りがあるので、漬け物全般のことを呼ぶようになったといわれています。

◎覚え書き

◆金婚漬け／岩手県盛岡には金婚漬けという漬け物があります。越うりの中に幾種類もの味をつめた贅沢なものです。

きゅうりと人参のしそ巻き

▼材料　4人分
塩漬けきゅうり8本　塩漬け人参1本　ぬか漬け白うり1本　大葉30～40枚

◎作り方

①塩漬けきゅうり、塩漬け人参、ぬか漬け白うりはそれぞれ1センチ角に切ります。

②大葉は切らないまま2～3時間水につけておきます。

③②の大葉は水気を切って2～3枚ずつを組にし、①のきゅうり、人参、白うりをきっちり巻き、形が落ちつくまで即席漬け器で圧しをかけます。

④形が落ちついてから、切り整えて器に盛ります。

うどの梅酢漬け

▼材料　4人分
うど½本　赤梅酢½カップ　酢水適量

◎作り方

①うどは皮をむいて1センチ角の拍子木に切り、酢水につけておきます。

②①の水気を拭いてから、赤梅酢に漬け込みます。

③うどがほんのりと赤く染まったらできあがりです。

豆腐の料理

豆腐の旨さは、作りたてを手を加えずに味わうところにありますが、現在の豆腐にそれを求めることは難しいようです。そこで、豚肉や鶏肉と合わせたり、揚げだしにしてコクを加え、味を補います。繊細な素材ですから、ていねいに扱い、保存はヒタヒタの水につけて冷蔵庫におきます。

しっぽく豆腐

揚げだし磯辺豆腐

そぼろ揚げだし豆腐

煮奴

四方揚げあんかけ

鶏皮の煮豆腐

五目冷や奴

土佐豆腐

豆腐の料理

シンプルな冷や奴も、歯応えと風味の違う三、四種類の具や薬味を取り合わせると目先が変わります。

メンマの冷や奴

揚げなすの冷や奴

キムチのマヨ和え冷や奴

かにかまの冷や奴

炒り鶏の冷や奴

いかの天ぷらの冷や奴

むしりさけの冷や奴

えのきとチーズの冷や奴

「豆腐の料理」の作り方

豆腐の種類には、木綿豆腐、絹ごし豆腐、ソフト豆腐などがあります。木綿豆腐は、穴のあいた四角い流し箱で豆乳をかためたもので、圧《お》しをかけて水分を抜いているのできめが粗くなっています。絹ごし豆腐は、濃いめの豆乳を穴のあいていない流し箱でかためています。水分を抜かないので口当たりがなめらかです。木綿豆腐と絹ごし豆腐の中間的な豆腐がソフト豆腐で、なめらかな口当たりとこしを持ちます。近頃ではパック詰めの充塡《じゅうてん》豆腐が一般的ですが、地域によっては個性的な豆腐が数多く残っており、これを料理に使ってもいいでしょう。料理にはどんな豆腐も使えますが、夏場の冷や奴には涼しげな絹ごしが向きます。

しっぽく豆腐

▼材料　4人分
木綿豆腐4丁　豚ばら肉500g　人参1本　生椎茸8枚　玉ねぎ1個　あさつき少々　茹で汁［水7カップ　酒1/3カップ　塩少々］　塩適量　酒適量

◎作り方

①豚ばら肉は茹で汁の材料の水、酒、塩を入れた鍋に入れて、やわらかくなるまで茹でます。途中、浮いてくるアクと脂は、網杓子でていねいに引きます。

②人参は皮をむいて乱切りにします。生椎茸は、かたく絞った布巾で汚れを拭いて石づきを取ります。玉ねぎはざく切りにします。

③①の豚肉がやわらかくなったら、取り出してひと口大に切り、鍋に戻し、②の野菜を入れ、塩と酒で味を調えてじっくり煮ます。上げぎわに大きく切った豆腐を入れます。

④③を器に盛り、小口に切ったあさつきを散らします。

揚げだし磯辺豆腐

▼材料　4人分
木綿豆腐2丁　大根おろし2/3カップ　海苔1枚　生姜1かけ　たらの芽4本　溶き卵1個分　片栗粉適量　天ぷら衣［卵1個　冷水3/4カップ　酒大さじ2　塩少々　小麦粉1カップ］　揚げだしの地［だし汁1カップ　醤油1/4カップ強　みりん大さじ1/2　酒大さじ1］　揚げ油適量

◎作り方

①豆腐は巻き簀《す》の上に布巾を広げてのせ、さらに布巾、巻き簀をのせ、軽く圧しをして形をくずさないよう水気をきります。

②水気をきったら1丁を四つに切り、片栗粉を薄くまぶして溶き卵を通します。細く八つ切りにした海苔を帯にして巻き、もう一度片栗粉をつけ、中温より高めの揚げ油で揚げます。

③たらの芽は根の固い部分を切り落とし、天ぷら衣をつけて中温に熱した揚げ油で揚げます。

④鍋に揚げだしの地の材料を合わせて火にかけ、ひと煮立ちさせます。

⑤器に②と③を盛り、④をかけ、おろした生姜と大根おろしを添えます。

◎覚え書き

◆天ぷら衣の作り方／天ぷらをさっくりと揚げるコツは天ぷら衣にあります。まず、卵を溶きほぐし、冷たく冷やした水と酒、塩を加えて混ぜ、小麦粉をさっくり混ぜます。粘りが出ないよう、小麦粉はあらかじめよくふるい、さらに冷水を使うことがポイントです。

そぼろ揚げだし豆腐

▼材料　4人分
木綿豆腐2丁　鶏そぼろ［鶏挽き肉250g　だし汁1/3カップ　砂糖1/2カップ　みりん1/2カップ　醤油1/2カップ　水溶き片栗粉適量］　そら豆12個　大葉4枚　生姜少々　小麦粉適量　揚げ油適量

◎作り方

①木綿豆腐は軽く圧しをして水気をきり、1丁を半分に切ります。小麦粉を薄くまぶして、高温の揚げ油で色よく揚げます。

②鶏そぼろを作ります。鶏挽き肉は、皮と脂を取って二度挽きしたものを用意します。鍋にだし汁と調味料を合わせ、鶏挽き肉を入れてかき混ぜます。中火にかけ、箸5〜6本でかき混ぜながら煮つめます。汁気が半分くらいになったら水溶き片栗粉を入れてとろみをつけます。

③器に①の揚げだし豆腐を盛り、②の鶏そぼろをかけ、大葉、塩茹でにしたそら豆、おろし生姜を添えます。

◎覚え書き

◆豆腐の水きりの方法／豆腐は、水のきれをよくするため、ぬれ布巾に包み、まな板に広げた巻き簀の上にのせます。揚げだしの場合は、あまり水をきる必要がなく、軽い重石をのせます。白和え衣などきっちり水をきる必要がある時は、さらに板をのせ、レンガと同量程度の重石をして、豆腐の元の重さの半分になるまで圧します。

煮奴

▼材料　4人分
絹ごし豆腐2丁　昆布適量　海苔1/2枚　大葉10枚　茹でわらび12本　わさび少少　塩少々　割りだし［醤油1/2カップ　水1/2カップ］　昆布適量　けずり節1/2カップ

◎作り方

①鍋にたっぷりの湯をわかして火を止め、ぬれ布巾で汚れを拭いた昆布を適当な大きさに切って浸します。

②割りだしを作ります。鍋に材料の醤油と昆布を入れて煮立て、けずり節を入れて火を止め、水を加えます。冷めてからぬれ布巾を重ねた裏漉しを通して漉し取ります。

③①の昆布を取り出し、塩を少々入れて火をかけ、半分に切った豆腐を入れます。豆腐が熱くなったら火を止めます。

④器に取り出した昆布を敷き、③の豆腐を盛り、割りだしを縁から注ぎます。あぶって4つに切った海苔、せん切りにして水にさらした大葉、茹でわらび、わさびを添えます。

◎覚え書き

◆湯豆腐や煮奴のように、豆腐を湯やだし汁で温める料理は、塩を入れて火にかけると〝す〟がたちません。また、火を入れすぎず、温める程度にとどめることもポイントです。

四《よ》方《ほう》揚げあんかけ

▼材料　4人分
木綿豆腐2丁　人参30g　生椎茸5枚　茹で筍60g　三つ葉適量　おろし生姜適量　あん［だし汁1カップ　薄口醤油¼カップ　みりん¼カップ　水溶き片栗粉適量］　塩適量　揚げ油適量

◎作り方

①木綿豆腐は軽く圧しをして1丁を2つに切り、高温に熱した揚げ油できつね色になるまで揚げます。

②人参は皮をむいてごく細いせん切りにします。

③生椎茸は汚れを拭いて石づきを切り落とし、大きくそぎ切りにしてからせん切りにします。

④茹で筍は根元のかたい部分を用意して、同様にせん切りにします。

⑤あんを作ります。鍋にだし汁を入れて火にかけ、煮立ったら調味料を加え、②〜④の野菜を入れます。野菜に火が通ったら、水溶き片栗粉を加え、とろみをつけて仕上げます。

⑥三つ葉は、葉を除いて茎の部分を使い、塩を少々入れた熱湯で茹でて水に取り、3センチ長さに切り揃えます。

⑦器に①の揚げた豆腐を盛って⑤のあんをたっぷりとかけ、⑥の三つ葉とおろし生姜を天に盛ります。

鶏皮の煮豆腐

▼材料　4人分
木綿豆腐1丁　鶏もも肉1枚　鶏皮300g　大根250g　人参100g　三つ葉適量　こんにゃく1枚　溶き辛子適量　煮汁［水4カップ　醤油¾カップ　みりん¾カップ　砂糖大さじ3　味噌大さじ2］

◎作り方

①豆腐は軽く圧しをして水をきり、ひと口大に切ります。

②鶏もも肉は大きめの薄いそぎ切りにします。鶏皮は、たっぷりの水と一緒に鍋に入れ、二度茹でこぼしてぶつ切りにします。

③大根は皮をむいていちょうに切り、人参は皮をむいて乱切りにします。こんにゃくは茹でてアクを抜き、薄い短冊に切ります。

④鍋に②の鶏もも肉と鶏皮、③の大根、人参、こんにゃくを入れ、煮汁の材料の水を入れて強火にかけます。煮立ったら中火にして醤油とみりん、砂糖を加え、煮汁が三分の一以下になるまで時々かき混ぜながら、煮含めます。

⑤十分に煮含めたら、味噌を少量の煮汁で溶き混ぜてから加え、上げぎわに①の豆腐を加えます。ひと煮立ちして豆腐が熱くなったら、火を止めます。

⑥器に⑤を盛って、茹でた三つ葉を散らし、溶き辛子を添えます。

五目冷や奴

▼材料　4人分
絹ごし豆腐2丁　干し桜えび5g　ザーサイ1片　海苔½枚　あさつき適量　梅酢生姜少々　おろし生姜少々　割り醤油［だし汁適量　醤油適量］

◎作り方

①絹ごし豆腐は1丁を二つに切り、巻き簀《す》の上に10分ほどおいて水をきります。

②ザーサイは水洗いして細切りにします。干し桜えびと梅酢生姜はみじん切りにします。あさつきは小口切りにします。

③海苔は焼いて細く切ります。

④器に①の豆腐を盛り、②の材料と③の切り海苔を飾ります。だし汁と醤油を合わせた割り醤油を縁から注ぎ入れ、好みでラー油や白ごまをかけます。

土佐豆腐

▼材料　4人分
木綿豆腐2丁　こごみ8本　大根おろし適量　おろし生姜適量　溶き卵適量　けずり節1カップ　片栗粉適量　揚げだしの地［だし汁1カップ　醤油¼カップ強　みりん大さじ½　酒大さじ1］　天ぷら衣［卵1個　冷水¾カップ　酒大さじ2　塩少々　小麦粉1カップ］　揚げ油適量

◎作り方

①木綿豆腐は軽く圧しをして、1丁を四つに切ります。

②鍋を火にかけ、よく熱して乾かし、鍋底をぬれ布巾で冷やしてからけずり節を入れて弱火で空炒りします。

③①の豆腐に片栗粉、溶き卵、けずり節の順でつけて、中温の揚げ油で色よく揚げます。

④こごみは天ぷら衣をつけて中温の油で揚げます。

⑤揚げだしの地のだし汁と調味料を鍋に入れて火にかけ、煮立ったら火を止めます。

⑥器に③の豆腐を盛り、⑤を縁から注ぎ入れ、④のこごみの天ぷらと大根おろし、おろし生姜を添えて供します。

メンマの冷や奴

▼材料　4人分
豆腐2丁　メンマ1袋（230ｇ）　紅生姜適量　松の実適量　大葉4枚　醤油適量　ラー油適量　合わせ調味料［醤油大さじ2　砂糖小さじ⅓　酒大さじ1］　一味唐辛子適量　サラダ油適量

◎作り方
①メンマは手で細く裂《さ》き、さっと茹でます。フライパンにサラダ油を熱し、水気を切ったメンマを炒め、合わせ調味料を加えて味を調えます。火を止め、一味唐辛子を振ります。
②器に大葉を敷き、半分に切った豆腐を盛り、①のメンマとみじん切りにした紅生姜をのせます。さらに松の実を振って、醤油とラー油を添えます。

揚げなすの冷や奴

▼材料　4人分
豆腐2丁　なす2個　大根おろし大さじ4　なめこ1袋　こうなご大さじ2　おろし生姜適量　醤油適量　ラー油適量　揚げ油適量

◎作り方
①なすはへたをつけたまま縦半分に切って、皮面に鹿の子庖丁を入れて素揚げにします。
②なめこはざるに入れて熱湯をかけ、水気をきります。
③大根おろしは水気をきり、②のなめこ、こうなごを和えます。
④器に二つに切った豆腐を盛り、①の揚げなすをのせて③をかけ、おろし生姜を添えます。醤油とラー油を添えておすすめします。

◎覚え書き
◆豆腐の保存法／豆腐は生鮮食品ですから、たとえパック入りの豆腐であってもていねいに扱う必要があります。パックのまま保存すると、黄色の水が浮いてきて豆腐に渋みが出てしまいます。必ずパックから取り出し、水をたっぷり入れた容器に移し替え、夏場なら布巾か経木をかけて冷蔵庫に入れておきます。

キムチのマヨ和え冷や奴

▼材料　4人分
豆腐2丁　ザーサイ16片　白菜キムチ20ｇ　あさつき適量　マヨネーズ大さじ4　豆板醤適量　醤油適量

◎作り方
①ザーサイ8片はみじん切りにし、みじん切りのキムチとともにマヨネーズで和えます。
②器に二つに切った豆腐を盛り、①のマヨネーズで和えたザーサイと薄切りにしたザーサイをのせ、小口に切ったあさつきと豆板醤を添えます。醤油を添えておすすめします。

かにかまの冷や奴

▼材料　4人分
豆腐2丁　かに蒲鉾1パック　エシャロット4個　人参適量　おろし生姜適量　醤油適量

◎作り方
①かに蒲鉾はほぐします。
②人参は皮をむいて5センチ長さの細いせん切りにします。
③器に二つに切った豆腐を盛り、かに蒲鉾と人参をのせ、薄切りのエシャロット、おろし生姜を重ねます。醤油を添えておすすめします。

炒り鶏の冷や奴

▼材料　4人分
豆腐2丁　皮つき鶏もも肉240ｇ　醤油大さじ2　水適量　玉ねぎ½個　にんにくの醤油漬け4片　白ごま適量　大葉4枚　醤油・サラダ油各適量

◎作り方
①鶏もも肉の脂肪を取り除き、サラダ油を熱したフライパンで両面を焼きます。焼き色がついたら醤油と水を加えて味をつけます。
②玉ねぎは薄く切り、水にさらしておきます。
③器に大葉を敷いて二つに切った豆腐を盛り、食べよい大きさに切った②の玉ねぎと①の鶏もも肉をのせ、にんにくの醤油漬けを添えます。仕上げに炒った白ごまを振り、醤油を添えておすすめします。

いかの天ぷらの冷や奴

▼材料　4人分
豆腐2丁　いかの天ぷら2個　玉ねぎ½個　あさつき½把　おろし生姜適量　醤油適量

◎作り方
①いかの天ぷらは三つに切ります。
②玉ねぎは薄く切り、水にさらしておきます。
③器に二つに切った豆腐を盛り、①のいかの天ぷらと水気を切った②の玉ねぎをのせます。さらに小口に切ったあさつきを散らし、おろし生姜をのせ、醤油を添えます。

むしりさけの冷や奴

▼材料　4人分
豆腐2丁　塩さけ2切れ　糸がきかつお適量　あさつき½把　黒ごま適量　醤油・ラー油各適量

◎作り方
①塩さけは遠火の強火で焼き、身をほぐして骨を取り除きます。
②器に二つに切った豆腐を盛り、①の塩さけと糸がきかつお、小口に切ったあさつきをのせ、黒ごまを振ります。醤油とラー油を添えます。

えのきとチーズの冷や奴

▼材料　4人分
豆腐2丁　チーズ（さけるもの）2本　えのき茸（びん詰め）1本　あさつき½把　醤油適量

◎作り方
①チーズは細く裂《さ》いておきます。
②器に二つに切った豆腐を盛り、①のチーズとえのき茸をのせ、小口に切ったあさつきを添えます。醤油を添えて提供します。

魅力を高める一品料理の数々

辛みのきいた小皿料理

料理に辛みがあると酒がすすみます。唐辛子、わさび、山椒の辛みを上手に使って、アクセントをつけて下さい。

ごま味噌風味の料理

料理にごま味噌を添えると風味が豊かで食がすすみます。よくすって香ばしく仕上げて下さい。

スペアリブのソテー

ゆぶり紋甲

豆腐の油焼き

鶏の白蒸し

いかとえびの包み揚げ

まぐろとさらし玉ねぎのサラダ

えびの酒蒸し

「辛味のきいた小皿料理」の作り方

酒の肴は味にアクセントを持たせることが大切です。材料や調味方法で変化をつけることもできますが、そこに〝辛味〟のように刺激性のあるものを加えると、料理に強弱のアクセントをつけるだけでなく、料理そのもののイメージを変えることもできます。

辛味を持つ香辛料にはいろいろな種類があります。唐辛子、辛子、胡椒、山椒、わさび、生姜などが代表格ですが、それぞれ違った辛味や香りを持っていますから上手に使い分けることが大切です。唐辛子や山椒のように辛味が飛びにくいものは、下味つけとして使っても、料理の途中で使ってもかまいません。しかし、生姜、わさび、辛子などのように辛味が揮発性のものは、料理の仕上げの時に添えるようにします。こうすると辛味や風味が損なわれません。ここではラー油、豆板醤、七味唐辛子など、唐辛子の辛味を活かした調味料を利用した料理を主に紹介します。

さよりの唐揚げ

▼材料　4人分
さより2尾　ラディッシュ6個　セロリ1本　貝割れ菜適量　小玉ねぎ2個　大葉4枚　あさつき適量　片栗粉適量　a［ラー油適量　酒大さじ2　塩適量］

◎作り方
①さよりは三枚におろし、一枚をさらに3つに切り、aの調味料を合わせた中に、約5分つけます。
②①の汁気をふき取り、片栗粉をまぶし、中温の油でカラッと揚げます。
③ラディッシュとセロリはせん切りにし、水に放してシャキッとさせます。小玉ねぎは薄い輪切りにし、水にさらします。あさつきは小口に切ります。
④器に大葉を敷いて、貝割れ菜と③のラディッシュとセロリ、小玉ねぎ、あさつきを添えて、②のさよりの唐揚げを盛ります。

ほっき貝のわさび酢

▼材料　4人分
ほっき貝4個　防風2束　あさつき適量　わさび酢［わさび適量　酢大さじ5　醤油大さじ5　だし汁大さじ1］

◎作り方
①ほっき貝は殻からはずして、ひもを取り、きれいにしてから、細かく切ります。
②①のほっき貝はサッと湯ぶりをし、冷水に取って冷まし、手早く水気を切ります。
③防風は茎のところを針でさいて、水につけます。あさつきは小口に切ります。
④［　］内の調味料を混ぜて、わさび酢を作ります。
⑤③の防風とあさつきを混ぜ合わせて器に盛り、その上に、②のほっき貝をのせて、わさび酢をかけて供します。

ほたて貝の白和え

▼材料　4人分
ほたて貝6個　白和え衣［絹ごし豆腐350g　あたりごま大さじ1.5　ラー油適量　薄口醤油大さじ½　みりん大さじ½　砂糖大さじ3　塩小さじ¼　味噌小さじ1］　あさつき適量

◎作り方
①ほたて貝は貝柱のまわりのひもとわたを取り、二枚にそぎます。
②白和え衣を作ります。絹ごし豆腐は約半分の厚みになるまで圧して、次にすり鉢でよくすります。そこへ［　］内の残りの調味料を混ぜ合わせ、さらによくすり混ぜます。
③器にほたて貝を盛り、その上に白和え衣をかけて、小口に切ったあさつきを天盛りにします。

◎覚え書き
◆ここでは白和え衣にラー油を加えて、少しだけ辛味を添えました。生のほたて貝の持つ甘味に辛味のある衣がよく合って、おいしさが増すとともに、酒もすすみます。

みる貝の七味焼き

▼材料　4人分
みる貝2個　大葉4枚　a［七味唐辛子適量　酒大さじ4　塩適量］

◎作り方
①みる貝は吸管のみを用意し、熱湯につけて黒い皮をむきます。皮をむいたものは二枚にそぎます。さらに一枚を三つから四つのそぎ切りにします。
②aの調味料を合わせた中に①のみる貝を5分ほどつけ込みます。
③②をサッと網焼きにして、大葉を敷いた器に盛ります。

きすの風干し

▼材料　4人分
きす8尾　杵生姜4本　a［豆板醤小さじ½　醤油大さじ4　酒大さじ4］

◎作り方
①きすはうろこを落とし、頭とわた

を取り除いて、背開きにし、中骨は取り除きます。

②aの調味料をあわせた中に①のきすを5分ほどつけます。

③②のきすの尾に金串を刺して、風通しのよい所に吊るし、表面が乾くくらいまで風干しにします。

④風干しにしたきすを焦がさないように網焼きします。まず、背側を焼いて、尾の部分を切り離さないように注意して腹側も焼きます。

⑤④のきすを器に盛り、杵生姜を添えて供します。

◎覚え書き

◆ここでは辛味として豆板醤を使って、中華風の一品に仕上げています。豆板醤を使うことで、一味唐辛子や七味唐辛子の辛味とはまた違った、こくのある辛味が生まれます。

むしだいの辛子醤油

▼材料　4人分
小だい1尾　セロリ1本　ラディッシュ6個　木の芽適量　芥子醤油［溶き辛子1に対して醤油4の割合］適量

◎作り方

①小だいは頭とうろこを取ったあと、わたとえらも取り、20分くらい蒸します。蒸したあと冷まし、皮と骨を取り、身をむしっておきます。

②セロリは4センチ長さくらいのせん切りにしてから、水にさらします。ラディッシュは薄切りにして水にさらします。

③セロリとラディッシュの水気をきり、むしったたいの身と混ぜ合わせます。

④③を器に盛り、木の芽をたたいて添え、辛子醤油をかけておすすめします。

ほっき貝のタレ焼き

▼材料　4人分
ほっき貝8個　菊の花4個　七味唐辛子適量　タレ［みりん大さじ8　醤油大さじ4］　青葉4枚

◎作り方

①ほっき貝は殻から身をはずしてひもを取り除いて、金串に刺します。

②［　］内の調味料を合わせて火にかけ、三割ほど煮詰めます。

③菊の花は熱湯で茹で、冷水にとって冷ましてから、酢につけます。

④①の両面をさっと焼いてから、②のタレをぬって焼きます。これを二回繰り返します。

⑤器に青葉を敷き、④を盛り、菊の花を添え、七味唐辛子をふります。

えびしんじょの柚子味噌かけ

▼材料　4人分
大正えび150g　しし唐辛子4本　卵白適量　塩少々　柚子味噌［柚子適量　味噌大さじ3　一味唐辛子適量　砂糖大さじ3　みりん大さじ3］

◎作り方

①えびは背わたと殻を除き、細かく切ってから、包丁でたたきます。

②①のえびをすり鉢に入れてよくすり、卵白と塩少々を加えてさらにすってから、一人二個当ての団子に丸め、塩を加えた熱湯で茹でます。

③柚子の皮をおろして、［　］内の調味料を合わせて、弱火にかけ、よく練って、練り味噌を作ります。

④しし唐辛子は網焼きにします。

⑤器に②のえび団子を盛り、練り味噌と④のしし唐辛子を添えます。

「ごま味噌風味の料理」の作り方

ごま味噌は香りが大変に豊かですから、ほんの少量添えるだけで、いつもの料理の目先が変わって魅力が増します。また、その風味は食欲をわかせ、酒もおいしくすすみます。

ごまや味噌というのは、その風味を賞味するものですから、良質のものを使うことが大切です。また、どちらもよくするほど香ばしさが増しますから、よくすり混ぜることが肝心です。〝ごま味噌だれ〟というと〝和え衣〟というイメージが強いのではと思いますが、肉料理にかけてスタミナ料理風にしたり、刺身にかけてサラダ感覚の一皿にしたりと、自由な発想で使ってみて下さい。

スペアリブのソテー

▼材料　4人分
豚の骨付きバラ肉4本　トマト1個　サニーレタス4枚　ごま味噌だれ適量　塩少々　胡椒少々　サラダ油適量

◎作り方

①バラ肉の骨に、何カ所か切れ目を入れて、塩、胡椒をし、フライパンにサラダ油を熱して両面を焼きます。

②器にサニーレタスを敷き、①のスペアリブを盛り、四つ切りにして皮を飾りむきにしたトマトを添え、ごま味噌だれをかけます。

◎覚え書き

◆ごま味噌だれの作り方は次の通りです。あたりごま100グラムを、基準に紹介します。味噌大さじ4は、フォークの先につけて火であぶり、焦がさないように全体を焼きます。何度かに分けて焼くと香ばしさが増してきます。すり鉢にあたりごま100グラムと焼いた味噌を入れ、よくすって混ぜ合わせ、醤油大さじ3、砂糖大さじ2、酒大さじ4、みりん大さじ2を加えて、さらに、酢大さじ5、ラー油小さじ2を加えて混ぜ合わせます。

ごま味噌だれは作り置きが出来ますから、多めに作って、冷蔵庫で保存しておくと便利です。

ゆぶり紋甲

▼材料　4人分
紋甲いか240g　きゅうり2本　赤ピーマン½個　塩少々　ごま味噌だれ適量

◎作り方

①紋甲いかは皮をむいて薄切りにし、熱湯にサッと通し、湯ぶりにします。

②きゅうりは蛇腹に切り、塩水につけ、しんなりしたら、食べよい大きさに切ります。赤ピーマンは薄く切ります。

③①と②を盛り合わせて、ごま味噌だれ（「スペアリブのソテー」参照の事）をかけて供します。

豆腐の油焼き

▼材料　4人分
絹ごし豆腐2丁　生椎茸(小)8枚　ごま味噌だれ適量　サラダ油適量

◎作り方

①豆腐は軽く圧しをして1丁を半分に切り、フライパンにサラダ油を熱し、両面を焼きます。

②生椎茸は、かたく絞ったぬれ布巾で汚れを落として、軸を除きます。これをサラダ油を熱したフライパンで焼きます。

③器に①の豆腐を盛り、その上に②の椎茸を二枚、表と裏が交互になるように重ねてのせて、ごま味噌だれ（「スペアリブのソテー」参照の事）をかけて供します。

鶏の白蒸し

▼材料　4人分
鶏もも肉（皮・骨付き）2本　グリーンアスパラガス12本　生姜1かけ　長ねぎ2本　a［酒⅔カップ　塩大さじ1］　ごま味噌だれ適量　塩少々

◎作り方

①鶏もも肉は皮つきのままで二つに切りわけ、脂肪分を除いてから充分に水洗いをして、水分をふき取ります。鶏肉の皮側全体を金串で刺しておきます。

②①の鶏肉全体に塩をまんべんなく手ですり込みます。

③生姜と長ねぎを粗く切り、鶏肉と一緒にボールに入れ、上から酒をふりかけます。

④ボールごと蒸し器に入れ、強火で約1時間蒸します。

⑤グリーンアスパラガスは塩を加えた熱湯で色よく茹でます。

⑥④の蒸した鶏肉を食べやすい大きさに切り、アスパラガスと盛り合わせ、ごま味噌だれ（「スペアリブのソテー」参照の事）をかけます。

いかとえびの包み揚げ

▼材料　4人分
いか150g　大正えび2尾　海苔⅔枚　大葉4枚　大根おろし適量　卵⅓個　ごま味噌だれ適量　塩小さじ½　揚げ油適量

◎作り方

①いかは皮をむいて細かく切り、さらに包丁で細かくたたきます。

②えびも殻をむき、包丁で細かくたたきます。

③すり鉢に①のいかと②のえびを入れ、卵と塩を加えたら、よくすって混ぜ合わせ、8等分にし、団子状に丸めます。

④海苔1枚を6等分に切り、そのうちの4枚で③の団子を4個包みます。

⑤大葉で残り4個の団子を包みます。

⑥中温の揚げ油で④と⑤の団子を焦がさないように揚げます。

⑦器に⑥の包み揚げと大根おろしを盛り、ごま味噌だれ（「スペアリブのソテー」参照の事）をかけます。

まぐろとさらし玉ねぎのサラダ

▼材料　4人分
まぐろ200g　玉ねぎ1個　パセリのみじん切り適量　ごま味噌だれ適量

◎作り方

①まぐろは薄く切ります。

②玉ねぎは薄く切り、水にさらしてから、水気をきります。

③器に①②を盛り合わせ、ごま味噌だれ（「スペアリブのソテー」参照の事）をかけ、パセリをふります。

えびの酒蒸し

▼材料　4人分
車えび4尾　松茸（または生椎茸）適量　さやいんげん20本　ごま味噌だれ適量　バター適量　酒適量　塩少々　胡椒少々

◎作り方

①車えびは、尾頭をつけたまま殻の上から、包丁で背に沿って切り開き、切り口が閉じないように楊枝でとめます。

②鍋に①を入れ、酒と水を適量加えて火にかけ、塩、胡椒をし、えびに火が通るまで加熱します。水分がなくなるようでしたら、途中、酒と水を適宜加えて下さい。

③えびに火が通り、色よく蒸しあがったら鍋から取り出し、残った汁で、食べやすい大きさに切った松茸（または生椎茸）を煮て酒蒸しにします。

④さやいんげんは色よく茹でてざるに取り、冷ましてから、塩、胡椒をしながらバターソテーします。

⑤えびの楊枝を抜いて、松茸、さやいんげんと盛り合わせ、ごま味噌だれ（「スペアリブのソテー」参照の事）をかけます。

和風コキールの料理

西洋料理のコキールを居酒屋にも合う酒肴に工夫してみました。若いお客はもちろん年配客にも喜ばれる味です。

かに足のコキール

はまぐりのコキール

ほたてのコキール

えびのコキール

あわびのコキール

パーム貝のコキール

あさりのコキール

「和風コキールの料理」の作り方

〝コキール〟とは、貝殻や貝殻の形をした陶器のことを、あるいは、これらの器に盛った料理のことをいいますが、材料をホワイトソースで和えてチーズをふり、オーブンで焼くのが一般的です。

耳慣れない洋風料理で、居酒屋や和食店では無理ではないかと思われがちですが、意外に手軽に作れます。オーブンも洋食店のように大きな本格的なものでなくても、家庭用のガスオーブンやオーブントースターなどがあれば充分ですし、ホワイトソースも作り方のコツさえ覚えてしまえば簡単です。もっと簡単に作りたければ、市販のホワイトソースを使ってもいいでしょう。

コキールの具の材料はあまり何種類も使わず、単一の素材、例えば、ほたて貝、かき、えび、かに、はまぐりなどといった、ちょっと贅沢な高級イメージのある素材を使うことです。量は少ないですが、魚介類のおいしいものを使った料理ですから、酒の肴やおつまみとしては最適な一品になりますし、お金も取れます。

調理上のポイントは、材料はオーブンで焼く前に、一度茹でたり、蒸したりして火を入れることです。が、完全に火を通してしまうと、オーブンに入れて再加熱をしたときに、火が通り過ぎて、身がしまってかたくなったり、味が落ちてしまいます。貝類やえびなどは、醤油や、醤油と酒を混ぜたもの、あるいは酒と塩を混ぜたものでサッと洗います。または、塩、胡椒するようにすると、魚介特有の生臭みが取れて、旨みが引き出されます。貝やえびの身は一度必ず殻からはずすようにします。はずさずに焼くと、大変食べにくいものになりますから注意しましょう。

かに足のコキール

▼材料　4人分
かにの足8本　ホワイトソース（玉ねぎ入り）適量　粉チーズ・パン粉各適量　レモン適量

◎作り方

①かにの足は水から茹でて、殻を斜め横半分にそぎ落とし、身を取り出します。

②取り出した身は、細かくほぐしてから、もとの殻に詰め直し、身が隠れるくらいのホワイトソースをかけ、その上に少量の粉チーズとパン粉をふりかけます。

③オーブンに②を入れ、パン粉が軽く焦げるまで焼きます。

④かに足のコキールを器に盛り、薄切りのレモンを添えます。

◎覚え書き

◆ホワイトソースの作り方／3カップ分です。まず、鍋にバター大さじ5とサラダ油大さじ3を熱し、小麦粉1カップを加えて焦がさないように炒めます。バターだけで炒めると焦げやすいので、なれない方はサラダ油を加えて焦げにくくします。少しでも焦げると、ソースが白く仕上がりませんので注意をしてください。

小麦粉をよく炒めたら、牛乳をほんの少量ずつ加えて、のばしていきます。牛乳は一度に多量を加えるとダマになりやすく、なめらかに仕上がりません。一度ダマになるとそれをなくすには大変な手間となります。また、小麦粉を充分に炒めてから牛乳を加えないと、粉臭いソースになってしまいます。

牛乳を全部加えたら、さらに、スープ½カップを加えて、よく混ぜ合わせていきます。スープを加えるといっそう旨味が増します。

仕上げに塩小さじ1と胡椒少々を加え、味を調えます。なお塩、胡椒は水で溶いてから加えると、味が全体に均等に広がりやすく、ソースの色も汚しません。

◆玉ねぎ入りのホワイトソースの作り方は、次の通りです。玉ねぎ1個はみじん切りにして、塩、胡椒をしながら、あめ色になるまでよく炒めます。玉ねぎを焦がすとソースの色が汚れますので注意します。ホワイトソース3カップに、炒めた玉ねぎを混ぜ合わせます。玉ねぎの量は好みの量でいいのですが、多すぎるとホワイトソースのなめらかなおいしさがなくなります。他に、にんにく、パセリ、人参などを細かくきざんだものをよく炒めてから加えても、おいしく仕上がります。

はまぐりのコキール

▼材料　4人分
はまぐり8個　ズッキーニ½本　あさつき2本　ホワイトソース（玉ねぎ入り）適量　粉チーズ・パン粉各適量　薄口醤油適量　サラダ油適量　塩少々　胡椒少々

◎作り方

①はまぐりは火が通りすぎないよう

にサッと蒸し、貝のちょうつがいを離してバラバラにし、殻から身をはずします。はずしたはまぐりの身は、薄口醤油で手早く洗います。
②はまぐりの殻に①の身を戻して、ホワイトソース（かに足のコキール参照の事）をかけ、粉チーズとパン粉をふり、オーブンでパン粉が軽く焦げるまで焼きます。
③ズッキーニは1センチ幅くらいの輪切りにして、サラダ油で塩、胡椒をしながら両面を焼きます。
④焼きあがった②を器に盛り、みじん切りにしたあさつきをふり、③のズッキーニを添えます。

ほたてのコキール

▼材料　4人分
ほたて貝8個　米なす½個　レモン汁適量　ホワイトソース適量　粉チーズ・パン粉各適量　タバスコ適量　薄口醤油と酒の同割りを適量　揚げ油適量

◎作り方
①ほたて貝は殻から身を取り出し、砂の筋と内臓、ひもを取って貝柱だけにし、薄口醤油と酒を合わせた中で洗い、布巾で水気をふき取ります。
②米なすは、へたの部分を切り落とし、縦2つに切ってから、1センチ厚さに切り、素揚げにします。
③ほたて貝の殻に②の米なす1切れと、①の貝柱2個を盛り、ホワイトソース（かに足のコキール参照の事）とレモン汁をかけて、粉チーズとパン粉をふり、オーブンで焼きます。
④パン粉がうっすらと焦げたら取り出し、器にのせ、パセリのみじん切りとタバスコをふります。

えびのコキール

▼材料　4人分
大正えび8尾　人参（または大根）適量　エシャロット4本　ホワイトソース（玉ねぎ入り）適量　粉チーズ・パン粉各適量　酒適量　塩適量　ドレッシング適量　板谷楓の葉適量

◎作り方
①えびは殻の上から背中に沿って包丁を入れ、殻をこわさないように身を取り出します。
②人参（または大根）をえびの身の大きさに合わせて切って殻に詰め、殻の形を整えたら、たこ糸でしばって蒸します。えびの殻が色よく蒸しあがったら、冷ましてからたこ糸をはずし、中に詰めた人参を取り出します。
③①で取り出したえびの身は背わたを取り、食べよく切って、塩を加えた酒で洗って、布巾で水気をふき取ります。
④ホワイトソース（かに足のコキール参照の事）に③を混ぜて、②のえびの殻に詰め直して、粉チーズとパン粉をふり、オーブンに入れてパン粉が軽く焦げるまで焼きます。
⑤焼きあがった④を器に盛り、薄切りにして、ドレッシングで和えたエシャロットを盛り合わせます。

あわびのコキール

▼材料　4人分
あわび1⅓個　プチトマト4個　炒り卵2個分　パセリ少々　ホワイトソース（玉ねぎ入り）適量　粉チーズ・パン粉各適量　ガーリックペッパー適量　塩少々　胡椒少々

◎作り方
①あわびは塩をたっぷりつけて、たわしでよくこすり、水洗いをして、木じゃくしで身をはずし、わた、くちばし、ひもを取り除きます。
②あわびの水気を拭き、薄いそぎ切り（1人前⅓個あて）にし、塩、胡椒、ガーリックペッパーをふります。
③あわびの殻にホワイトソース（かに足のコキール参照の事）を敷き、②をのせ、さらに、ホワイトソースをかけます。
④粉チーズとパン粉をふり、プチトマトを添え、オーブンで焼きます。
⑤焼きあがった④を器に盛り、あわびの上に、炒り卵とパセリのみじん切りを飾ります。

パーム貝のコキール

▼材料　4人分
パーム貝8個　ビーツ½個　サラダ菜4枚　すだち½個　にんにく1かけ　ホワイトソース（玉ねぎ入り）適量　粉チーズ・パン粉各適量　ドレッシング適量

◎作り方
①パーム貝は貝殻から貝柱を切り離し、また殻に戻してのせます。
②にんにくを薄切りにして①の貝柱の上にのせ、ホワイトソース（かに足のコキール参照の事）をかけ、粉チーズ・パン粉をふり、オーブンで焼きます。
③ビーツは皮つきのまま水から茹でて、柔らかくなったら湯どめをし、冷めてから手で皮をむきます。
④③のビーツは半分に切り、さらに5ミリくらいの厚さに切って、ドレッシングの中につけておきます。
⑤器にサラダ菜を敷き、焼きあがったパーム貝を盛り、ビーツと輪切りにしたすだちを添えます。

あさりのコキール

▼材料　4人分
あさり32個　にんにく1かけ　パセリ適量　すだち½個　ホワイトソース適量　粉チーズ・パン粉各適量

◎作り方
①あさりはサッと蒸して、殻から身をはずします。
②殻をよく洗って、その殻に取り出した身を戻したら、にんにくをすりおろしてのせ、上にホワイトソース（かに足のコキール参照の事）をかけます。
③粉チーズ・パン粉、みじん切りのパセリを添えて、オーブンで焼きあげます。
④軽く焦げめがついたら、器に盛り、輪切りにしたすだちを添えて供します。

春の和え物料理

春野菜の瑞々しさや明るい色取りを活かして和え物にすると、季節感たっぷりの酒肴が生まれます。

秋の口取り料理

秋の味覚が一度に楽しめるよう少量ずつを
盛り合わせた口取りを紹介しましょう。

「春の和え物の料理」の作り方

和え物は脇役的な料理ですが、きちんと作るとお店のイメージが高まります。大切なのは素材の持ち味を活かすことと季節感を演出することです。ここでは香り高い春の野菜を使っています。

アスパラの黄身酢和え

▼材料　4人分
鶏もも肉140g　グリーンアパラガス12本　黄身酢［卵黄4個分　酢⅓カップ　みりん⅔カップ弱　塩適量］　酒適量　塩適量　菜の花4本

◎作り方
①鶏肉は脂肪を除き、塩を軽くふって鍋に入れ、同量の酒と水を鶏肉がかくれるまで入れ、蒸し煮します。冷めたら食べよい大きさに切ります。
②グリーンアスパラガスは、塩少々を加えた熱湯で色よく茹でます。
③黄身酢の材料を弱火にかけ、とろみがつくまで木じゃくしで練ります。
④鶏肉とアスパラガスを盛り、黄身酢をかけ、菜の花を添えます。

さけと筍の緑和え

▼材料　4人分
さけ2切れ　茹で筍100g　きゅうり3本　三杯酢［酢・醬油大さじ各5　みりん大さじ3］　八方地［だし汁2カップ　みりん¼カップ　醬油¼カップ］

◎作り方
①さけは薄塩のものを用意して薄切りにします。
②茹で筍はせん切りにして、八方地で煮ます。
③さけと筍を混ぜて、おろして水気を絞ったきゅうりで和えて、三杯酢をかけて供します。

さけとたらこと　いくらの錦和え

▼材料　4人分
生さけ100g　いくら25g　たらこ（甘塩）1腹　三つ葉½把　酒粕（やわらかいもの）20g　柚子胡椒適量　醬油大さじ1.5

◎作り方
①さけは骨と皮を除いて、包丁で粗めにたたきます。
②たらこは袋から出して、柚子胡椒と酒粕を加えて練ります。
③いくらは醬油で洗います。
④三つ葉は葉を除いて、軸だけを茹で、2センチ長さに切り揃えます。
⑤①～④を和えて器に盛ります。

まぐろと三つ葉の　わさび和え

▼材料　4人分
まぐろ12切れ分　三つ葉1把　わさび適量　切り海苔適量　醬油適量

◎作り方
①三つ葉は葉を除き、軸だけを茹でて、4センチ長さに切ります。
②まぐろと三つ葉、おろしわさびを醬油で和え、切り海苔をふります。

あさりの鉄砲和え

▼材料　4人分
あさり（むき身）180g　わけぎ½把　辛子酢味噌［溶き辛子大さじ1.5　味噌・砂糖・みりん各½カップ　酢⅓カップ］

◎作り方
①あさりは湯通しします。わけぎは茹でて、4センチ長さに切ります。
②［　］内の味噌、砂糖、みりんを火にかけて練ります。とろみがついてきたら酢を加えてさらに練り、火からおろして溶き辛子を混ぜます。
③①のあさりとわけぎを②の辛子酢味噌で和えます。

菜の花と　赤貝のごまよごし

▼材料　4人分
赤貝（むき身）8個分　菜の花1把　ごま和え衣［黒ごま大さじ7　味噌・砂糖・みりん各大さじ2　醬油大さじ½］

◎作り方
①赤貝は細く切ります。
②菜の花は茹でておきます。
③煎った黒ごまをあたり鉢であたり、［　］内の調味料を加えてすります。
④赤貝と菜の花を③で和えます。

鶏と生椎茸のおろし和え

▼材料　4人分
鶏肉（ささ身）2本　生椎茸5枚　きゅうり1本　なめこ1袋　大根200g　木の芽適量　醬油大さじ2　だし汁大さじ2　三杯酢［酢大さじ5　醬油大さじ5　みりん大さじ3］　塩適量

◎作り方
①鶏のささ身は湯通しして、冷水に取り、食べよい大きさに切ります。
②生椎茸は網焼きにし、醬油とだし汁を合わせた中につけて味を含ませ、4つに切ります。きゅうりは小口切りにして、塩もみしておきます。
③大根はおろして、たたいた木の芽を混ぜ合わせておきます。
④①と②、なめこを混ぜ、③の大根おろしで和え、三杯酢をかけます。

新筍の白和え

▼材料　4人分
茹で筍1本　こんにゃく½枚　人参½本　きゅうり1本　八方地［だし汁2カップ　みりん・醬油各¼カップ］　白和え衣［豆腐½丁　白ごま½カップ　薄口醬油大さじ½　砂糖大さじ3　みりん大さじ½　塩適量　味噌小さじ1］　木の芽適量

◎作り方

①茹でた新筍は太めのせん切りにし、こんにゃくと人参は短冊に切ります。それぞれを八方地で煮て冷まします。

②きゅうりは短冊に切り、塩水につけてしんなりさせ、水気を絞ります。

③豆腐は湯通しをしてから、厚みの半分くらいまで圧してすり鉢ですります。そこへ［　］内の残りの調味料を加えて、すり混ぜます。

④①と②を③の白和え衣で和えて器に盛り、木の芽を添えて供します。

「秋の口取り料理」の作り方

前菜風に少量を何品か盛り合わせたり、ひと鉢に何種かの料理を盛り込む方法を〝口取り〟といいます。栗や銀杏、きのこなどを使った秋の情緒あふれる酒肴を紹介しましょう。

ひらめの黄身焼き
ごぼうの八方煮
えびと鶏のしんじょ煮
茹でブロッコリーとラディッシュ

▼材料　4人分

●ひらめの黄身焼き／ひらめ(切り身)4切れ　卵黄適量　塩適量

●ごぼうの八方煮／ごぼう1本　米適量　八方地［だし汁1.5カップ　みりん大さじ3　醤油大さじ3］

●えびと鶏のしんじょ煮／えびのすり身50g　鶏挽き肉50g　ねぎ½本　塩適量　胡椒適量　サラダ油適量　水大さじ3　酒大さじ2　醤油大さじ1

●茹でブロッコリーとラディッシュ／ブロッコリー½個　ラディッシュ4個　塩適量　マヨネーズ適量

◎作り方

①ひらめの黄身焼きを作ります。ひらめの切り身は、全体に塩をふり、金串を打って、焦がさないように両面を焼きます。火が通ったら卵黄をぬり、火にあぶって乾かし、金串を抜きます。

②ごぼうの八方煮を作ります。ごぼうは4センチ長さに切って、一握りの米を加えた熱湯で下茹でしてから、水洗いします。八方地を煮立て、ごぼうを入れ、弱火で煮て、味を含ませます。

③えびと鶏のしんじょ煮を作ります。えびのすり身、鶏挽き肉、ねぎのみじん切りを混ぜ、塩、胡椒で味を調えたら、四等分して小判型にまとめます。サラダ油を熱したフライパンで両面を焼き、水、酒、醤油を加えて煮ます。

④ブロッコリーは小房にわけて塩少少を加えた熱湯で色よく茹で、ラディッシュは飾り切りにします。マヨネーズをかけて供します。

⑤器に、①〜④を盛り合わせて供します。

う巻き揚げ卵
くじゃく卵
五分切りきゅうり

▼材料

●う巻き揚げ卵(4人分)／うなぎの蒲焼き1串　卵地［卵3個　砂糖大さじ1　みりん小さじ1　薄口醤油小さじ⅔　だし汁大さじ2］　サラダ油適量

●くじゃく卵(10人分)／うずらの卵10個　豚挽き肉350g　玉ねぎ½個　卵1個　塩適量　胡椒適量　小麦粉適量　溶き卵適量　パン粉適量　揚げ油適量

●五分切りきゅうり(4人分)／きゅうり1本　味噌適量

◎作り方

①う巻き揚げ卵を作ります。うなぎの蒲焼きはさっと焼いて1センチ幅に切ります。卵を溶きほぐし、［　］内の残りの調味料を混ぜたら、うなぎを芯にして厚焼き卵を焼く要領で焼きあげます。冷ましてから、油で揚げて四つに切ります。

②くじゃく卵を作ります。うずらの卵は茹でて殻をむき、小麦粉をまぶします。豚挽き肉とみじん切りの玉ねぎ、卵を混ぜ、塩、胡椒で調味したら、十等分してうずらの卵を包みます。小麦粉、溶き卵、パン粉の順につけて油で揚げ、半分に切ります。

③きゅうりは1.5センチの厚さに切り、味噌を添えて供します。

④器に①〜③と杵生姜を盛ります。

かぼちゃの新挽揚げ
豚肉のいんげん射込み
紅葉麩ふくませ

▼材料　4人分

●かぼちゃの新挽揚げ／菊座かぼちゃ½個　八方地［だし汁1.5カップ　みりん大さじ3　薄口醤油大さじ3］　小麦粉適量　卵白適量　新挽粉適量　揚げ油適量

●豚肉のいんげん射込み／豚もも肉(薄切り)2枚　さやいんげん14本　塩適量　胡椒適量　サラダ油適量

●紅葉麩ふくませ／紅葉麩8切れ　水適量　砂糖適量

◎作り方

①かぼちゃの新挽揚げを作ります。かぼちゃは縦六つに切り、皮を粗くむき、八方地で煮たのち、汁気をふき、小麦粉、卵白、新挽粉の順でつけて揚げ、半分に切ります。

②豚肉のいんげん射込みを作ります。さやいんげんは茹でてから、7本をひと組にして豚もも肉で巻いて、巻き終わりを楊枝で止め、塩、胡椒します。サラダ油を熱したフライパンでころがしながら焼きます。楊枝をはずして、斜め半分に切ります。

③紅葉麩は、5ミリくらいの厚さに切って、水と砂糖でさっと煮ます。

④器に①〜③を盛り合わせます。

紋甲いかのチーズ射込み揚げ
かにかまぼことをきゅうりの生姜醤油
しめじの八方煮
梅酢れんこん
酢取り菊

▼材料　4人分
●紋甲いかのチーズ射込み揚げ／紋甲いかーぱい　チーズ適量　小麦粉・溶き卵・パン粉各適量　揚げ油適量
●かにかまぼことをきゅうりの生姜醤油／かにかまぼこ4枚　きゅうり¼本　生姜の絞り汁適量　醤油適量
●しめじの八方煮／しめじーパック　八方地［だし汁ーカップ　みりん大さじ2　醤油大さじ2］
●梅酢れんこん／れんこんー節　赤梅酢適量　酢少々
●酢取り菊／菊の花4個　酢少々　甘酢［酢・みりん各大さじ3　塩適量］

◎作り方
①紋甲いかのチーズ射込み揚げを作ります。紋甲いかは3センチ×5センチの大きさのもの4枚を用意し、チーズを巻いて楊枝で止め、小麦粉、溶き卵、パン粉の順につけて揚げます。楊枝をはずし、半分に切ります。
②かにかまぼこときゅうりの生姜醤油を作ります。かにかまぼこは縦2つに切り、きゅうりは縦四等分にします。これを生姜汁を加えた醤油で洗います。
③しめじは、根もとを落としてばらばらにして八方地でさっと煮ます。
④れんこんは皮をむき、薄切りにしたら、酢少々を加えた熱湯で茹でます。火が通ったら、水気をきり、熱いうちに梅酢に漬けこみます。
⑤菊の花は酢を加えた熱湯で茹でて、甘酢に漬けます。
⑥器に①～⑤を盛り合わせます。

揚げ卵
山芋の磯辺揚げ
天津栗の八方煮
揚げ銀杏

▼材料
●揚げ卵（4人分）／卵6個　塩適量　砂糖大さじ2　薄口醤油小さじ2　みりん大さじー　サラダ油適量
●山芋の磯辺揚げ（10人分）／山芋150g　塩適量　卵白⅓個分　海苔2.5枚　揚げ油適量
●天津栗の八方煮（10人分）／天津栗30～40個　水ーカップ　醤油大さじ2弱　みりん大さじ2弱　砂糖大さじ1.5
●揚げ銀杏（4人分）／銀杏12個　塩適量　揚げ油適量

◎作り方
①揚げ卵の材料の卵を溶き、調味料を加えて混ぜたら、厚焼き卵を焼きます。熱いうちに巻き簀《す》で巻いて形を整え、中温の油で揚げます。
②山芋は皮をむいておろし、塩と卵白を加えて、よくすり混ぜます。海苔は一枚を四等分にして、山芋を包んで、中温の油で揚げます。
③栗は皮をむき、水と調味料を煮立てた中へ入れ、再度煮立ったら、火からおろして冷まします。
④銀杏は殻を割って、中温の油で揚げ、塩をふります。
⑤器に①～④を盛り、杵生姜（分量外）を添えます。

錦巻き
しめじと銀杏のおろし和え

▼材料
●錦巻き（3人分）／昆布25㎝　大根の桂むき20㎝　人参の桂むき20㎝　薄焼き卵18㎝　角かに棒3本　きゅうり¾本　甘酢［酢ーカップ　みりんーカップ　塩適量］　a［砂糖大さじー　酢¼カップ］　マヨネーズ・溶き辛子各適量
●しめじと銀杏のおろし和え（4人分）／しめじの八方煮適量　揚げ銀杏適量　大根おろし適量　合わせ酢［酢½カップ　みりん¼カップ　塩適量］

◎作り方
①錦巻きを作ります。昆布をやわらかく茹で、水気をふいて甘酢に2、3時間つけます。昆布を取り出し、残った甘酢にaを足し、そこに桂むきの大根と人参を20分くらいつけます。昆布の上に人参、大根、薄焼き卵の順で重ね、細長く切ったきゅうりとかに棒を芯にして巻き、ラップでくるんで一晩おきます。食べよい大きさに切り、マヨネーズと溶き辛子を添えます。
②しめじの八方煮と揚げ銀杏を汁気をきった大根おろしで和えて、合わせ酢をかけます。
③器に①と②を盛り合わせます。

秋の吹き寄せ

▼材料　4人分
●車えびの新挽揚げ／車えび4尾　酒大さじ3　塩小さじ⅔　小麦粉適量　卵白適量　新挽粉適量　揚げ油適量
●山芋の白煮／山芋ー本　酢適量　煮汁［水3カップ　みりん⅓カップ　砂糖⅓カップ　塩小さじー］
●黒豆の松葉刺し／黒豆3カップ　水5カップ　砂糖5カップ　醤油大さじ4
●焼き舞茸／舞茸適量　醤油適量
●茹でグリーンアスパラ／グリーンアスパラガス4本　塩適量

◎作り方
①車えびは背わたと殻を除き、酒塩につけてしばらくおき、水気をふいて、小麦粉、卵白、新挽粉の順につけて中温の揚げ油で揚げます。
②山芋は4センチ長さに切って、皮をむき、酢少々を加えた熱湯で茹で、水で洗います。煮汁に入れ、紙ぶたをしてゆっくりと煮ます。
③黒豆は水に一晩つけて戻します。水と砂糖、醤油を煮立てたら、火からおろし、その中に黒豆をつけます。紙ぶたをして約3時間つけておきます。これを鍋に移し入れ、紙ぶたをして、弱火で3、4時間煮てから冷まします。松葉に黒豆を3個ずつ刺します。
④舞茸は醤油をぬり、網焼きします。
⑤グリーンアスパラは塩を加えた熱湯で茹で、4センチ長さに切ります。
⑥器に、①～⑤と「秋の口取り料理」で紹介した揚げ卵、しめじの八方煮などの料理を盛り合わせます。

缶詰を使った小鉢料理

野菜を取り合わせ、洒落た盛りつけにすると
缶詰とは思えない酒肴が生まれます。

「缶詰を使った小鉢料理」の作り方

缶詰を使った料理は、季節の野菜を合わせて温めたり、さっと炒めるだけで意外な美味しさが生まれます。特に、忙しい宴会シーズンには、宴会用の特別料理の合い間にお出しする、缶詰を使った小鉢料理があると重宝します。缶詰の味は日本人に親しみのあるものですが、そのまま器に盛ったのではお金の取れる料理とはなりません。最近ではいろいろな缶詰が出ており、工夫次第で何品でもできますが、一日に一、二品加える程度にとどめます。

ごはんダネの卵焼き

▼材料　4人分
生ふりかけ（さけ）1缶　卵5個　パセリのみじん切り小さじ1　塩・胡椒各少々　染めおろし適量　サラダ油適量　笹の葉4枚

◎作り方

①ボールに卵を割りほぐし、缶から取り出した生ふりかけとパセリのみじん切りを加え、塩と胡椒で味を調えます。

②卵焼き鍋を熱してサラダ油を薄くひき、一度火からおろしてぬれ布巾の上にのせて粗熱を取り、①の三分の一～四分の一量を流し入れます。全体が焼けたら手前に二つ折りにし、これを鍋の向こう側に移してから残りの卵地の二分の一～三分の一量を流し入れ、同様に焼きます。この時、先に焼いた卵焼きの下にも卵地が回るよう、箸を差し入れて流し込みます。同様にして残りの卵地を焼き上げます。

③焼き上がったら、まな板の上に取り、薄刃庖丁で四角に整えて切り分けます。

④器に笹の葉を敷き、③の卵焼きを盛り、おろした大根に醤油を少量かけた染めおろしを添えます。

◎覚え書き

◆缶詰の選び方／缶詰は外から中の状態が分かりませんから、まず、ラベルや缶の表示を見て確かめます。特に製造年月日に注意し、製造一、二年以内のものを選び、それ以上古いものは避けた方がよいでしょう。ただし、缶詰の場合、製造されてから半年ほどたったものがおいしいとされます。

また、缶の蓋がポコッと膨らんでいるものは品質が劣化していますので、少しへこみ加減のものを選びます。手で押してペコペコ音のするもの、蓋つけの部分が曲がっているもの、さびのひどいものも避けます。

すきやき小鉢

▼材料　4人分
すきやきの缶詰1缶　貝割れ菜1パック　溶き辛子適量

◎作り方

①すきやきは缶から取り出し、鍋にあけて温めます。

②貝割れ菜は根元を切り落とし、①の温めたすきやきに混ぜます。

③器に②を盛り、溶き辛子を天盛りにして添えます。

◎覚え書き

◆缶詰の保存法／缶詰は常温で保存しますが、暖房器具やストーブの近くなど温度の高い場所に置くと、品質が早く劣化し、湿度の高い場所では缶がさび、味や香りが落ちてしまいます。風通しの良い冷暗所に置くのが一番いいようです。また、缶を開けてから、中のものをそのままにしておくと、金くささが中身につきますので、必ず、別の容器に移し、ラップで蓋をして冷蔵庫で保管するようにします。

かにの炒り卵

▼材料　4人分
かに身入り魚肉練り製品1缶　卵3個　あさつき2本　人参3cm分　吉野あん［だし汁1カップ　みりん¼カップ　薄口醤油¼カップ　片栗粉大さじ½］　サラダ油適量

◎作り方

①あさつきは小口から細かく切ります。人参は皮をむいてせん切りにし、さっと茹でます。

②卵を割りほぐし、缶から取り出したかに身入りの魚肉練り製品と①のあさつきと人参を混ぜます。

③フライパンにサラダ油を熱し、②の卵地を一度に流し込み、菜箸5～6本でかき混ぜながら弱火で炒ります。半熟状になったら火からおろします。

④吉野あんを作ります。鍋にだし汁と調味料を入れて混ぜ、弱火にかけてとろみがつくまで練ります。

⑤器に③の炒り卵を盛り、④の吉野あんをかけます。

焼き鶏と豆腐の炒め物

▼材料　4人分
焼き鶏（塩味）の缶詰4缶　豆腐2丁　あさつき3本　塩適量　サラダ油適量

◎作り方

①豆腐は布巾に包んでまな板の上に置き、巻き簀《す》をかぶせて重石をのせ、軽く水気をきります。

②鍋にサラダ油を薄くひいて熱し、水気をきった①の豆腐を手で大きくくずして入れ、炒めます。
③豆腐にこんがりと焼き色がついて火が通ったら、缶から取り出した焼き鳥を加えてさらに炒め、塩で味を調えます。
④器に③を盛り、小口から細かく切ったあさつきをたっぷり散らします。

◎覚え書き
◆味のついた缶詰はそのままでも、十分酒の肴となりますが、それではお店でお出しするには味気なさすぎます。温めたり、野菜を加えて調味し直してお出しします。
　味つきの缶詰は味が総じて濃いものが多いので、味を見ながら調節します。取り合わせる野菜や豆腐は量をたっぷりめにするとバランスが取れます。

ばい貝と黄ニラの炒め物

▼材料　4人分
味つきばい貝の缶詰2缶　黄ニラ1把　サラダ油適量

◎作り方
①黄ニラは4～5センチ長さに切り揃えます。
②フライパンにサラダ油を熱し、缶から取り出したばい貝を入れて炒め、火が通ったら①の黄ニラを加えて炒めます。
③黄ニラに軽く火が通ったら火を止め、器に盛ります。

ほたてのサラダ

▼材料　4人分
味つきほたて貝の缶詰1缶　セロリ1本　人参⅓本　紫玉ねぎ⅓個　フレンチドレッシング適量

◎作り方
①セロリは筋を取って3～4センチ長さに切り揃え、さらにせん切りにして水にさらします。
②人参は皮をむいて3～4センチ長さのせん切りにし、水にさらします。
③紫玉ねぎは薄切りにして水にさらします。
④器にセロリの葉を敷き、①～③の野菜の水気を切って盛り合わせ、フレンチドレッシングをかけ、缶から取り出した味つきのほたて貝を盛り添えます。

◎覚え書き
◆フレンチドレッシングの作り方／酢1に対し、サラダ油2の割合で用意します。ボールに酢とサラダ油、適量の塩と胡椒を入れ、泡立て器を使ってよく混ぜ合わせます。好みで溶き辛子やおろし玉ねぎを加えます。

ほたてと紫玉ねぎの梅マヨネーズ

▼材料　4人分
ほたて貝の水煮2缶　紫玉ねぎ½個　菊の花8個　きゅうり1本　マヨネーズ適量　梅肉適量　塩適量　酢少々

◎作り方
①ほたて貝の水煮を缶から取り出し、手で粗めにほぐします。
②紫玉ねぎは薄切りにして水にさらします。
③きゅうりは縦二つに切って種を取り、薄く切って少量の塩でもみ、しんなりとさせます。
④菊の花は酢を少々加えた熱湯で茹でて水に取ります。冷ましてから水気を絞り、がくの部分を取り除き、花びらをばらばらにします。
⑤①のほたて貝と水気を絞った②～④の野菜をざっくりと和えます。
⑥器に⑤を盛り、裏漉しした梅肉をほどよく混ぜたマヨネーズを上からとろりとかけます。

◎覚え書き
◆梅肉の作り方／梅肉は市販のものが出回っていますが、梅干しから簡単に作れます。梅干しの種を取り除き、庖丁で細かく叩いて裏漉しにかけます。

さけのきゅうりもみ

▼材料　4人分
さけの照り焼きの缶詰4缶　きゅうり1½本　塩適量　溶き辛子適量　辛子醤油適量

◎作り方
①きゅうりは縦二つに切って種を取り、薄切りにして塩でもみ、しんなりとさせます。
②器に汁気をきつく絞った①のきゅうりもみを盛り、手前に缶から取り出したさけの照り焼きを盛り合わせます。
③仕上げに溶き辛子を天盛りにして、辛子醤油を別に添えてお出しします。

肉じゃがと白菜の炒め物

▼材料　4人分
肉じゃがの缶詰4缶　白菜4枚　酒適量　サラダ油適量

◎作り方
①白菜は一枚ずつはがし、1センチ幅くらいのざく切りにし、サラダ油で炒めます。
②白菜がしんなりとしてきたら、缶から取り出した肉じゃがを加えてさらに炒めます。仕上がりに酒を加えて味を調えます。
③器に②を盛り、上から煮汁をかけます。

いわしの納豆和え

▼材料　4人分
いわしの油漬け（レモン風味）1缶　納豆½パック　山芋4㎝分　あさつき1本　醤油適量

◎作り方
①山芋は皮をむいて細めの拍子木切りにします。
②小口から細かく切ったあさつきと納豆を混ぜ合わせます。
③器に①の山芋を盛り、缶から取り出したいわしの油漬けを上に重ね、あさつきを混ぜた②の納豆を手前に盛ります。醤油を別添えにします。

小鍋立ての料理

冬場には煮物料理を小鍋に盛って供してはいかがでしょう。贅沢感とともに温かみも出ます。

おでんの料理

温かいおでんは寒い季節に喜ばれる料理。
肉や魚介、野菜など色々なおでん種で、
バリエーションを広げて下さい。

もち入り袋と
巣ごもり玉子

牛テールとキャベツ

いかとひろうす

ウィングスティックと
白菜と黄菊

いいだことまい茸

たこと三色串

牛すじ肉と
さつま揚げ

「小鍋立ての料理」の作り方

ここで紹介の〝小鍋立て〟の料理は、寄せ鍋などの鍋物を小さな鍋に分けたものではなく、煮物を一人前用の小鍋に盛ったものです。煮物なら量を作っておくこともでき、さらに小鍋仕立てという贅沢感が、お客様の満足感を高めます。保温性のある蓋つきの土鍋を使って、素朴な味わいのある煮物を温かいままにお出ししましょう。盛りつけは、鍋いっぱいに盛らないで多少空間を取ることが美味しそうに見せるコツです。さらに彩りに青みを添えます。

トンコツ鍋

▼材料　4人分
豚骨2個　大根8cm分　干し椎茸8枚
春菊適量　人参適量　酒1カップ　塩
適量　水適量

◎作り方
①豚骨は縦二つ割りにしているものを用意し、これをさらに縦に二つ割りにします。鍋にたっぷりの水を注いで豚骨を入れて火にかけ、浮いてくるアクを引きながらやわらかくなるまで茹でます。
②大根は皮をむいて4センチ厚さのいちょうに切り、たっぷりの米のとぎ汁で下茹でします。干し椎茸は水につけて戻し、石づきを取ります。
③①の豚骨がやわらかくなったら、②の大根を加え、酒と塩で味を調え、さらに味がしみ込むまで味を含めていきます。
④器に③を盛って、茹でた春菊とせん切りにした人参を添えます。

豚肉の卵巻き

▼材料　4人分
豚ロースの薄切り肉4枚　卵4個　菜の花適量　ソース［醤油大さじ1½　ウスターソース大さじ3　トマトケチャップ大さじ3　酒大さじ3］　サラダ油適量

◎作り方
①卵は茹でて殻をむき、豚ロースの薄切り肉を巻きつけ、たこ糸で巻き止めます。
②フライパンにサラダ油を熱し、①を入れて焼き、調味料を混ぜたソースを注ぎ入れ、全体にからめながら煮詰めます。
③焼き上がったら半分に切り、器に盛って茹でた菜の花を添えます。

ふろふき大根のかに味噌

▼材料　4人分
大根16cm分　かにの身200g　昆布だし適量　練り味噌［田舎味噌¼カップ　みりん¼カップ　砂糖¼カップ］

◎作り方
①大根は4センチ厚さの輪切りにし、皮をむいて面取りします。盛りつけて下になる側に厚みの半分にまで十文字に隠し庖丁をします。
②昆布だしは薄めのものを用意し、①を入れてやわらかく茹でます。
③かに味噌を作ります。鍋に練り味噌の材料を入れてよく混ぜて弱火で練り、ほぐしたかにの身を混ぜます。
④器に②を盛り、③のかに味噌をたっぷりとかけます。

おでん

▼材料　4人分
厚揚げ1枚　信田巻き1本　里芋4個
鍋地［だし汁4カップ　醤油½カップ
みりん大さじ4　塩適量］　ほうれん
草適量　溶き辛子適量　柚子適量

◎作り方
①厚揚げは油抜きをし、四つに切ります。信田巻きは四つに切ります。里芋は皮を六方にむいて下茹でします。
②鍋にだし汁を煮立てて残りの調味料を加えて鍋地を作り、①の材料を入れ、弱火で味を含めます。
③器に盛り、茹でたほうれん草と溶き辛子、せん切りの柚子を添えます。

豚肉の大豆もやし巻き

▼材料　4人分
豚ロースの薄切り肉4枚　大豆もやし1袋　あさつき適量　焼きダレ［豆板醤適量　醤油大さじ4　みりん大さじ3弱　酒大さじ2］　サラダ油適量

◎作り方
①大豆もやしは芽とひげ根を取って茹で、ざるに上げて冷まします。
②豚ロースの薄切り肉を広げ、①を揃えてのせ、端から巻きます。
③フライパンにサラダ油を熱し、②を入れて焼き、焼き色がついたら調味料を合わせた焼きダレを入れ、汁がなくなるまで煮詰めます。
④器に切り分けた③を盛り、小口に切ったあさつきを盛ります。

さけと大根の粕煮

▼材料　4人分
塩さけ4切れ　大根400g　人参⅔本
いんげん豆4本　煮汁［だし汁2カップ　醤油¼カップ　みりん大さじ4
酒粕50g］

◎作り方
①塩さけは大きめに切ります。大根と人参は乱切りにします。
②鍋に煮汁のだし汁と①の材料を入れ、大根と人参がやわらかくなるまで煮ます。やわらかくなったら残りの調味料を加え、味を含めます。
③器に②のさけと大根の粕煮を盛り塩少々を入れた熱湯で茹でたいんげん豆を添えます。

「おでんの料理」の作り方

おでんは、おでん種とともに煮汁を味わって頂きます。そのため、煮汁は薄めに調味し、濁《にご》さないよう小さな火でゆっくりと味を含ませるようにします。何度も煮直すことで味わいも増します。

もち入り袋と巣ごもり玉子

▼材料　4人分
もち入り袋4個　巣ごもり玉子2個　厚揚げ1枚　ひろうす4個　こんにゃく1枚　茹でブロッコリー½個　鍋地［だし汁7カップ　酒½カップ　みりん½カップ　醬油大さじ½　塩小さじ½］　溶き辛子適量

◎作り方
①もち入り袋、巣ごもり玉子、ひろうすは熱湯をかけて油抜きをします。厚揚げは油抜きをして四つに切ります。こんにゃくは下茹でしてから3センチ幅くらいに切ります。
②鍋地で①のおでん種を煮込み、味がしみたら器に盛り、茹でたブロッコリーと溶き辛子を添えます。

いかとひろうす

▼材料　4人分
いか4はい　ひろうす8個　白滝1パック　茹でブロッコリー½個　鍋地適量　溶き辛子適量

◎作り方
①いかは足と一緒にわたを抜き取って洗います。足はわたを切り離し、目、くちばし、吸盤を除いて胴に詰め、楊枝で止め、茹でます。
②ひろうすは油抜きをします。白滝は茹でた後水洗いし、ひと口分ずつをくるくる巻きつけ、束にします。
③鍋地に①～②のおでん種を入れて煮込み、味がしみたら器に盛り、茹でブロッコリー、辛子を添えます。

牛テールとキャベツ

▼材料　4人分
牛テール300g　キャベツ4枚　焼き豆腐1丁　人参½本　昆布適量　あさつき適量　鍋地適量　溶き辛子適量

◎作り方
①牛テールは骨付きのまま適当な大きさに切って下茹でします。
②昆布は食べよい大きさに切り、結び昆布にして茹でておきます。
③キャベツはさっと茹でて大きめのざく切りにします。人参は3センチ厚さくらいの輪切りにして茹でます。
④鍋地で①～③のおでん種と四つに切った焼き豆腐を煮込み、味がしみ込んだら、器に盛り、小口に切ったあさつきをたっぷりとかけます。溶き辛子を別に添えます。

ウィングスティックと白菜と黄菊

▼材料　4人分
ウィングスティック12本　がんもどき4個　人参½本　白菜4枚　黄菊8個　鍋地適量　酢適量　溶き辛子適量

◎作り方
①ウィングスティックは下茹でします。がんもどきは熱湯をかけて油抜きをします。白菜はさっと下茹でしてからざく切りにします。人参は皮をむいて輪切りにし、下茹でします。
②黄菊は酢を少々加えた熱湯でさっと茹でて水に取り、水気を絞ります。
③鍋地で①のおでん種を煮込み、味がしみ込んだら器に盛り、②と溶き辛子を添えます。

いいだことまい茸

▼材料　4人分
いいだこ8はい　まい茸1パック　人参½本　白滝適量　鍋地適量　塩適量　溶き辛子適量

◎作り方
①いいだこは塩を振ってよくもみ、水で洗ってから下茹でします。人参は輪切りにしてから縦半分に切り、下茹でします。白滝は茹でて水洗いし、巻きつけて小さな束にします。まい茸は房に分け、熱湯に通します。
②鍋地に①のおでん種を入れて煮込み、器に盛り、溶き辛子を添えます。

たこと三色串

▼材料　4人分
茹でたこの足4本　三色串（練り製品）4本　えび巻き4個　じゃが芋4個　絹さや12枚　鍋地適量　溶き辛子適量

◎作り方
①茹でたこの足は水で洗って1本ずつに切り離します。三色串とえび巻きは熱湯をかけて油抜きをします。じゃが芋は丸のまま茹でます。
②鍋地で①のおでん種を弱火で煮込み、味がしみたら器に盛り、茹でた絹さやと溶き辛子を添えます。

牛すじ肉とさつま揚げ

▼材料　4人分
牛すじ肉200g　さつま揚げ4枚　大根9㎝分　人参½本　あさつき適量　鍋地適量　溶き辛子適量

◎作り方
①牛すじ肉は水で洗って適当な大きさに切って圧力鍋で茹でます。大根は輪切りにしてから二つに切り、切り角を丸く削って棒状に整え、人参は皮をむいて輪切りにして茹でます。さつま揚げは油抜きをします。
②鍋地で①のおでん種を煮込み、味がしみたら器に盛り、小口に切ったあさつきと溶き辛子を添えます。

実だくさんの汁物の料理

酒の後にはあっさり味の汁物が喜ばれます。実に少しボリュームをつけて食べる要素を加えると魅力が増します。

雑炊の料理

酒の後には、少量を供すると喜ばれます。
具を工夫すると個性豊かに仕上がります。

「実だくさんの汁物の料理」の作り方

酒を飲んだ後というのは、汁気の多い料理が欲しくなったり、少しだけ、何か食べたいと思うものです。そこで、少しボリュームのある汁物を用意してみてはいかがでしょうか。小腹を満たして頂くこともでき、最後のしめの料理にふさわしい一品となります。

豚挽き肉とグリーンアスパラ碗

▼材料　4人分
豚挽き肉200g　玉ねぎ½個　グリーンアスパラガス4本　人参適量　あさつき½把　卵1個　塩小さじ1½　胡椒適量　吸い地［だし汁3カップ　酒大さじ3　塩小さじ1］

◎作り方

①豚挽き肉は余分な脂を除いて二度挽きしたものを用意し、溶き卵と塩、胡椒を加えてよく混ぜます。

②玉ねぎはみじん切りにして水気をきつく絞り、①に加えて混ぜ合わせ、四等分して、それぞれ団子状に丸めます。これを蒸気の上がった蒸し器に入れて蒸します。

③グリーンアスパラガスは根元のかたい部分を切り取り、色よく茹でて水に取り、冷めてから食べよい大きさに切り揃えます。

④人参はせん切りにして茹でます。

⑤鍋にだし汁を入れて火にかけ、酒と塩で味を調え、ひと煮立ちさせて吸い地を作ります。

⑥温めておいた器に蒸した②と茹でた③、④を盛り、⑤の吸い地を張り、小口に切ったあさつきを散らします。

◎覚え書き

◆蒸し物を上手に仕上げるコツ／〝蒸す〟という調理は、材料の持っている旨みや香り、栄養分を逃がさずに材料に熱を通すという特徴があり、汁物の下調理としても最適です。上手に仕上げるためには、蒸気がどんどん上がっている状態の蒸し器に材料を入れることが大切です。蒸気が上がっていないと、材料が生臭くなったり、形がくずれる場合があります。また、布巾をかませて蓋をし、水滴が落ちないようにします。

たら豆腐

▼材料　4人分
たらの切り身160g　木綿豆腐1丁　しめじ1パック　蓮根80g　絹さや12枚　人参適量　おろし大根適量　わさび適量　吸い地［だし汁3カップ　酒大さじ3　塩小さじ1］　酒適量

◎作り方

①たらの切り身は一人分40グラムくらいに切り、薄く塩を振ってしばらくおき、酒で洗って水気を拭きます。

②木綿豆腐は1丁を四つに切ります。

③しめじは小さな房に切り分け、石づきを削り取って茹でます。

④蓮根は皮をむいておろし、軽く水気を絞ります。

⑤器に①〜③の材料を盛り、④のおろした蓮根をのせ、蒸気の上がった蒸し器で蒸します。

⑥蒸し上がったらおろし大根をのせ、細かく切って茹でた人参と色よく茹でた絹さやを盛り添え、ひと煮立ちさせた吸い地を張り、吸い口におろしわさびを添えます。

たらと椎茸碗

▼材料　4人分
たらの切り身320g　生椎茸4枚　生椎茸の軸12〜16本　豆腐½丁　貝割れ菜½パック　柚子適量　塩適量　酒適量　吸い地［だし汁3カップ　酒大さじ3　塩小さじ1］

◎作り方

①たらの切り身は一人分80グラムくらいの大きさに切り分け、薄塩をしてしばらくおき、酒で洗います。水気を拭いてから、身の真横中央から庖丁を入れて観音開きにします。

②生椎茸の軸は汚れを落とし、石づきを削り、手で細かくむしります。

③豆腐は布巾に包んでまな板にのせ、巻き簀《す》をかぶせて重石をのせて水をきります。これを裏漉ししてから②と混ぜ、四等分します。

④①の開いたたらの身で③を挟み、蒸気の上がった蒸し器で蒸します。

⑤生椎茸はかたく絞ったぬれ布巾で汚れを拭き、茹でて半分に切ります。

⑥④が蒸し上がったら器に盛り、⑤の椎茸と貝割れ菜を盛り添え、ひと煮立ちさせた吸い地を張ります。吸い口にへいだ柚子を添えます。

◎覚え書き

◆汁物の吸い口／汁物の仕上げには、吸い口として香味のある柚子やすだち、胡椒、わさび、溶き辛子などをほんの少量でも添えると、風味が引き立ちます。

たいとセロリ汁

▼材料　4人分
小だい3尾　セロリ1本　人参⅓本　豆腐½丁　すだち適量　塩適量　吸い地［だし汁3カップ　酒大さじ3　塩小さじ1］

◎作り方

①小だいはウロコとエラを取って三枚におろし、小骨を抜いて薄く塩を振ります。しばらくおいてから適当

な大きさに切り、熱湯をかけます。
②セロリは筋を庖丁で薄くそぎ取り、4センチ長さに切ってからせん切りにします。
③人参は皮をむいてからせん切りにして茹でます。
④豆腐は色紙形に切ります。
⑤吸い地に②～④の材料を入れてひと煮立ちさせます。
⑥器に①を盛り、⑤の吸い地を張ってすだちの輪切りを添えます。

鶏しんじょと椎茸汁

▼材料　4人分
鶏しんじょ［鶏挽き肉160g　蓮根のおろしたもの80g　塩・胡椒各適量　あさつき⅓把］　生椎茸4枚　豆腐½丁　吸い地［だし汁3カップ　酒大さじ3　塩小さじ1］

◎作り方
①鶏しんじょを作ります。鶏挽き肉はあたり鉢に入れてよくあたり、おろした蓮根を水気を絞って加えて混ぜ、塩、胡椒で味を調えます。ここに小口に切ったあさつきを混ぜ、四等分して団子状に整えてから蒸し器で蒸します。
②生椎茸はぬれ布巾で汚れを拭き、笠と軸を分けます。笠の部分は茹でて細く切り、軸は石づきを取り除いて手で細かくさきます。
③豆腐は食べよい大きさに切ります。
④鍋に吸い地の材料を入れて煮立たせ、②と③を入れてひと煮立ちさせます。
⑤器に①の鶏しんじょを盛り、④の吸い地を張ります。

さけの道明寺蒸し碗

▼材料　4人分
さけの切り身320g　しめじ1パック　三つ葉1把　片栗粉・溶き卵・道明寺粉各適量　塩適量　酒適量　吸い地［だし汁3カップ　酒大さじ3　塩小さじ1］　柚子適量

◎作り方
①さけの切り身は一人分80グラムくらいに切って薄塩をし、10分ほどおいて酒で洗い、水気を拭きます。
②①に片栗粉を薄くまぶして溶き卵をくぐらせ、軽く拭いてから道明寺粉をまぶします。器に入れて蒸気の上がった蒸し器で蒸します。
③しめじは小さい房に切り分け、石づきを削って茹でます。三つ葉は色よく茹でて食べよい大きさに切り分けます。
④②に③を盛り添え、ひと煮立ちさせた吸い地を張り、吸い口にへいだ柚子の皮を添えます。

はま松茸碗

▼材料　4人分
はまぐり4個　松茸適量　生椎茸8枚　三つ葉適量　酒適量　吸い地［だし汁3カップ　酒大さじ3　塩小さじ1］　柚子適量

◎作り方
①はまぐりは洗ってから海水程度の塩水にひと晩つけ、砂を吐かせます。殻のぬめりをきれいに洗って器に入れ、口が開くまで蒸気の上がった蒸し器で蒸します。
②松茸は石づきを削り取り、ぬれ布巾で汚れを拭き、縦に薄く切ります。
③生椎茸は同様に汚れを拭き、石づきを切り落として茹でます。
④三つ葉は葉を除いて茎の部分を使い、茹でて4センチ長さに切ります。
⑤鍋に吸い地と②の松茸を入れて火にかけ、ひと煮立ちしたら少量の酒を加えます。
⑥器に①のはまぐりと③の椎茸を入れ、⑤の吸い地を張ります。吸い口に④とへいだ柚子を添えます。

「雑炊の料理」の作り方

雑炊は、酒の後の料理に、食事メニューにと幅広く親しまれています。酒の後と食事では、食べる量もおのずと変わってきますから、盛りつける量で加減してお出ししましょう。さらりとした食感が食をすすめる料理ですので、ご飯に粘りを出さないように仕上げます。ご飯は必ず目の細かいざるに入れ、熱湯か水で手早く洗ってぬめりを取り、水気を切ってから使ってください。また、雑炊のだし汁には、かつお節だけで引いた薄めのものが合います。

鶏雑炊

▼材料　4人分
鶏もも肉140g　豆腐½丁　京人参⅓本　三つ葉適量　冷やご飯4カップ　a［だし汁6カップ　塩小さじ2強　酒大さじ4　薄口醤油適量］　酒適量

◎作り方
①鶏もも肉は脂身を取り除き、酒を振りかけて蒸し、食べよい大きさに切ります。
②豆腐は食べよい大きさの角切りにします。京人参は1センチ角に切って茹でます。
③三つ葉は葉を取って茎の部分を使い、茹でて4～5センチ長さに切り揃えます。
④鍋に、a［　］内のだし汁と他の調味料を入れて火にかけ、熱湯で洗った冷やご飯と①～②を加えます。
⑤ご飯がふっくらとしたら火を止め、器に盛って③を散らします。

豚肉と白菜の雑炊

▼材料　4人分
豚肉の薄切り肉120g　白菜4枚　もやし30g　わけぎ3本　冷やご飯4カップ　a［だし汁6カップ　塩小さじ2強　酒大さじ4　薄口醤油適量］

◎作り方

①豚肉は3センチ幅に切ります。
②白菜は一枚ずつはがし、豚肉の大きさに合わせて切ります。もやしは軽く茹でます。わけぎは2センチ長さに切ります。
③鍋に［　］内のだし汁と調味料を入れて火にかけ、煮立ったら①の豚肉を入れ、アクを取りながら煮ます。豚肉に火が通ったら、熱湯で洗ったご飯と②の野菜を加えます。
④ご飯がふっくらとしてきたら火を止め、器に盛ります。

かぶとあさりの雑炊

▼材料　4人分
かぶ2個　あさり20個　干し椎茸2枚　人参⅓本　冷やご飯4カップ　a［だし汁6カップ　塩小さじ2強　酒大さじ4　薄口醤油適量］

◎作り方

①かぶは葉の部分を切り落として皮をむき、縦半分に切ってから4ミリ幅くらいの薄切りにして茹でます。
②あさりは水でよく洗い、海水程度の塩水にひと晩つけて砂を吐かせ、殻の表面のぬめりをきれいに洗い流します。
③人参は皮をむいて細めの拍子木切りにします。
④干し椎茸はやわらかく戻してから、石づきを切り落とし、細く切ります。
⑤鍋にだし汁と②のあさりを入れて火にかけ、あさりの口が開いたら殻ごと取り出します。だし汁は静かに別鍋に移し、砂を除きます。
⑥⑤のだし汁に他の調味料と④の椎茸を加え、ひと煮立ちしたら熱湯で洗ったご飯と①のかぶ、③の人参を入れます。
⑦ご飯がふっくらとしてきたら、⑤のあさりを鍋に入れて火を止め、器に盛ります。

えびとほたての雑炊

▼材料　4人分
えび4尾　ほたての貝柱4個　しめじ1パック　三つ葉適量　冷やご飯4カップ　a［だし汁6カップ　塩小さじ2強　酒大さじ4　薄口醤油適量］　酒適量

◎作り方

①えびは背わたを取って殻をむき、酒を振りかけて蒸し、食べよい大きさに切ります。
②ほたての貝柱は①と同様に酒蒸しにして手でさきます。
③しめじは石づきを切り落としてさっと水洗いします。
④三つ葉は葉の部分を除き、茎の部分を茹でて4～5センチ長さに切り揃えます。
⑤鍋に［　］内のだし汁と調味料を合わせ、③のしめじを入れて火にかけます。煮立ったら熱湯で洗ったご飯と①のえび、②のほたての貝柱を加えて煮ます。
⑥ご飯がふっくらとしてきたら火を止め、器に盛って④の三つ葉を添えます。

牛肉の卵とじ雑炊

▼材料　4人分
牛肉120g　茹で筍120g　卵4個　冷やご飯4カップ　a［だし汁6カップ　塩小さじ2強　酒大さじ4　薄口醤油適量］　木の芽4枚

◎作り方

①牛肉は細く切ります。
②茹で筍は薄く切ります。
③鍋にaのだし汁と調味料を合わせて火にかけ、①の牛肉を入れ、アクを取りながら煮立たせます。ここに熱湯で洗ったご飯と②の筍を加え、さらに煮ます。
④ご飯がふっくらとしたら、割りほぐした卵を流し入れて火を止め、蓋をしてむらします。器に盛って木の芽を添えます。

かに雑炊

▼材料　4人分
かにの身120g　三つ葉1把　冷やご飯4カップ　a［だし汁6カップ　塩小さじ2強　酒大さじ4　薄口醤油適量］　柚子適量

◎作り方

①かにの身は軟骨を取り除いて粗めにほぐします。
②三つ葉は茎の部分を使い、色よく茹でて4～5センチ長さに切り揃えます。
③鍋にaのだし汁と調味料を合わせて火にかけ、煮立ったら熱湯をかけて手早く洗ったご飯と①のかにを加えて煮ます。
④ご飯がふっくらとしてきたら火を止め、②の三つ葉を混ぜ、器に盛り、へいだ柚子の皮を松葉形に整えたものを添えます。

すっぽん雑炊

▼材料　4人分
すっぽんスープ（肉入りの缶詰）3缶　酒適量　だし汁適量　冷やご飯4カップ　吉野あん［だし汁1カップ　みりん¼カップ　薄口醤油⅙カップ　片栗粉大さじ½］　三つ葉適量　溶き辛子適量

◎作り方

①鍋にすっぽんのスープとその五分の一～四分の一量の酒を入れて火にかけます。味が濃いようだったら、だし汁を加え、適当な濃さにのばします。
②スープが煮立ったら、熱湯で洗ったご飯を加え、ふっくらとするまで煮ます。
③吉野あんを作ります。鍋にだし汁と他の調味料を合わせて弱火にかけ、とろみがつくまで火を通します。
④器に②を盛り、③の吉野あんをかけ、茹でた三つ葉の茎と溶き辛子を添えます。

著書略歴

志《し》の島《じま》　忠《ちゅう》

昭和六年京都生まれ。

家系は代々京都御所、水戸徳川家の料理方。維新後五代目にあたる祖父が、水戸で料理茶屋を創業。後に京都に移り、料亭『岡本』を継承。幼児より祖父、および父から料理の手ほどきを受ける。父早逝、祖父没後は料亭を廃業。東京芸大で日本画を学び、在学中の一時志の島忠の号で歌舞伎の舞台美術に携わるが、昭和四十年頃より再び料理の道に戻る。

その後、東京中野において〝志の島忠日本料理研究所〟、同目黒碑文谷にて〝懐石料亭料理研究所〟を主宰し、研究および後進の指導にあたる。

その一方、各種出版活動にも意欲的に取り組む。平成十三年七月逝去。

本書は、平成８年刊『居酒屋の一品料理』と
平成 13 年刊『居酒屋の人気の和風料理』を合わせ、
加筆・訂正し再構成したものです。

縮刷増補版

居酒屋の一品料理

発行日……………平成28年9月1日　初版発行
編著者……………志《し》の島《じま》　忠《ちゅう》
制作者……………永瀬正人
発行者……………早嶋　茂
発行所……………株式会社 旭屋出版
〒107―0052
東京都港区赤坂1―7―19
キャピタル赤坂ビル8階
TEL　03―3560―9065
FAX　03―3560―9071
郵便振替　00150―1―19572
URL　http://www.asahiya-jp.com
印刷・製本……凸版印刷株式会社

ISBNISBN978-4-7511-1223-6　C2077